Der bekannte Abenteurer Bruno Baumann, 1955 in der Steiermark, Österreich, geboren, lebt als Schriftsteller, Filmautor, Text- und Fotojournalist in München.

Seine ungewöhnlichen Expeditionen in die entlegensten Gebiete der Erde machten den Ethnologen in ganz Europa bekannt. Seit 1979 wandert Bruno Baumann »über alle Grenzen«, in die großen Naturlandschaften der Erde. Zu seinen spektakulärsten Projekten gehört die Durchquerung der Wüste Takla Makan im Jahr 1989, großteils zu Fuß. Dabei stieß er auf mehr als 1000 Jahre alte Relikte der Kultur der Seidenstraße. Es folgten u. a. eine Expedition in das »geheime Herz der Sahara«, dem Tibesti-Gebirge, und schließlich, womit er seinen Lebenstraum verwirklichte, in die Wüste Gobi, in deren Zentrum bislang noch kein Abenteurer oder Forscher vorgedrungen war. Dieser letzten Expedition zur Erforschung der Seidenstraße wurde der Status eines UNESCO-Projektes zuerkannt.

Doch vor allem gilt Bruno Baumann als einer der besten Kenner Tibets und des Himalaja-Raumes. Als Anwalt der unterdrückten Kulturen Tibets und der Inneren Mongolei engagiert sich Baumann auch international. Mit dem Dalai-Lama, dem geistlichen und politischen Oberhaupt der Tibeter, verbindet ihn eine langjährige Freundschaft.

BRUNO BAUMANN

DER DIAMANTENE WEG

Wege zu den heiligen Stätten Tibets

NATIONAL GEOGRAPHIC

Ein Buch der Partner
Goldmann und National Geographic Deutschland

Die Originalausgabe erschien 1988
unter dem Titel »Tibet Kailas Seidenstraße«
im Styria Verlag, Graz.

Sämtliche Fotografien stammen vom Autor Bruno Baumann.
Die karthografischen Skizzen fertigte Dr. Robert Kostka
nach Angaben des Autors an.

SO SPANNEND WIE DIE WELT.

Dieses Werk erscheint in der Taschenbuchreihe
National Geographic Adventure Press
im Goldmann Verlag, München.

1. Auflage Juli 2003, Taschenbuchausgabe
National Geographic Adventure Press
im Goldmann Verlag, München,
in der Verlagsgruppe Random House GmbH

Umschlaggestaltung: Atelier Seidel, Neuötting
Herstellung: Sebastian Strohmaier, München
Satz: Uhl+Massopust, Aalen
Druck und Bindung: Clausen & Bosse, Leck
ISBN 3-442-71137-1
www.goldmann-verlag.de
Printed in Germany

Das Papier wurde aus chlorfrei gebleichtem Zellstoff hergestellt.

Inhalt

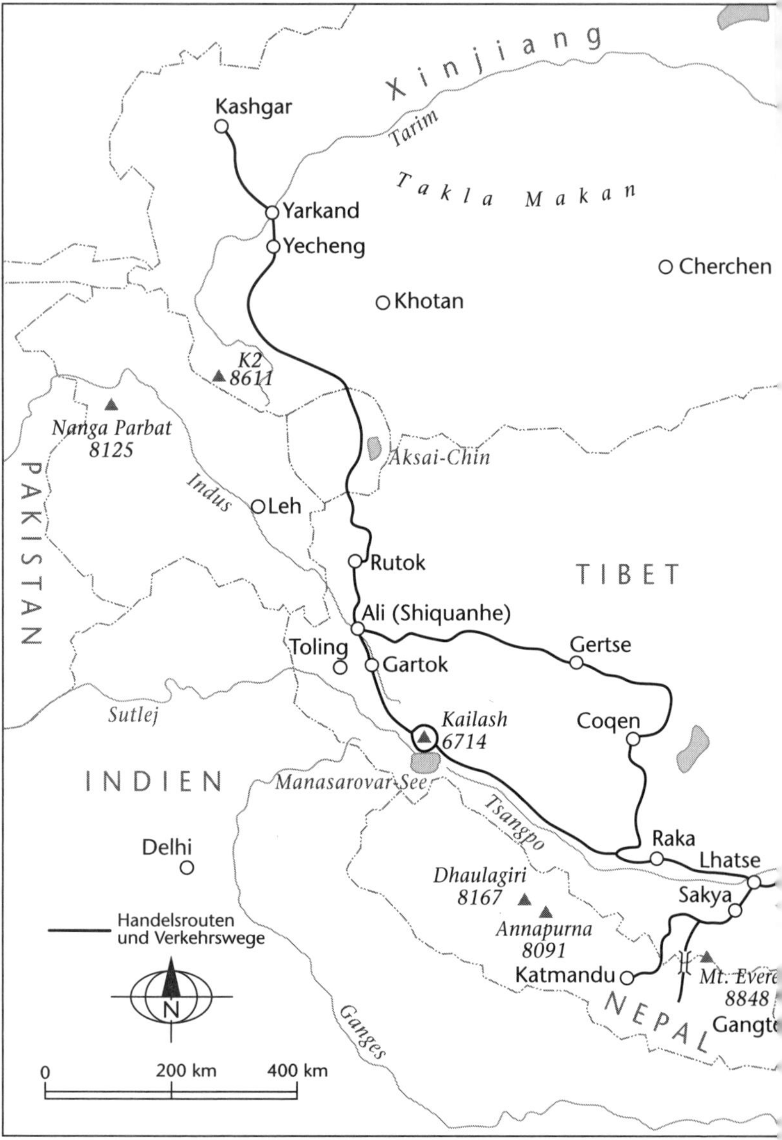

Xinjiang
Kashgar
Tarim
Takla Makan
Yarkand
Yecheng
Cherchen
Khotan
K2
8611
Nanga Parbat
8125
Aksai-Chin
PAKISTAN
Indus
Leh
Rutok
TIBET
Ali (Shiquanhe)
Gertse
Toling
Gartok
Sutlej
Kailash
6714
Coqen
INDIEN
Manasarovar-See
Tsangpo
Raka
Lhatse
Delhi
Dhaulagiri
8167
Sakya
Annapurna
8091
Handelsrouten
und Verkehrswege
N
Katmandu
8848
NEPAL
Ganges
0
200 km
400 km

Lop Nor
Gansu
Große Mauer
Qinghai
Qinghai-See
Xining
Kumbum
Lanzhou
Gormo
Kunlun-La
Amnye-Machen
6282
Gelber Fluss
Tanggula-La
Amdo
Nakchu
Gartse
Derge
Sichuan
Chamdo
Jinsha Jiang
Kyichu
Litang
Kangding
Batang
Minya Konka
7556
Lhasa
Markam
Namche Barwa
7756
Samye
Tsetang
Gyantse
Mekong
Brahmaputra
Myanmar
(BIRMA)
Dali
INDIEN
Yunnan

Für Angie,
die mich träumen ließ

Vorwort

Es war im Sommer des Jahres 1985, als ich mich zum ersten Mal im tibetischen Kultur- und Lebensraum aufhielt. Damals war es nur eine flüchtige Berührung gewesen, denn ich reiste monatelang durch China und streifte nur den östlichsten Teil Tibets – die alte Provinz Kham. Aber das genügte, um mich vom Zauber dieses Landes gefangen nehmen zu lassen, und ich kam fortan regelmäßig wieder.

Ein Jahr später besuchte ich das Land der Golok-Nomaden zu Füßen des heiligen Berges Amnye-Machen. Ich reiste durch Amdo – Nordosttibet – und erreichte schließlich über eine mehr als 1000 Kilometer lange Teerstraße, die eine fast menschenleere Gebirgswildnis durchschneidet, die Stadt Lhasa. Es war dieselbe Straßenverbindung, die die chinesische Invasionsarmee im Jahre 1950 gebaut hatte und auf der nun die ersten organisierten Touristengruppen in klimatisierten japanischen Luxusbussen zum Dach der Welt hinaufrollten.

Mein Tibetbild war bis zu diesem Zeitpunkt von den typischen Bildern geprägt gewesen, die dazu beitragen, das Land zu einer Projektionsfläche weltentrückter Sehnsüchte zu machen. Darin ist Tibet eine Art Shangri-La, ein hinter Himalaja-Bergen verborgenes »Paradies«, das dem Westen verloren ging. Ein Bild, das sich bis heute in den westlichen Vorstellungen hartnäckig hält. Ich für meinen Teil hoffte, noch etwas von dem Tibet zu finden, wie es die alten Forscherpioniere beschrieben hatten, vielleicht sogar einen Hauch von jener spirituellen Oase zu erheischen, die James Hilton in seinem berühmten Roman *Der verlorene Horizont* dargestellt hat. Was ich fand, waren Menschen, die dem Besucher trotz ihrer leidvollen jüngsten Geschichte offen und herzlich entgegentreten, und Landschaften, die auf der Erde ihresgleichen suchen.

Die gewaltsame chinesische Annexion im Jahr 1950 und die Auswirkungen der Repression kannte ich aus vielen Berichten, und ich stellte rasch fest, dass diese nicht übertrieben hatten. Aber seit Chinas Öffnungspolitik, die den Tibetern gewisse religiöse Freiheiten gewährte, durchwehte ein neuer Wind der Hoffnung das Land, dass sich doch alles wieder zum Guten wenden könne. Die Tibeter genossen die neuen Freiheiten, ohne Fragen zu stellen. Sie versammelten sich in Scharen vor den wenigen Heiligtümern, die unzerstört geblieben oder eilig wieder aufgebaut worden waren. Sie feierten Feste, die jahrzehntelang verboten waren, und unternahmen ausgedehnte Pilgerreisen.

Ich folgte ihren Spuren von Lhasa aus durch Zentraltibet, über den Transhimalaja und der Tschangthang, die berüchtigten Nordsteppen Tibets, bis zum heiligen Berg Kailash.

Die durch die chinesischen Besatzer gewährte Religionsfreiheit freilich hatte ihre klaren Grenzen. Und diese Grenzen waren schnell erreicht, als im Herbst 1987 ein paar Mönche und Nonnen mit der verbotenen Flagge Tibets durch die Straßen Lhasas liefen und Freiheit für Tibet forderten. Die chinesischen Sicherheitskräfte reagierten mit brutaler Gewalt. Zu diesem Zeitpunkt hatte ich Tibet bereits verlassen und befand mich in Ostturkestan (Xinjiang), um den Muztagh Ata (7546 m) zu besteigen und anschließend meine Reise entlang der Seidenstraße fortzusetzen.

Heute, zu Beginn des 3. Jahrtausends, bleibt zu beklagen, dass sich die Hoffnung der Tibeter auf eine wirkliche Autonomie nicht erfüllt hat. Nach der gewaltsamen Niederschlagung der friedlichen Proteste in den Jahren 1987, 1988 und 1989 wurde die Repression weiter verstärkt. Die Klöster unterstehen strenger Kontrolle, der Besitz von Dalai-Lama-Bildern ist verboten. Tibeter, die sich kritisch äußern oder gar an Protestaktionen teilnehmen, wandern in Gefängnisse, elementare Menschenrechte werden ignoriert. Der unverminderte Zuzug von Han-Chinesen degradiert die Tibeter zu Bürgern zweiter Klasse in ihrem angestammten Land.

Bruno Baumann, im Mai 2001

Die Faszination Tibets

> In der großen Stille der unberührten Natur, fern von menschlicher Geschäftigkeit, unter offenem Himmel und umgeben von einer Traumlandschaft, deren Farben den Juwelenbergen eines mythischen Paradieses gleichen, fühlte ich mich in Frieden mit mir selbst und der Welt
>
> *Lama Anagarika Govinda*

Es gibt wohl kaum ein Land dieser Erde, das auf den Abendländer seit jeher eine solche Faszination ausübt wie Tibet. Die geheimnisvolle Ausstrahlung, die von diesem Land ausgeht, steht in keiner Relation zur politischen Bedeutung, sondern kann nur in Zusammenhang mit dem Menschen – seiner Lebensform und der Religion, in der er wurzelt – gesehen werden. Aus seiner Religion – dem Buddhismus – bezieht der Tibeter jene Kraft, die ihn die Wechselbäder der Geschichte ertragen lässt, sodass er sogar als Vertriebener im Exil seine Umgebung zu beeinflussen vermag.

Tibetisch-buddhistisches Gedankengut hat längst weltweit Wurzeln geschlagen. Es findet sich in den buddhistischen Zentren, die häufig von ins Exil getriebenen geistigen Lehrern aus Tibet gegründet und betreut werden. Hier wird die Tradition Tibets fortgesetzt und die buddhistische Lehre in Studium und Praxis vermittelt. Doch nur wenige sind bereit, den langwierigen Weg, den die tibetische Lehrtradition vorgibt, auf sich zu nehmen, sie bedienen sich lieber einer Art »Buddhismus light«, den der Supermarkt der Esoterik anbietet.

Das Interesse an Tibet ist heute größer denn je, nicht zuletzt deshalb, weil das Land nach der Öffnung Chinas inzwischen für jedermann zugänglich geworden ist. Lhasa, die sagenumwobene Hauptstadt des theokratischen Tibet, der Sitz der Dalai-Lama, ist in ein paar Flugstunden von Chengdu, Xian und auch von Kathmandu aus erreichbar. Der Tourismus hat jedoch dort seine natürliche Grenze, wo befahrbare Pisten enden, Unterkunftsmöglichkeiten fehlen und Reiseführer schweigen. Das ist praktisch der überwiegende Teil des Landes: die nördlichen Ebenen, der Tschangthang – die extremste Landschaft Tibets, die Hochtäler im Himalaja und Transhimalaja, die schroffen Bergregionen Osttibets mit den tiefen Schluchten und die Grasflächen Qinghais, des ehemaligen Amdo. Erschlossen sind nur die wenigen größeren Orte, die Kulturzentren des Landes, die größten Klöster, die aber auch der chinesischen Überfremdung am meisten ausgesetzt sind.

Wer hier ein Tibet erwartet, wie es jene Forscherpioniere beschreiben, die das Land vor 1950 unter größten Strapazen durchstreiften, wird herb enttäuscht sein. Noch viel weniger wird sich dem eiligen Reisenden ein Bild von Tibet offenbaren, wie es in den populären Schriften eines Lama Anagarika Govinda – einem gebürtigen Deutschen – oder der Französin Alexandra David-Neel zum Ausdruck kommt. Sie gehören zu den wenigen Fremden, die über eine ethnozentrisch gefärbte Beschreibung von Land und Leuten hinauskamen, ja selbst den buddhistischen Weg einschlugen und uns deshalb ein »Tibet von innen« zeigen, mit all den komplexen metaphysischen Zusammenhängen, die erst ein tieferes Verständnis ermöglichen.

Tibet blieb bis zur Mitte des 20. Jahrhunderts von der Außenwelt isoliert. Das Land gleicht geografisch einer natürlichen Festung. Abgeschirmt durch das Himalaja-Gebirge mit hohen Pässen, die nur zu bestimmten Zeiten begehbar sind, und durch die öden Hochflächen im Norden, war es schwer zugänglich. Wer die natürlichen Barrieren überwand, lief Gefahr, gleich wieder des Landes verwiesen zu werden. Denn Tibet war bis zum Jahre 1950 ein feudaler Mönchsstaat, erstarrt in festgefahrenen Strukturen, an dessen Spitze der Dalai-Lama, das Oberhaupt der im Staate dominierenden Gelbmützensekte stand. Die lamaistische Hierarchie war bestrebt, äußere Einflüsse von Tibet fern zu halten, und betrachtete jeden Fremden mit Misstrauen. Gewiss war dieses alte Tibet kein Paradies auf Erden, denn das einfache Volk trug die Bürde, die vielen Klöster und Mönche zu erhalten. Selbst gewollt allerdings und im Einklang mit ihrer – das gesamte Dasein prägenden – Religion, der zufolge man das Streben nach Besitz und Reichtum der Anhäufung religiöser Verdienste und dem Seelenheil unterordnete.

Die ersten Europäer, die den beschwerlichen Weg zum Dach der Welt auf sich nahmen, waren christliche Missionare. Im »Gehet hin in alle Welt und lehret alle Völker« sah man den Auftrag und die moralische Verpflichtung, die »weniger glücklichen Brüder« zu missionieren. Sieht man vom umstrittenen Bericht des Franziskaners Odorich de Pordenone einmal ab, der angeblich im Jahre 1325 Lhasa erreicht hat, kann man die beiden Jesuiten Johann Grueber und Albert d'Orville als erste Besucher der tibetischen Hauptstadt betrachten. Sie verließen Beijing im Juli 1661 und erreichten im Oktober desselben Jahres Lhasa.

»Was wir auf dieser Reise erduldet haben, weiß nur Gott allein«, schreibt Grueber in einem Brief darüber. Die beiden Jesuiten halten sich einen Monat lang in Lhasa auf und liefern zum ersten Mal eine ausführliche Beschreibung vom Leben am Hofe des Dalai-Lama, die in das große geografische Werk dieser Zeit – in die »China illustrata« von Athanasius Kircher – eingeht. Freilich sind die Beobachtungen Gruebers von den Vorurteilen seiner Zeit geprägt, und buddhistisches Gedankengut wie die Reinkarnation bzw. die Methode der Wiederfindung von Inkarnationen betrachtet er, gemäß dem christlichen Glauben, als vorgetäuschte Auferstehung von den Toten.

Fünfzig Jahre verstrichen, bis sich wieder Europäer dem »Ort der Götter«, wie Lhasa heißt, näherten. Abermals waren es jesuitische Ordensmänner. Desideri und Freyre erreichten 1716 Lhasa, Desideri hielt sich über fünf Jahre dort auf. In dieser Zeit errichteten Kapuziner sogar eine Kapelle und ein Hospiz in der Stadt, aber der christliche Glaube konnte bei den Tibetern nie Fuß fassen; nur wenige traten zur fremden Religion über, sodass die meisten Missionare früher oder später resigniert das Land wieder verließen.

Die selbst erwählte Isolation und die Ruhe am Dach der Welt gingen zu Ende, als die ersten weltlichen Besucher eintrafen. Tibet geriet immer mehr in die Interessensphäre europäischer Kolonialmächte und des großen Nachbarn China, deren Geheimdienste die Fäden zogen. Schließlich kam es im Jahre 1904 zu einer gewaltsamen Öffnung des Landes durch die britische Militärexpedition unter Oberst Francis Younghusband. Die Tibeter, die alle Anstrengungen auf das religiöse Leben ausrichteten und, anstatt sich eine Armee mit Waffen zu halten und ihre Unabhängigkeit durch kluge diplomatische Verträge abzusichern, sich auf die Unzugänglichkeit ihres Gebirgslandes und auf die Allmacht ihres Gottkönigs, des Dalai-Lama, verließen, hatten der britischen Militärmacht nur ihren Glauben entgegenzusetzen. Die Hoffnung eines kleinen Volkes, in einer der unzugänglichsten Ecken unseres Planeten ungestört und von den Nachbarn respektiert ein Leben der Entwicklung geistiger Kräfte und der Vervollkommnung im Sinne des buddhistischen Weges führen zu können, wurde brutal zerstört. Das war aber erst der Auftakt schmerzlicher Erfahrungen, deren Höhepunkt – die chinesische Annexion und der folgende Ausrottungsfeldzug gegen die Religion – ihnen noch bevorstand. Die Folge der britischen Präsenz – sie unterhielten eine ständige Vertretung in Lhasa – war paradoxerweise eine noch stärkere Schließung der Grenzen und die ständige Überwachung der Verkehrswege. Lhasa wurde zur weltentrückten, zur »verbotenen Stadt«, nach der sich eine ganze Forschergeneration verzehrte.

Große Mühen und Gefahren nahmen europäische Forscher und Wissenschaftler auf sich, um sich den erklärten oder heimlichen Traum zu erfüllen, einmal die goldenen Dächer des Potala, des Palastes der Dalai-Lamas, der die Stadt überragt, und das Treiben der Pilger in den Gassen mit eigenen Augen zu sehen. Monatelang zog der Schwede Sven Hedin mit seiner Karawane über den Tschangthang, die berüchtigten nördlichen Ebenen, und verlor dabei hunderte seiner Reit- und Lasttiere an Entkräftung und Erkältung. Aber er kam nur bis Shigatse, der zweitgrößten Stadt Tibets, und nicht dorthin, wohin er eigentlich wollte, nämlich nach Lhasa. Das schaffte hingegen eine Frau: die Französin Alexandra David-Neel. Als Bettelnonne verkleidet, und mit nur einem einzigen Begleiter, durchstreifte sie Tibet und hielt sich – als Europäerin unerkannt – wochenlang in Lhasa auf. Zwei Personen, die in ihrer Gegensätzlichkeit auch für die Motive und Ambitionen der Tibetreisenden von heute fast typisch sind. Hier der Forscher, der mit einem riesigen Tross umherzieht, sich für das Land interessiert, sich aber wenig anpasst und letztlich Außenstehender, Abendländer bleibt. Dort eine Frau, die der spirituellen Seite Tibets erliegt, sich mit Mystik und Magie im Volksglauben beschäftigt und selbst zu Erfahrungen auf diesem Gebiet kommt.

Die meisten Menschen hier zu Lande verbinden mit Tibet einen Vorgang ohnegleichen der jüngsten Geschichte. Im Jahre 1950 überfielen die Chinesen das Dach der Welt und gliederten es als »Autonome Provinz« in die kommunistische Volksrepublik China ein. Als sich das tibetische Volk von Lhasa gegen die Fremdherrschaft erhob, kam es zu blutigen Auseinandersetzungen. Der Norbulingka, der Sommerpalast des Dalai-Lama, vor dem sich das Volk versammelt hatte, um seinen Gottkönig zu schützen, geriet in den Beschuss chinesischer Artillerie. Unter dramatischen Umständen gelang dem Dalai-Lama mit einigen Getreuen die Flucht über das Himalaja-Gebirge nach Sikkim. Eine Zeit unsäglichen Leidens brach über die Tibeter herein. Chinesische Eingriffe in die Landwirtschaft und ins Leben der Nomaden führten zu bitterster Armut und Hungersnöten. Dann fegte die Kulturrevolution über Tibet hinweg. Die Devise hieß: »Zerschlagt das Alte und baut das Neue!« Wie von einer Riesenfaust getroffen sanken 3800 von 4000 Klöster in Schutt und Asche. Hier war das Ausmaß der Zerstörung am größten, sie dauerte am längsten an, und hier begann der Wiederaufbau am spätesten. Kulturelle Eigenheiten und vor allem die Religion wurden während dieser Zeit mit allen Mitteln unterdrückt, das öffentliche religiöse Leben praktisch lahm gelegt, indem man die Kultstätten, wenn nicht zerstört, geschlossen hielt. Mönche wurden eingesperrt bzw. in Arbeits- und Umerziehungslager gesteckt. Beten und auf Pilgerfahrt zu gehen war verboten, ebenso wie das Tragen von Trachten und Schmuck. Stattdessen gab es aus Lautsprechern die Dauerberieselung mit revolutionären Parolen. Versammlungen und politische Erziehung bestimmten den Tagesablauf. Wer sich dagegen wehrte, wurde von den Roten Garden blutig verfolgt. Über die Gräueltaten der Chinesen geben der Bericht einer internationalen Juristenkommission Auskunft und die Schilderungen jener, denen die Flucht in die Nachbarländer gelang. Trotz dieser Repressalien konnte die Religion nicht ausgemerzt werden – davon kann sich jeder selbst überzeugen, der heute nach Tibet reist. Der Versuch der Chinesen, das Land auf atheistischer Basis zu modernisieren, ist misslungen. Die Glaubensverfolgungen bewirkten offenbar nur, dass die Tibeter fortan noch stärker an ihrer Religion hingen und ihre Hoffnungen daran knüpften. Ein Glaube, der sich heute wieder öffentlich Bahn bricht.

Seit 1980 dürfen wieder Pilgerreisen unternommen werden: Und sie kommen zu tausenden. Während der Kulturrevolution verbotene Feste werden heute wieder begangen, Klöster teilweise wieder aufgebaut, und Mönche füllen sie mit tätigem Leben. Die Tibeter fragen nicht nach den wahren Motiven der Chinesen für ihren Sinneswandel, sie nutzen die neuen Freiheiten, die sie so lange entbehren mussten. Man muss einmal das Treiben der Pilger rund um den Jokhang, das zentrale und bedeutendste Heiligtum des Landes gesehen haben, das Ziel tausender Pilger aus allen Teilen des Landes, die hier zusammenströmen und das Heiligtum – gleich einer einzigen menschlichen Gebetsmühle – unausgesetzt im Uhrzeigersinn umkreisen. Man muss aber auch in die Gesichter blicken, aus denen die innere Freude und das Glück, das sie dabei empfinden, herauszulesen ist. Man mag zur Religion stehen wie man will, den Volksglauben als Aberglauben abtun und Handlungen wie das Drehen der Gebetszylinder oder die Art mancher Pilger, den Weg mit dem eigenen Körper durch ständiges Niederwerfen auszumessen, belächeln, doch darin kommt eine Festigkeit und Unerschütterlichkeit zum Ausdruck, ein vollkommenes Einssein mit einer Lebensform, die uns fremd ist. Und es hat niemand das Recht, aus welchen Gründen auch immer, die Tibeter gewaltsam davon zu »befreien«. Im Barkor, dem Herzen Lhasas, existiert auch wieder ein tibetischer Markt. An einer ganzen Straßenlänge wird Yakbutter, im Yakmagen eingenäht, angeboten, entlang des Pilgerweges drängen sich die Stände, an denen religiöse Gebrauchsgegenstände und Bilder des Dalai-Lama in aller Öffentlichkeit verkauft werden. Die Popularität des im indischen Exil lebenden vierzehnten Dalai-Lama ist unbeschreiblich, und trotz chinesischer Verleumdungskampagnen und politischer Grenzen ungebrochen.

Auf einem der vielen Rundgänge um den Jokhang erstehe ich einmal bei einer alten Tibeterin, die ihre Waren am Straßenrand ausgebreitet hat, einen prächtigen Türkis. Zum vereinbarten Kaufpreis schenke ich ihr noch ein Bild des Dalai-Lama. Sie nimmt es mit leuchtenden Augen behutsam in beide Hände. Ihr faltiges Gesicht beginnt vor Freude zu strahlen. Im nächsten Augenblick nimmt sie die Kopfbedeckung ab und führt das Bild zum Haupt, genauer gesagt ans Kronenchakra, eines der sieben buddhistischen

Kraftzentren im menschlichen Körper. Als sie es wieder betrachtet, kommt ihr leise das »Yishi Norbu« von den Lippen. Sie möchte von mir wissen, wie es dem »Glück verheißenden Edelstein« geht. Ich sage ihr, es geht ihm gut. Dicke Tränen kullern ihr über die Wangen, und tief gerührt zieht sie sich in eine stille Ecke zurück, ohne sich weiter um ihr Geschäft zu kümmern.

Es ist müßig zu spekulieren, ob der Dalai-Lama in absehbarer Zeit nach Tibet zurückkehren wird und welche Rolle er dort spielen könnte. Ich kann mir kaum vorstellen, dass die Chinesen ihm den permanenten Aufenthalt in Lhasa erlauben, sondern eher im fernen Beijing, gewissermaßen auf dem politischen Abstellgleis in irgendeinem »beratenden« Minderheitengremium. Bislang hat der Gottkönig mehrere offizielle Delegationen entsandt, die sich ein Bild von der tatsächlichen Situation im Land machen konnten, und jedes Mal forderte er eine Einstellung der Überfremdungskampagne als Grundlage für weitere Verhandlungen.

Tatsächlich ist das chinesische Gepräge in den größeren Orten, vor allem in Lhasa und Shigatse, dominierend, auch desillusionierend für viele Fremde, die anderes erwarten. Würde der Potala nicht nach wie vor Lhasa überragen, würde man aus der Ferne den »Ort der Götter« von anderen modernen chinesischen Städten kaum mehr unterscheiden können. Lhasa versinkt in einem Bauboom ohnegleichen, wobei nirgendwo Rücksicht auf überkommene tibetische Architektur genommen wird. Ein Ring hässlicher Wellblechbauten umgibt den Stadtkern, breite Straßen wurden durchgerissen und das nach religiösen Aspekten ausgerichtete Stadtbild zerstört. Nur das Stadtviertel rund um den Jokhang ist tibetisch geblieben. Ich glaube kaum, dass die chinesische Überfremdung in absehbarer Zeit abgestellt wird; die Tibeter müssen das moderne China bis zur bitteren Neige auskosten. Auch werden sich die wenig freundschaftlichen Beziehungen der beiden Rassen kaum bessern, dem werden auch Gesetze nicht Abhilfe schaffen können. Dagegen spricht schon der Han-Chauvinismus, das traditionelle Selbstverständnis des Chinesen, seine Kultur als überlegen zu betrachten und die Völker ringsum mehr oder weniger als Barbaren, die man schon auf Grund der Geschichte nicht gleichwertig behandeln kann. Der Chinese ist nicht bereit, sich anzupassen, sondern versucht, seine Kultur und Lebensform in die fremde Umgebung zu verpflanzen, selbst wenn er dort Minderheit ist.

Zwar werden in Tibet heute viele der bedeutendsten Klöster wieder aufgebaut bzw. restauriert, darunter auch das vollständig zerstörte Kloster Ganden, aber es ist nicht zu übersehen, dass vor allem die berühmtesten Kultstätten mehr und mehr zu Museen werden, die den Pilgern wie auch den Touristen zu bestimmten Zeiten offen stehen. Die Anzahl der Mönche in den Klöstern wird von den chinesischen Behörden festgesetzt, ihre »politische Verlässlichkeit« genau geprüft. Sie sind weniger geistige Lehrer als vielmehr »Museumsverwalter«. Deshalb bedeutet der Wiederaufbau mancher Klöster noch lange nicht die Wiederbelebung geistig-spiritueller Tradition. Die Klöster bleiben leere Hülse, wenn die buddhistischen Lehrer fehlen, die diese erst beseelen.

Die Religionsfreiheit in Tibet wird auch in Zukunft ihre Grenzen haben, jedenfalls in den verkehrstechnisch erschlossenen und daher von den Chinesen kontrollierten Gebieten. Die Mönche werden kaum wieder jene beherrschende Rolle im Land spielen, wie es vor der chinesischen Annexion der Fall war. Seit im Herbst 1987 Beijing die Proteste der Tibeter in Lhasa mit Panzern und brachialer Gewalt niederwalzen ließ, scheint der Traum von einem freien Tibet entfernter denn je. Seitdem regiert China wieder mit eiserner Hand, und manche der »kleinen Freiheiten« wurden wieder zurückgenommen. Trotz der Repressionen und trotz fortwährender Missachtung elementarer Menschenrechte wird der im indischen Exil lebende 14. Dalai-Lama nicht müde, die gewaltfreie Politik zu predigen und auf Dialog zu setzen. Das hat ihm viel Sympathie eingebracht, aber nur wenig Erfolg, weil die Regierungen mächtiger westlicher Industriestaaten ihn nur halbherzig oder gar nicht unterstützen. Sie ziehen es lieber vor zu schweigen, »stille Diplomatie« zu üben wie es im Jargon heißt, aus Angst, sie könnten Beijing verärgern und damit ein Stück des chinesischen Marktes verlieren.

Trotz des jahrzehntelangen Versuchs der Chinesen, den Tibetern ihre Lebensform aufzuzwingen, hat sich auf dem Land erstaunlich wenig verändert. Man braucht sich nur ein Stück von befahrbaren Wegen zu entfernen, und dem Wanderer erschließt sich eine Arena, die auf der Erde ihresgleichen sucht. Die Stille, die einen umgibt, ist absolut. Die dünne, sauerstoffarme Luft lässt Distanzen schmelzen und die Farben in unwirklicher Intensität leuchten. Dunkelblau hebt sich der Himmel von der Landschaft ab, über der bisweilen weiße Haufenwolken segeln, die man glaubt berühren zu können. Die Wolken werfen bewegende Schatten auf die Landschaft, bevor sie am Horizont Berge berühren, deren Linien für die Ewigkeit geschaffen scheinen. Es ist eine Landschaft, die einen nicht mehr loslässt, hat man sie einmal erlebt. Da sind gelbe und grüne Ebenen mit Raps und Gerste, aus denen braune Hügelketten aufragen, grasbewachsene Hochflächen wie ein unendlicher, grün schimmernder Ozean; Nomaden, Zelte und Yaks wie schwarze Punkte darauf hingestreut. Der Horizont, sanft geschwungene Hügelketten, scheint greifbar nahe und ist doch unerreichbar. Tibet, das ist vor allem der Tschangthang, die endlosen Hochflächen, dreimal so groß wie die Bundesrepublik Deutschland, mit türkisfarbenen Seen, Geysiren, mit von farbigen Gesteinsformationen durchzogenen Bergketten. In Tibet steht der Kailash (Kailas), ein Berg, der alle anderen im Himalaja an Bedeutung übertrifft, der »Nabel der Welt« für viele hundert Millionen Menschen. Die weiße Pyramide des »Schneejuwels« ist die höchste Erhebung des tibetischen Plateaus, dem Dach der Welt; er beherrscht die gesamte Umgebung. Die Landschaft dort ist in ein Licht getaucht, als ob die Energien unzähliger Heiliger sie ständig erleuchteten. Die Pilger umrunden den Sockel des Berges, der als Mittelpunkt eines Mandala bzw. als irdisches Abbild des Weltenberges Meru gilt, ihre gleich gerichteten Gedanken (Energie) erheben den Ort zu einem kraftgeladenen Akupunkturpunkt. Nicht zufällig ist es das Land, in dem James Hilton das Shangri-La seines berühmten Romans »Der verlorene Horizont« ansiedelt. Ein Land von herber Schönheit und geheimnisvoller Faszination, einer Faszination, der ich erlegen bin, seit ich zum ersten Mal meinen Fuß dorthin setzte.

Kumbum – Kloster der »Hunderttausend Bilder Buddhas«

> Die menschliche Neigung, nur eine Phase der Wahrheit zu sehen, die uns gerade vor Augen liegt, und sie zu einem vollständigen System der Logik zu erheben und zu entwickeln, ist der Grund, warum unsere Philosophie sich notwendigerweise immer mehr dem Leben entfremdet. Wer über die Wahrheit spricht, verletzt sie dadurch; wer sie zu beweisen versucht, verstümmelt und zerstört sie; wer ihr ein Etikett oder den Namen einer Schule gibt, tötet sie; und wer sich selbst als einen Gläubigen erklärt, begräbt sie.
>
> *Lin Yutang*

Bevor die Chinesen Tibet annektierten und auf ihre Weise zu modernisieren begannen, gab es am Dach der Welt keine befahrbaren Straßen; alles wurde vom Menschen selbst oder auf dem Rücken von Lasttieren transportiert. Uralte Karawanenwege verbanden die tibetischen Kulturzentren mit den wichtigsten Nachbarländern, wie China, Indien, Nepal und Ladakh. Trotz der hohen Barriere des Kunlun-Gebirges im Norden stand Tibet über lange Zeit sehr intensiv mit den bedeutendsten Oasenorten Ostturkestans (heute Xinjiang), mit Khotan, Turfan, Aksu, Kashgar und anderen in Verbindung; einst blühende Handelsplätze, in denen nicht nur Waren aller Art umgeschlagen, sondern vor allem Ideen, Kunststile und Religionen verbreitet wurden. In diesem Schmelztiegel unterschiedlichster Völkerschaften traf der aus Indien kommende Buddhismus auf chinesisches Gedanken- und Kulturgut, hinzu kamen aus dem vorderen Orient noch Hellenismus, Christentum und Islam.

Tibets wichtigster Handelspartner war zweifellos China. Tee, Reis, Getreide, Gewürze, Seide und später Porzellan und Metallwaren kamen aus dem Reich der Mitte. Karawanenwege führten über die Provinz Amdo (heute Qinghai), entlang des Kuku Nor (Qinghai-See), in dessen Nähe das bedeutende Kloster Kumbum (Taersi) liegt, und über das Quellgebiet des Gelben Flusses durch Nomadenland nach Zentraltibet. Aus den chinesischen Tiefländern Sichuans und Yunnans führten ebenfalls Handelswege nach Lhasa hinauf. So bedeutende Marktplätze wie Kangding und Chamdo liegen an diesen Routen. Kangding, am Fuße des Minya Konka (7556 m), dem östlichsten Eckpfeiler des Himalaja gelegen, galt als Tor zu Tibet, als Beginn der »Teestraße« oder auch der tibetischen »Seidenstraße«, deren Eckpunkt Lhasa war.

Aber genauso wichtig wie die Handelsbeziehungen zu China und die Verbindung zur Seidenstraße, dem legendären alten Fernhandelsweg, war für das tibetische Kernland der Kontakt und der Warenaustausch mit dem südlich und westlich gelegenen Himalaja-Raum. Denn trotz der Gebirgsbarriere des Himalaja war der Weg über die Pässe von und nach Zentraltibet leichter zu bewältigen als über den Tschangthang, die berüchtigten nördlichen Ebenen, oder über die Stromschluchten vom Südosten her. Eine der wichtigsten dieser Fernhandelsrouten führte vom tibetischen Kernland entlang des Brahmaputra zwischen Himalaja und Transhimalaja nach Westen bis zu seinem Ursprung im Kailash-Gebiet. Der Kailash oder Kang Rimpotsche, »das Schneejuwel«, wie die Tibeter diesen heiligen Berg nennen, ist höchstes Pilgerziel nicht nur für tibetische Buddhisten und für Anhänger der alten Bön-Religion, sondern auch für Millionen Hindu. Er ist die höchste Stelle des tibetischen Hochlands, des Daches der Welt, und daher auch Wasserscheide. So folgten denn auch die Handelskarawanen dem Indus, dessen Quellen ebenfalls am Kailash liegen, nach Südwesten ins ehemalige Königreich Ladakh, das heute zu Indien gehört. Von Leh, dem Hauptort Ladakhs, bestehen seit alters her

Verbindungswege nach Norden über den Karakorum-Pass zu Ostturkestan und nach Süden hin zu Indien und Nepal. Nicht zuletzt führten zahlreiche Wege vom tibetischen Kernland über die Himalaja-Pässe nach Süden, in die Nachbarländer Nepal, Sikkim und Bhutan. Eine besondere Bedeutung kam den Salzkarawanen nach Nepal zu, aber auch Holz, Weihrauch, Bronzen und religiöse Bücher, Schmucksteine und Wolle waren wichtige Fernhandelsgüter auf diesen Routen. An den Umschlagplätzen, den Knotenpunkten der Karawanenwege, aber auch bei bedeutenden Klöstern entstanden große Märkte. Die sprichwörtliche Handelstüchtigkeit der Orientalen ist natürlich auch den Tibetern eigen, wobei neben den Berufskaufleuten – darunter viele Nichttibeter – die Nomaden eine wesentliche Rolle spielten. Außerdem musste in einem Land mit solch geringer Bevölkerungsdichte wie in Tibet notwendigerweise jede Gelegenheit zum Tausch wahrgenommen werden. Pilgerfahrten, die Reisen von Beamten, ja selbst das Vagabundieren und Betteln bildeten willkommene Gelegenheiten zum Handeln.

Die Nomaden steuerten einerseits Handelsgüter wie Häute, Felle und Wolle bei, waren aber andererseits oft verantwortlich für die Unsicherheit tibetischer Karawanenwege. Kann man den Berichten früher Reisender glauben, so müssen ganze Nomadengruppen das Räubertum betrieben haben. Nur größere Karawanen, die sich den Schutz bewaffneter Männer leisten konnten, durften einigermaßen hoffen, ihr Ziel ohne große Verluste an Hab und Gut zu erreichen. Selbst Pilgergruppen, die zu den heiligen Stätten unterwegs waren, wurden nicht geschont. Zu den berüchtigsten Räubernomaden gehörten die Golog im Gebiet des Amnye-Machen und jene, die in der Umgebung von Burang ihr Unwesen trieben und damit den frequentierten Handels- und Pilgerweg, der von Indien über das Kailash-Manasarowar-Gebiet nach Zentraltibet führt, verunsicherten.

Mit dem alten Tibet aber verschwanden die Karawanen und mit

ihnen auch das Räubertum. An Stelle der Karawanenwege traten befahrbare Pisten, von den Chinesen mühsam gebaut mit der Absicht, die Sinisierung zu beschleunigen. Seitdem rollen Armeekonvois und klapprige, planenbedeckte Lastwagen Marke »Befreiung« und »Ostwind« über staubige Schlagloch- und Wellblechpisten in Richtung Lhasa. Tibetische Männer und Frauen in speckigen Fellmänteln und mit staubverschmierten Gesichtern schuften mit bloßen Händen, um die Pisten befahrbar zu halten, und ebnen gleichzeitig den Weg für ihren eigenen kulturellen Untergang. Aus den Marktflecken und Versorgungsstationen an den Karawanenwegen wurden Truckstopps mit verkommenen Schlafzellen und ein paar unsäglich dreckigen Garküchen, deren Gemeinsamkeit neben der wenig einladenden Atmosphäre im großen Angebot an Bier und Schnäpsen liegt. Das Bier, des Chinesen liebstes Getränk, schafft diesen doppelten Genuss: beim Trinken und danach beim Zertrümmern der Flasche.

Gemäß den chinesischen Interessen sind die Verbindungswege in die Provinzen Qinghai, Sichuan und Yunnan besser ausgebaut als etwa die Wege nach Xinjiang oder gar zu den Nachbarländern wie Sikkim, Bhutan und vor allem Indien, mit dem Tibet auch ein gemeinsames kulturelles Erbe verbindet. Eine Ausnahme bildet die Grenze zu Nepal, die seit einiger Zeit offen ist und wo bereits wieder ein beschränkter lokaler Handel blüht. Gespannt und wenig freundschaftlich sind die Beziehungen Chinas zu Indien, dem mächtigen Nachbarn im Südwesten. Nach wie vor ist die Grenze im Bereich des Hochplateaus von Aksai-Chin umstritten, das die Chinesen besetzt halten. Die gesamte Xinjiang-Route entlang des Himalaja bzw. Karakorum, die Lhasa mit Kashgar auf einer Strecke von rund 3500 km verbindet, hat in erster Linie strategische Bedeutung. Der Gütertransport von Lhasa nach Westtibet ist spärlich. Die heute wichtige Provinzstadt Shiquanhe (Ali) wird von Xinjiang aus versorgt und nicht vom fernen Lhasa.

Auf den Strecken von Sichuan und Yunnan nach Lhasa hinauf

verkehren bereits Linienbusse. In Schwindel erregender Ausgesetztheit windet sich die Straße aus den feuchtwarmen Tälern und Niederungen durch tiefe Schluchten und Pässe zum tibetischen Hochland hinauf. Der »Weg durch Himmel und Höllen«, wie Alexandra David-Neel ihre abenteuerliche Reise von Yunnan nach Lhasa genannt hat, ist heute offiziell für Fremde ebenso gesperrt wie damals. Dies gilt auch für die Straßenverbindung von Chengdu nach Lhasa. Offen dagegen und leicht zu bewältigen ist die Route von Katmandu nach Lhasa, sieht man vom Wegstück zwischen Tatopani und Khasa ab, das zu Fuß zurückzulegen ist, weil die Straße zur Monsunzeit regelmäßig durch Erdrutsche zerstört wird. Hier bricht das tibetische Hochland von 4000 m Höhe auf einer Strecke von nur 30 km in einer gewaltigen Schlucht auf 2000 m Höhe hinunter ab. Der Kontrast zwischen den feuchten Wäldern auf der nepalesischen Seite und dem kargen tibetischen Plateau jenseits der Schlucht ist kaum mehr zu überbieten. In steilen Serpentinen windet sich die Straße zum Hochplateau hinauf. Braune Hügelketten breiten sich wie Wellenkämme nach Osten hin aus, im Norden und Süden himmelhoch überragt von eisfunkelnden Himalaja-Riesen. Gaurisankar, Shisha Pangma und Ganesh zeichnen sich wie die Zacken einer Krone am Horizont ab. Auf dem Weg nach Lhasa kommt man nicht nur an den Mount Everest auf eine Distanz von 100 km heran, sondern es liegen auch bedeutende Kulturzentren und Kultstätten wie die Höhlen des Milarepa, Sakya, Shigatse und Gyantse auf der Strecke. Wie leicht zugänglich das Dach der Welt geworden ist, insbesondere das zu Beginn des 20. Jahrhunderts noch weltentrückte Lhasa, wird mir auf der Fahrt von Qinghai nach Zentraltibet klar. Hier vollendeten Soldaten der chinesischen Volksbefreiungsarmee im Jahre 1985 die erste asphaltierte Straßenverbindung, die die »Autonome Provinz Tibet« praktisch mit dem Osten Chinas verbindet. Wenn man in Gormo (Golmud) frühmorgens in einen komfortablen japanischen Luxusbus einsteigt, steht man am nächsten Tag am Fuße des

Potala. Dazwischen liegt eine Fahrt über eine Strecke von rund 1200 km über endlose Grasflächen und mehrere 5000 m hohe Pässe. Gormo ist vorläufige Endstation eines Schienenstranges, der einmal bis Lhasa hinaufführen soll. Nach Plan soll der Bau schon längst begonnen haben, aber offensichtlich wird das ehrgeizige Projekt zurückgesteckt. Da die Endstation Gormo eine für chinesische Verhältnisse kleine Stadt ist, ist der Zug nicht zum Bersten voll wie sonst die Züge in China. Es entfällt das Gedränge, wenn man in Lanzhou, wo die Strecke beginnt, einsteigt.

Nach vier Stunden Fahrt im »Hart sitzen«-Wagon, der billigsten Klasse in Chinas Zügen, bin ich in Xining angekommen. Das Provinznest liegt in einem schluchtartigen Teil und zieht sich deshalb wie ein Straßendorf in die Länge. Sehenswürdigkeiten gibt es keine, nirgendwo findet sich eine Pagode, deren Besteigung lockt, nur die Kathedralen der Industrie, die Rauchfänge, überragen die grauen Hochbauten mit den flachen uniformen Dächern. Hier habe ich mich mit Hans verabredet, der schon Wochen vorausgereist ist. Ich treffe ihn im Xining Daxia Binguan, einem Hotel mit dem Charme eines Bahnhofs. Wir schlendern die breite Hauptstraße entlang, neben uns bewegt sich der scheinbar nie versiegende Strom der Radfahrer. Am Straßenrand verkaufen Händler Jogurt und Obst, daneben hat ein Schuhflicker sein Sortiment an hohen Absätzen ausgebreitet, die hier zu Lande beiderlei Geschlechter tragen. Im Zentrum der Stadt findet man das Kino und das Kaufhaus Nummer 1. Alle Artikel, die das Warenhaus führt, sind in zwei Schaufenstern ausgestellt, an denen sich die Leute die Nasen platt drücken. Wer die Gegenstände näher betrachten will, kämpft sich an den Ladentisch vor. Dahinter thronen Verkäufer, denen man ansieht, dass ihr Lohn in keiner Beziehung zum Umsatz steht. Erst wenn der potenzielle Kunde sein Begehr energisch und lautstark zu erkennen gibt, wird sich der Verkäufer angesprochen fühlen.

Wir suchen in den schmalen Seitengassen nach einer Garküche.

Die Erfahrung hat uns nämlich gelehrt, dass sich Chinas kulinarische Genüsse oft in unscheinbaren, recht schmuddelig aussehenden Plätzen offenbaren, aber selten in den großen Hotelrestaurants, wo die Speisen lieblos zubereitet und in gleicher Weise serviert werden. In einem alten einstöckigen Holzgebäude werden wir fündig: Die offene Feuerstelle, über der der Koch in Minutenschnelle viel versprechende Gerichte zusammenzaubert, befindet sich im Erdgeschoss. Die Speisekarte ist mit Kreide auf eine Schultafel geschrieben, die Spezialitäten des Hauses sind noch zusätzlich in bunten Farben aufgemalt. Das Bestellen fällt deshalb auch uns »Analphabeten« leicht. Es gibt mongolischen Feuertopf oder Fisch in verschiedener Weise zubereitet. Danach führt uns der Wirt, der zugleich Koch ist, über eine Leiter in den darüber liegenden Speiseraum. Eine Gruppe Soldaten in grünen Uniformen sitzt an einem runden Tisch beim Knobeln. Wer verliert, muss sein Glas in einem Zug leeren.

Nicht mehr viel erinnert daran, dass Xining einst bedeutende Station auf dem Karawanenweg von China nach Tibet war, am ehesten noch die Gesichter der Menschen, die eine beachtliche Völkervielfalt widerspiegeln. Tibeter, Mongolen und turkstämmige Kasachen findet man inmitten der überwiegenden Mehrheit der Han-Chinesen. So wenig interessant die Stadt selbst ist, umso mehr hat die Umgebung zu bieten. Westlich von Xining liegt der Qinghai-See, mit 4000 km^2 der größte Salzwassersee Chinas. Eine große Insel im nordwestlichen Teil des Sees ist ein Vogelparadies, das so seltenen Arten wie den Schwarzhalskranichen als Brutplatz dient. Von Xining in Richtung Süden erstrecken sich weite Grasländer – bewohnt von den Golog-Nomaden –, aus denen die Gipfel der Amnye-Machen-Kette bis über 6000 m Höhe hinausragen.

Aber die zweifellos interessanteste Sehenswürdigkeit ist das Kloster Kumbum, knapp 30 km von der Stadt entfernt. Es gehört zu den wichtigsten Klöstern des Gelbmützen-Ordens und ist heute mit rund 400 Mönchen das größte Kloster außerhalb des tibetischen Kernlandes. So sind denn auch die Busse, die zwischen Xining und Kloster hin- und herpendeln, stets gerammelt voll von Pilgern, denen man manchmal ansieht, dass sie von weit her kommen. Dazwischen sitzen Mönche in ihren gelb-roten Gewändern, aber auch chinesische Touristen findet man darunter. In Huangzhong ist die Busfahrt zu Ende. Alles hat hier ganz und gar chinesisches Gepräge, und wenn ich es nicht anders wüsste, würde ich kaum die Nähe eines so bedeutenden tibetischen Heiligtums erwarten. Eine breite, leicht ansteigende Straße führt zum Kloster hinauf. Beiderseits reihen sich Marktstände, deren Angebot an religiösen Gebrauchsgegenständen für Pilger und Mönche auf das Kloster als lebendiges religiöses und geistiges Zentrum hinweisen. Es mag erstaunen, dass ausgerechnet Moslems – man erkennt sie an den weißen Hauben, wie sie bei uns Köche und Küchenpersonal tragen – den Handel mit tibetischen Kultgegenständen betreiben, ja ausschließlich sie für die Herstellung von metallenen Gegenständen für das Kloster verantwortlich sind.

Am Eingang des Klosterkomplexes stehen acht Stupas, davor haben chinesische Fotografen ihre Buden aufgebaut, hier kann man sich in knallig rote Mäntel hüllen, dazu eine Mütze aus imitiertem Schneeleopardenfell aufsetzen und in dieser Aufmachung als »Original-Tibeter« für ein Erinnerungsfoto posieren. Auf einer Wiese gegenüber liegen ein paar zottelige Yaks und scheinen dieses Szenario vergnüglich zu beobachten. Vor einem unglaublich staubigen Lastwagen sitzt eine Gruppe tibetischer Pilger, im Aussehen ihrem Gefährt nicht nachstehend, sie schlürfen aus hölzernen Schalen Buttertee. Für die Nacht stellen sie ein paar Yakhaarzelte auf oder schlafen einfach in ihre Fellmäntel gehüllt auf der ungedeckten Ladefläche.

Das Kloster liegt inmitten einer eindrucksvollen Hügellandschaft. Der fruchtbare Lössboden – die Flüsse haben sich tief hineingegraben, allen voran der Gelbe Fluss – wird von den Bauern intensiv genutzt. Auf jedem Quadratmeter Boden wird Weizen oder Gerste gezogen. Die Felder schimmern je nach dem Reifestadium der Ähren in verschiedenen Grün- und Brauntönen und geben der Landschaft eine Anmut, die leicht vergessen lässt, welch harte Arbeit dahinter steckt.

Am Fuße eines solchen Hügels liegt das mächtige Kloster. Eine beträchtliche Anzahl von Gebäuden gruppiert sich um das zentrale Heiligtum, den »Goldenen Tempel«. Oberhalb und verstreut am gegenüberliegenden Hügel stehen die Wohnungen der Mönche. Kleine, weiß getünchte Häuser mit flachen Dächern. Für fremde Besucher besteht die Möglichkeit, im Klosterareal selbst in einer ehemaligen Mönchsbehausung zu nächtigen. Man gewinnt dabei nicht nur den Eindruck vom Tagesablauf des klösterlichen Lebens, sondern man spürt auch etwas von der Kraft, die von einem solchen Zentrum der Vergeistigung ausgeht. Obwohl ich später viele der bedeutendsten Klöster Tibets kennen lernte – vor allem auch die kulturellen Zentren in der Umgebung von Lhasa, die mir oft museal erschienen –, habe ich nirgendwo einen besseren Eindruck vom Klosterleben gewinnen können, als hier bei den Gesprächen mit Mönchen und bei der Teilnahme an ihren religiösen Übungen. Das mag natürlich in gewissem Maß mit der räumlichen Nähe des Quartiers, aber vor allem mit der Bereitschaft der Lamas, dem interessierten Fremden Einblick zu gewähren, zusammenhängen. Eingedenk der Tatsache, dass früher bis zu 3000 Mönche die geweihten Hallen mit tätigem Leben erfüllten, nimmt sich die Zahl von rund 400 Mönchen heute bescheiden aus. Doch ich bin überrascht, die Kontinuität religiöser Traditionen vorzufinden. Ich beobachte auch wieder zahlreiche Novizen, wenngleich ihre Anzahl von den Chinesen bestimmt wird: Es dürfen nur solche Personen in ein Kloster eintreten, die auch zu dessen Erhaltung beitragen bzw. für ihren Unterhalt selbst sorgen.

Kumbum ist ein Kloster der Gelugpa, der Gelbmützen-Sekte, die auf Tsongkhapa, den großen tibetischen Reformator, zurückgeht, der im Jahre 1375 eben hier an diesem Ort geboren wurde.

Eingebettet zwischen Lößkegeln, die schachbrettartig mit Feldern überzogen sind, liegt das Kloster Kumbum Chamba Ling.

Die Lehrauslegung und vor allem die Klosterordnung unterscheiden sich stark von den anderen tibetischen Schulen, den so genannten Rotmützen-Sekten. An der Spitze des Klosters Kumbum stand zu der Zeit der reinkarnierte Abt Chueshu, den die Chinesen im Jahre 1958 für 21 Jahre ins Gefängnis steckten und der nach der Öffnung des Klosters wieder seine Funktion übernahm. Das Leben der Mönche und auch der Aufstieg in der Hierarchie ist im Gelbmützen-Orden streng reglementiert. Erst ab dem vollendeten siebten Lebensjahr kann ein Kind – Knabe wie Mädchen – ins Kloster eintreten. Dies geschieht zumeist auf Betreiben der Eltern. In der Praxis sind Frauenklöster in Tibet jedoch selten, sodass der überwiegende Anteil der Klosterbewohner sich aus Männern rekrutiert. Um überhaupt aufgenommen zu werden, muss das Kind 40 Fragen befriedigend beantworten. Erst dann wird es als Schüler akzeptiert, bekommt Mönchskleidung und Bettelschale ausgehändigt und auch einen neuen Klosternamen. Der Trapa – wie der

Mönchsanwärter bezeichnet wird – nimmt Zuflucht zu Buddha und gelobt, die Gebote des Ordens einzuhalten. Beim Akt der Aufnahme im Kloster werden dem Schüler ein Haarbüschel abgeschnitten und eine rituelle Waschung vollzogen. In den ersten Jahren lernt der Schüler lesen, schreiben und rechnen, gleichzeitig muss er aber schon buddhistische Lehrsätze auswendig lernen und rezitieren. Da im alten Tibet allein in den Klöstern Unterricht im Lesen und Schreiben erteilt wurde – diese gewissermaßen die Funktion der Grundschule ausübten –, gab es viele, die nur für ein paar Jahre im Kloster blieben und wieder austraten, lange bevor sie das Gelübde der Weltentsagung ablegen konnten, womit erst der eigentliche Eintritt in den Orden vollzogen wird. Heute bieten die von den Chinesen errichteten Schulen eine Alternative, aber sie werden häufig boykottiert, da sie in den Augen der Tibeter Instrumente der Nivellierung und kulturellen Entfremdung sind. Wer sich für das Mönchstum entscheidet, legt im Alter von 15 Jahren das Ordensgelübde ab. Er gelobt, künftig gemäß den strengen Regeln des Tsongkhapa zu leben und alle Anstrengungen auf die Entwicklung der Geisteskräfte und nach der Erleuchtung auszurichten. Nicht mehr die Anhäufung von Wissen, sondern Weisheit und meditative Schau, die zur Erkenntnis der Leerheit allen Seins führen soll, sind das Ziel. Dadurch unterscheidet sich das Studium in einem tibetischen Kloster vollkommen von jenem an unseren Hochschulen und selbstverständlich auch von den staatlichen chinesischen Bildungseinrichtungen. Der Tagesablauf eines Novizen wird bestimmt durch viele Stunden Studium der buddhistischen Schriften, des Kanjur, eines 108-bändigen Werkes, und der dazugehörigen Kommentare, des so genannten Tanjur. Die Zahl 108 ist den Tibetern heilig: Buddhas Lehre umfasst in tibetischer Sprache 108 Bände, ein großes Kloster hat 108 Gebäude, ein Gebetskranz 108 Perlen und eine Frau flicht das Haar zu 108 Zöpfen …

Der Novize beginnt von Anfang an zu lernen, buddhistisches Gedankengut und Lehre nicht nur intellektuell zu erfassen, sondern – was viel wichtiger ist und erst zu tiefer Erkenntnis führt – durch eigene meditative Erfahrungen die angelernten Inhalte tatsächlich zu integrieren und in tiefe Einsicht umzuwandeln. Deshalb ist auch der Tagesablauf so eingeteilt, dass sich die Schüler mehrmals zur Meditation versammeln. Auch die täglichen Zusammenkünfte, bei denen stundenlang Formeln rezitiert werden, begleitet von dumpfen rhythmischen Trommelschlägen und Glockengeklingel, dienen der Konzentration des Gedankenflusses auf einen Punkt hin. Darüber hinaus ist die gesamte Atmosphäre des Klosters, die dunklen, nur vom Schein der Butterlampen erhellten Gebets- und Meditationshallen mit den herabhängenden Thangkas (Rollbilder) und den zahllosen Darstellungen von Buddhas, Bodhisattvas und Gottheiten in ihren verschiedensten Erscheinungsformen dazu angetan, den Novizen von weltlichen Gelüsten abzubringen und in ihm den Wunsch zu verstärken, auf dem Weg der Erkenntnis voranzuschreiten.

Stehen keine besonderen Zeremonien oder Festlichkeiten an, verläuft der Tagesablauf – so weit ich es selbst beobachten konnte – in Kumbum folgendermaßen: Noch vor Sonnenaufgang erschallen die langen, Alphörnern ähnlichen Blasinstrumente und Hörner, um die Mönche zu wecken. Gleich nach dem Waschen und Ankleiden lassen sie zum ersten Mal an diesem Tag die 108 Perlen des Gebetskranzes durch die Finger gleiten. Danach begeben sie sich langsam zur großen Versammlungshalle, gelegentlich findet diese erste gemeinsame Zusammenkunft auch in einem Innenhof statt. Bevor das Ritual beginnt, sieht man die Mönche wie auf geheimen Befehl in den Gängen und Höfen seltsam hocken. Es entpuppt sich als eine höchst profane, aber täglich notwendige Tätigkeit: Unter jedem Rock tritt ein »Bächlein« hervor.

Bei den Gebeten und Rezitationen, die mehrmals täglich mit wechselnden Themen stattfinden, sitzen die Mönche einander genau nach Rangordnung und Alter in zwei langen Reihen gegenüber. Persönliche Ritualobjekte jedes Akteurs sind Vajra und

Ghanta – Diamantenzepter und Glocke –, die Symbole des Männlichen und Weiblichen im tantrischen Kult. Zusätzlich besitzt jeder Mönch eine kleine Handtrommel und die unentbehrliche Teeschale, die mehrmals am Tag mit Buttertee gefüllt wird. Vorbeter lesen aus langen, schmalen Blättern zwischen zwei Brettern heilige Texte, begleitet vom dumpfen Grollen großer Standtrommeln und dem metallischen Klang der Glöckchen. Dazwischen werden immer wieder unter Beteiligung aller Mönche heilige Silben, so genannte Mantras, rezitiert, von denen das »om mani padme hum – oh, du Juwel in der Lotosblüte«, das man auch aus dem Munde der Pilger tausendfach hört, das bekannteste ist. Am Vormittag müssen sich die Novizen unter strenger Aufsicht gewissermaßen gegenseitig abprüfen. Dabei sitzt eine Hälfte der Schüler im Lotossitz am Boden in einer Reihe, und die andere Hälfte steht ihnen aufrecht gegenüber. Der Davorstehende schleudert nun dem Sitzenden eine Frage oder einen Begriff entgegen, begleitet mit einem lauten Händeschlag, und der Sitzende muss sofort darauf antworten. In der Regel finden fünf Zusammenkünfte der Mönche täglich statt. Es werden Opfer an die guten Mächte dargebracht, aber auch die zornvollen Gottheiten beschworen, die einst Patmasambhava – der aus dem Lotos geborene Lehrer – als Beschützer der Lehre verpflichtet hat. Beeindruckend ist das Bild, wenn alle Mönche in ihre faltigen roten Mäntel gehüllt, die gelben helmartigen Hüte aufgesetzt, im Kreis um ihren Abt sitzen und den Ritus mit dem einprägsamen Gesang begleiten.

Alle am Nachmittag stattfindenden Aktivitäten und auch die Meditationen bleiben mir verborgen, sie finden hinter verschlossenen Türen statt, nur der einförmige Rhythmus der Trommelschläge dringt nach außen.

Obwohl die Atmosphäre im Kloster, die intensive Beschäftigung mit den heiligen Schriften und eigene meditative Erfahrungen dem Lernenden den Weg öffnen, um Schritt für Schritt seine Ich-Bezogenheit und Unwissenheit zu überwinden, gelingt es nur wenigen, vom Novizentum zum Gelong – dem Vollmönch – aufzusteigen. Die meisten schaffen die damit verbundene Prüfung, die man dreimal wiederholen darf, nie und bleiben zeit ihres Lebens Arbeitsmönche, deren Tage in gleichförmiger Routine vergehen. Aber dies ist kein Umstand, der traurig stimmt oder an Scheitern denken lässt, denn aus dem Bewusstsein, dass Zeit – angesichts fortwährender Wiedergeburten – eine Illusion ist, bezieht jeder die Gewissheit, im nächsten Leben auf diesem Weg weiterzukommen. Viele bewältigen die Prüfung zum Gelong erst im hohen Alter, nur die wenigen, die es in jüngeren Jahren schaffen, können nach vertiefenden Studien des Kanjur und Tanjur in die Schlüsselpositionen der Klöster aufsteigen bzw. selbst Lehrer werden. Besonders Begabte werden von den Äbten auf die Klosteruniversitäten Drepung oder Sera geschickt, und nur ihnen standen früher die höchsten staatlichen Ämter offen. Von diesen wiederum wird es nur wenigen gelingen – sofern sie der Verlockung nach Macht widerstehen –, in der Meditation die Leerheit allen Seins zu erkennen und gewissermaßen ihr ichhaftes Getrenntsein zu überwinden, das von den großen buddhistischen Meistern als Erfahrung des »reinen Lichtes«, der Seligkeit und des geistigen Friedens beschrieben wird.

Mit dem philosophischen Begriff der Leere im buddhistischen Sinne ist nicht »Nichts« zu verstehen, es hat auch nichts mit Nihilismus zu tun, sondern besagt nichts anderes als: Die Dinge – und vor allem das Ich – haben keine Existenz in und aus sich selbst. Mit anderen Worten: »Alles ist nur, indem es mit allem kommuniziert.« Leiden gibt es dort, wo das Ich aus sich selbst etwas sein will, getrennt von anderen und gegen sie – und letztlich gegen sich selbst. Um zu begreifen, was mit diesem »leer« gemeint ist, stelle man sich einen Menschen vor, den man gut kennt. Womit wir nun diese Person beschreiben und als Individuum begreifen, ist nichts anderes als ein Zusammenspiel geistiger und körperlicher Faktoren, die beständigem Wandel unterliegen. Man kann suchen, wie man will, man wird dahinter kein eigenständiges Ich finden. Hier steckt eine tiefe Weisheit dahinter, die man erst ermessen kann, wenn man dies beispielsweise einmal auf gestörte zwischenmenschliche Beziehungen anwendet, die die wechselseitige Projektion nicht erkennen und unüberwindliche Grenzen errichten. Genauso leer in diesem Sinne sind jene Erscheinungen, die wir als Dinge betrachten. Das Anhaften an diesen so genannten »Dingen«, die wir festzuhalten trachten, bringt ebenfalls Leiden. Der Kreislauf des Leidens heißt in Sanskrit »Samsara« und die Erlösung daraus nennt man »Nirwana«. Nach der Erfahrung der Leere handelt es sich dabei ebenfalls nicht um zwei Wirklichkeiten, sondern Samsara ist Nirwana und umgekehrt. Der Unterschied ist allein eine Frage der Erkenntnis. »Das Auflösen des Wahns der Eigenmächtigkeit des Ich beschert geistigen Frieden, allerdings nicht, wenn dies nur eine intellektuelle Einsicht bleibt, sondern nur, wenn eine direkte meditative Erfahrung von der Ganzheit der Wirklichkeit das körperliche, physische und mentale Geschehen des Menschen in der großen Nichtzweiheit aller Lebensvorgänge transformiert. Das nennt man Nirwana, das Verlöschen des Ich-Wahns, das aber nur dem Unerfahrenen als kalte schwarze Nacht erscheint – die buddhistischen Meister beschreiben es als Hafen des Lichtes und des Friedens.« (Zitiert aus: R. u. M. von Brück, Ein Universum voll Gnade, Freiburg 1987)

Dieses hohe Ziel vor Augen zu haben ist natürlich noch keine Gewähr, es auch zu erreichen. Nach Ansicht der Tibeter sind dafür in der Regel viele Leben notwendig, obwohl der tantrische Pfad das Eingehen ins Nirwana sogar in einer einzigen Lebensspanne ermöglicht. Aber Theorie und Praxis, Weg und Ziel, klaffen auch hier oft weit auseinander. Betrachtet man die Geschichte des Landes, so muss man wohl zur Auffassung gelangen, dass sogar hohe und höchste Lamas den Versuchungen von Macht und Einfluss erlagen. Das hängt natürlich auch mit der Gesellschaftsstruktur im alten Tibet zusammen, in der die Klöster eine zentrale Bedeutung einnahmen. Sie waren ja die einzigen Bildungsstätten des Landes, und nur durch sie konnte man sich Zugang zu den hohen Ämtern im Staat verschaffen. Dass dies nicht unbedingt die ideale Voraussetzung für die Hinwendung zur Lehre Buddhas war, ist einleuchtend. So wurden die Klöster nicht nur Orte weltüberwindender Vergeistigung, sondern auch Schauplätze von Machtkämpfen und Intrigen. Über diese Vorgänge schweigen die Annalen zumeist: Es wird immer ein Geheimnis bleiben, wie viele Begabte dabei auf der Strecke blieben. Die dicken Mauern des Potala sind stumme Zeugen so mancher rätselhafter Vorgänge bei der Wiederauffindung hoher Inkarnationen.

Ein offenes Geheimnis ist, dass der sechste Dalai-Lama ermordet, der Neunte vom Regenten vor erreichter Volljährigkeit erdrosselt, der Zehnte einundzwanzigjährig vom »zufällig« einstürzenden Schlafzimmer erschlagen und der Zwölfte neunzehnjährig vom Regenten vergiftet wurde. Der Vorgänger des gegenwärtigen vierzehnten Dalai-Lama entging nur knapp den Intrigen hoher Lamas und starb eines natürlichen Todes im Jahre 1933. Die Verquickung der Mönche mit weltlicher Macht war verhängnisvoll, ein Erscheinungsbild, das sich nicht nur auf den Lamaismus in Tibet beschränkt, sondern das wir auch gut aus der Geschichte des christlichen Abendlandes kennen.

Es ist paradox: Tsongkhapa hatte eben aus diesen Gründen, nämlich wegen des Verfalls religiöser Sitten und der Verweltlichung in den Klöstern, einst den Gelbmützen-Orden gegründet, der nun selbst an den gleichen Symptomen litt. Hier in Kumbum wurde Tsongkhapa im Jahre 1375 geboren und von hier zog er los, um sein großes Werk zu vollenden. Sein Leben ist voll von wundersamen Taten, und um viele Ereignisse bildeten sich Legenden. Er war ein Kind – von denen man in Tibet in Zusammenhang mit der Auffindung hoher Wiedergeburten immer wieder hört –, das mit außergewöhnlichen Fähigkeiten ausgestattet war und aus der Gruppe der Gleichaltrigen hervorragte. Tsongkhapa studierte in einem südtibetischen Kloster. Sein Eifer und seine Begabung ließen ihn schon im Alter von 25 Jahren zum Vollmönch aufsteigen. Er vertiefte sich intensiv in die Schriften der indischen Gurus und hatte die nahezu 300 Bände des Kanjur und Tanjur studiert, ehe er mit eigenen kritischen Schriften hervortrat. Zielpunkt seiner Kritik war die Klosterpraxis seiner Zeit, die sich schon weit von der Lehre Buddhas entfernt hatte. Viele Lamas bekleideten hohe gesellschaftliche Positionen und verfügten über große Besitztümer. Die Ausbildung der Novizen wurde nicht mehr mit der notwendigen Intensität und dem geforderten Ernst betrieben. Vor allem wandte sich Tsongkhapa gegen weit verbreitete schwarzmagische Praktiken, die für manche Mönche ein einträgliches Geschäft waren, indem sie Aufträge zum Schaden anderer annahmen und ausführten. Magische Tötungen auf Bestellung und das Anhexen tödlicher Krankheiten standen hoch im Kurs. Ähnlich wie Martin Luther, der das Treiben des Klerus im Abendland anprangerte, vertrat Tsongkhapa seine reformerischen Ideen in Schrift und Wort. Und wie sein Pendant in Deutschland zog er sich den Hass all jener zu, die ihre Privilegien und geschäftlichen Interessen bedroht sahen. Trotzdem gewann er immer mehr Anhänger, ausgehend von seinem Studienkloster Yar-kung-nam-gyal in Südtibet griff die Bewegung auf alle wichtigen Klöster über. Hier in Yar-kung-nam-gyal sollen anlässlich der Einweihungszeremonie die bis dahin üblichen Kopfbedeckungen der Mönche, die roten Baretts, ausgegangen sein, und aus dieser Not heraus hätte man Tsongkhapa mit einer gelben Kopfbedeckung geweiht. Daher der Gelbmützen-Orden. Eine andere Version besagt, dass von einem Blumenkranz, mit dem man Tsongkhapa schmückte, alle Blüten ausgefallen wären, mit Ausnahme der gelben. Wie dem auch sei, sicher ist, dass das Tragen der gelben Kopfbedeckung bereits zu seinen Lebzeiten verbindlich wurde und bis heute rein äußerlich die Gelugpa, die Mönche des Gelbmützen-Ordens, von den Vertretern anderer Schulen unterscheidet. Ebenfalls noch zu Lebzeiten wurde Tsongkhapa als Reinkarnation des Bodhisattva Manjushri erkannt, was seiner Person und Kompetenz eine neue Qualität verlieh. Zu den großen Taten Tsongkhapas gehören die Restaurierung des Jokhang in Lhasa und die Einsetzung des Monlam-Festes, der großen jährlichen Zusammenkunft der Mönche vom ersten bis fünfzehnten Tag des ersten Monats mit dem gemeinsamen Wunschgebet, sowie der Bau des Klosters Ganden, das »Freuderfüllte«, dessen erster Abt er wurde und das heute als Symbol chinesischer Zerstörungswut traurige Berühmtheit hat.

Hier im Kloster Kumbum erinnert ein großer silberner Chörten, ein Reliquienschrein, an Tsongkhapa. Er steht genau an der Stelle, an der drei Jahre nach seiner Geburt ein Sandelholzbaum wuchs, auf dessen Blättern hundertfach das Bild Buddhas erschienen sein soll. Zur Erinnerung an diesen Wunderbaum trägt das Kloster den Namen Kumbum, Kloster der »Hunderttausend Bilder Buddhas«. Der zwölf Meter hohe Chörten ist heute Mittelpunkt des zentralen Heiligtums, einem mit goldenen Dächern gekrönten Bauwerk. Am Eingang ist der Holzboden spiegelglatt gescheuert von den Körpern unzähliger Pilger, die sich mit der Regelmäßigkeit eines Pendelschlages niederwerfen. Davor befindet sich die eindrucksvolle, von 108 Pfeilern getragene große Versammlungshalle, die in der Glanzzeit des Klosters bis zu 3500 Mönchen Platz bot. Das älteste erhaltene Bauwerk von Kumbum ist die 1583 errichtete Maitreya-Halle, in der eine vergoldete Statue des Maitreya – des zukünftigen Buddha, der in 2500 Jahren kommen soll – den Mittelpunkt bildet. Auch Sakyamuni, dem historischen Buddha, wurde eine Halle errichtet. Es ist ein quadratischer Bau mit Doppeldach, der von vielen großen bunten Gebetsmühlen umgeben ist. Hier trifft man schon in aller Frühe Pilger, die den Bau im Uhrzeigersinn umkreisen, halb murmelnd, halb singend, das Mani-Mantra betend und dabei die Gebetsmühle in Rotation versetzend. Wenn man diese Tätigkeit zum ersten Mal sieht, mag einem das sehr naiv vorkommen, und man wird sich fragen, was kann denn das Drehen solcher Metallzylinder schon bewirken. Freilich wird der tiefere Sinn verborgen bleiben, wenn man allein das mechanische Drehen eines Gegenstandes sieht oder darin gar den naiven Versuch der Tibeter erblickt, sozusagen durch einen bloßen Handgriff zahllose Gebete in den Himmel zu schicken. Denn in jedem Zylinder ist auf Papier tausendfach das sechssilbige Mantra »om mani padme hum« geschrieben. Noch weniger hat der Pilger die Absicht, mittels dieses Multiplikators die Götter zu überlisten oder gar durch vorgetäuschte Gebete zu betrügen, wie das von Fremden immer wieder dargestellt wird und was die unglücklich gewählte Bezeichnung »Gebetsmühle« suggeriert. Mit dem In-Bewegung-Setzen des Zylinders setzt er in sich selbst einen geistigen Vorgang in Bewegung. Mit der rotierenden Bewegung assoziiert er das »In-Bewegung-Setzen« des Rades der Lehre, wie es Buddha vor 2500 Jahren initiiert hat. Das gesamte Universum ist ja auf rotierender Bewegung aufgebaut: sei es die Rotation der Planeten um die eigene Achse, die der Planeten um die Sonne, der Elektronen um den Atomkern …

Die bloße Rotation eines Dynamos erzeugt elektrischen Strom, und das Kreisen des menschlichen Geistes um ein Problem führt zu Erkenntnissen, im buddhistischen Sinne zu höherem Bewusstsein oder gar Erleuchtung. Es ist also nichts anderes als ein Hilfsmittel, sich genannter Zusammenhänge bewusst zu werden und seinen Geist darauf zu konzentrieren. In diesem Licht muss man auch die kleinen Gebetszylinder sehen, die die Tibeter während des Gehens bewegen, wie auch jene großen Zylinder, die ich bei den osttibetischen Bauern inmitten ihrer Felder sah. Hier wird das mani-chö-khor, das man wörtlich mit Gesetzesrad übersetzen kann, von einem Bach oder Bewässerungskanal ständig in Rotation gehalten. Jede Umdrehung lässt Glöckchen erklingen, die ihrerseits wieder im Tibeter, der sie vernimmt, das segensreiche Mantra wach ruft.

Auf das richtige Bewegen achtet jeder buddhistische Tibeter, wenn er sich an einem Heiligtum befindet, sei es in einem Kloster, bei einem heiligen Berg oder auch nur bei einem aufgeschichteten Steinhaufen am Wegesrand. Stets wird er sich in der Richtung bewegen, in der die Planeten um die Sonne kreisen, sodass ihm immer die Gegenwart Buddhas bewusst ist, der als »geistige Sonne« und »Erleuchter der Menschheit« von jeher durch rechtsläufiges Herumgehen verehrt wird. Anhänger der alten Bön-Religion dagegen bewegen sich gegenläufig.

Wie in allen anderen tibetischen Klöstern gibt es auch in Kumbum einen Pilgerpfad, der in einer Länge von rund 6 km um den Klosterkomplex herumführt. Ihn begehe ich oft inmitten einer Pilgerschar, die gruppenweise oder einzeln, bevorzugt in den ersten Vormittagsstunden oder am späten Nachmittag, unterwegs sind. Entlang des Weges findet man Haufen von Mani-Steinen, in denen ebenfalls das wohl bekannte »om mani padme hum« eingemeißelt ist. Bunte Gebetsfahnen kennzeichnen jene Stellen am Weg, an denen Gebete verrichtet werden, ja sogar Knochen und Schädel des Yak werden mit heiligen Silben bemalt und als Opfer dargebracht. Manche dieser frommen Pilger legen den Weg nicht aufrecht gehend zurück, sondern werfen sich den gesamten Weg mit dem eigenen Körper ausmessend, in einem Akt äußerster Hingabe und physischer Anstrengung ständig nieder.

Der Besuch des Klosters der »Hunderttausend Bilder Buddhas«, in dessen Architektur sich der Einfluss Chinas manifestiert, ist meine erste Begegnung mit der geistigen Sphäre Tibets, und meine Neugier ist geweckt, als ich Kumbum in Richtung Tibet verlasse.

Unter Yaknomaden

Die Träume antiker und moderner Menschen sind in der gleichen Sprache geschrieben wie die Mythen, deren Urheber zu Beginn der Geschichte lebten ... Ich halte die Symbolsprache für die einzige Fremdsprache, die jeder von uns lernen sollte. Wenn wir sie verstehen, kommen wir mit einer der bedeutsamsten Quellen der Weisheit in Berührung ...

Erich Fromm

Zurückgekehrt nach Xining, holt uns rasch der Reisealltag wieder ein. Wir wollen ins Gebiet der Golog-Nomaden und zum Amnye-Machen, dem höchsten Berg dieser Gegend. Das Zauberwort heißt »Aliens Permit« und ist ein lächerliches Stück Papier, das in China Tür und Tor öffnet. Genau das will uns der dickliche Beamte für öffentliche Sicherheit auf keinen Fall ausstellen. Höflich, aber bestimmt werden wir abgewiesen. Das eindeutige »Meio« des Beamten noch in den Ohren, begeben wir uns mit wenig Hoffnung auf Erfolg zur Filiale des staatlichen Reisebüros Luxingshe. Dort heißt es, dass man wohl die Organisation für Trekking- und Bergsteigergruppen übernimmt – gegen einen horrenden Preis, versteht sich –, aber nicht für Einzelreisende wie uns. Einen letzten Versuch wollen wir noch unternehmen: Aus unserer wenig detaillierten Übersichtskarte ist zu entnehmen, dass Huashixia jener Ort ist, der dem Amnye-Machen am nächsten liegt. Wir lassen uns den Namen in chinesischen Schriftzeichen auf ein Papier malen – das zungenbrechende Wort richtig auszusprechen, würden wir ohnehin nicht schaffen – und begeben uns zur Überlandbusstation. Hans hält das Schriftstück der Beamtin am Kartenschalter vor die Nase, die zu unserer großen Überraschung ohne Zögern die begehrten Fahrkarten aushändigt. Wir verschwenden keine Gedanken nach dem Warum, sondern freuen uns einfach über die Möglichkeit, unsere Pläne doch noch verwirklichen zu können, auch wenn uns bewusst ist, dass wir damit keine Garantie in den Händen haben, das Ziel auch tatsächlich zu erreichen, denn an jedem chinesischen Checkpoint kann die Fahrt für uns zu Ende sein.

Hans teilt seine Freude zusätzlich mit vielen Chinesen. In seiner Euphorie übersieht er ein offen stehendes Loch im Abwasserkanal und fällt in die stinkende Kloake. Das Missgeschick einer »Langnase« ist in China immer gut genug, einen mittleren Volksauflauf zu inszenieren. Schließlich gelingt es ihm, der Meute gaffender und amüsierter Passanten zu entkommen und in einem Haus seine Kleider notdürftig zu reinigen.

Es regnet in Strömen, als wir zwei Tage später in einen Bus Marke Emei steigen. Beim Gedränge, das jedes Mal entsteht, wenn die Gepäckstücke auf dem Dach verstaut werden, plündert jemand meine Geldtasche, die ich einfach an meinem Gürtel festgeschnallt hatte. Ich begrabe die Illusion, in China gäbe es keine, den Tourismus begleitende Kriminalität und beschließe, in Hinkunft jene Vorsichtsmaßnahmen zu treffen, die bei Reisen in fremden Ländern selbstverständlich sind. Erwartungsgemäß ist der Bus zum Bersten voll. Wer keinen Sitzplatz hat, macht es sich im Mittelgang bequem, sogar das Trittbrett an der Seitentür wird zum Sitzplatz. Wir sitzen in der ersten Reihe mit viel Platz für die Beine, ein nicht zu unterschätzender Vorteil auf Langstreckenfahrten. Außerdem ist dieser Platz viel Bandscheiben schonender als etwa die Plätze über der Hinterachse oder noch weiter hinten, wo man bei tiefen Schlaglöchern manchmal bis zur Decke katapultiert wird. Die ersten 50 km bewältigt der Fahrer in knapp zwei Stunden auf einer für chinesische Verhältnisse recht gut ausgebauten und neu asphaltierten Straße. Der Weg folgt einem Fluss aufwärts, der infolge der wolkenbruchartigen Regenfälle der letzten Tage gefährlich angeschwollen ist und streckenweise Land und Straße überflutet hat. In Huangyuan, der letzten größeren Ortschaft, gibt es den ersten »mi fan stop«; in aller Eile wird bei kleinen Garküchen ein Imbiss eingenommen und Jasmintee geschlürft.

Die Straße windet sich nun aus dem immer enger werdenden Flusstal hinaus und führt nach Westen gerichtet über eine grüne Hochebene zum RiYue-La, einen 3500 m hohen Pass hinauf. Jenseits des Passes liegt Daotanghe. Hier zweigt eine Straße nach Westen ab, die entlang dem Südufer des Qinghai-Sees nach Gormo führt, während die andere die Verbindung zur Amnye-Machen-Kette und darüber hinweg zu Osttibet herstellt. Der Name Daotanghe heißt übersetzt »rückwärts fließender Fluss«, denn im Gegensatz zu den meisten Flüssen Chinas, die von West nach Ost fließen, bildet dieser eine Ausnahme. Der Legende nach soll die chinesische Prinzessin Wen Cheng – von der später noch die Rede sein wird –, die den tibetischen König Songtsen Gampo heiratete, auf ihrem Weg von China in die neue Heimat hier vorbeigekommen sein. Als sie die Bergbarriere des RiYue Shankou sah, die damals Tibet von China abriegelte, brach sie in Tränen aus. Der Regengott empfand großes Mitleid, und seine Tränen gingen als Regen auf die Erde nieder. Die Tränen der Prinzessin und der Regen vereinigten sich zu einem Fluss, der den Spuren der Prinzessin westwärts folgte.

Daotanghe liegt auf einer weitläufigen grasbewachsenen Hochebene, die von schneebedeckten Gebirgsketten nach Süden und Westen hin abgeschlossen ist. Die Straße hebt sich als ein endloses braunes Band vom umgebenden Grün ab. Das Wort Straße ist hier aber eine freundliche Übertreibung, denn der Weg gleicht einem Hindernislauf und zwingt zu immer neuen Umwegen. Das Wort »Nebenstraße« ist hier wörtlich zu verstehen, denn man fährt weitgehend neben der Straße. Über weite Strecken geht es nur im Schritttempo voran, trotzdem werden wir hin- und hergeschüttelt. Mit den Augen taste ich die Grasflächen und Bergketten ab, um das Bild der Landschaft in mich aufzunehmen. Die vielen Grünschattierungen geben der Landschaft Tiefe. Wie schwarze Spinnen heben sich die Yakhaarzelte davon ab. Als Häufchen weißer und schwarzer Punkte erscheinen die Yak- und Schafherden. Die vielen bunten Blumen und blühenden Büsche vermag ich nur als Farbtupfer wahrzunehmen. Ich leide darunter, nicht zu Fuß unterwegs sein zu können. Mit heiß gelaufenem Motor, über den der Beifahrer von Zeit zu Zeit kaltes Wasser schüttet, quält sich das Gefährt den ersten über 4000 m hohen Pass hinauf. Dahinter breitet sich ein weiteres Hochplateau aus. Es hat den Anschein, als ob wir Treppe für Treppe nach Tibet hinaufsteigen.

Gonghe, das Verwaltungszentrum dieser Region, prägt sich mir als eine Ansammlung schäbiger, schachtelförmiger Bauten ein, an deren Wänden verblassende Parolen noch an Maos Kulturrevolution erinnern. Die Straße ist nur mehr eine ununterbrochene Aneinanderreihung von Umleitungen und durchgehend im Bau. Die Bautrupps leben wie die Nomaden in Zeltlagern. Mit Schaufeln, Spitzhacken und Karren schuften sie in der prallen Höhensonne. Die meisten Arbeiter müssen Moslems sein, das zeigt die Art der Gräber, die man immer wieder am Wegesrand sieht. Das Verkehrsaufkommen ist gering, nur ab und zu begegnen wir Jiefang-Kohlentransportern oder Armeejeeps. Eine solche Begegnung wird stets zum aufregenden Abenteuer: Die beiden Fahrzeuge steuern geradewegs aufeinander zu, bis einer aus Angst ausweicht oder am Rand anhält. Manchmal treiben die Fahrer das Spiel so weit, dass sie erst Stoßstange an Stoßstange die Fahrzeuge zum Stillstand bringen. Dann wird der Kampf gegen den »Gesichtsverlust«, um das geht es nämlich dabei, verbal fortgesetzt, bis einer der beiden den Weg freigibt. Wir sind vorne neben der Motorhaube einer mittleren Grilltemperatur ausgesetzt, als sich das Fahrzeug einen weiteren Pass – den Haka-La (ca. 4000 m) – über weite Serpentinen hinaufmüht, während daneben der alte Karawanenweg in direkter Linie zur Passhöhe führt.

Die Dunkelheit erspart uns gnädig den Anblick von Wenquan, einem Armeelager an heißen Quellen, das unser Nachtquartier wird. Der nächste Morgen enthüllt den Blick auf die Amnye-Machen-Kette, deren Ausläufer wir auf einem 5000 m hohen Pass überqueren. Am späten Nachmittag rollt der Bus über die staubige Hauptstraße in Huashixia ein. Das Ortszentrum liegt an der Kreuzung, an der der Weg aus Aba im Norden Sichuans in die Straßenverbindung Yushu-Xining einmündet. Hier stehen ein Kino und das einzige Kaufhaus. Unsere Ankunft hat die Wirkung einer Sondervorstellung, in der wir die Hauptrolle spielen, denn in kürzester Zeit sind wir von einer Schar Neugieriger umstellt. Genau das aber wollten wir vermeiden.

Wir werfen das Wort Amnye-Machen wie einen Ball in die

Wie schwarze Spinnen hocken die Zelte der Golog-Nomaden in der Grasebene, die sich vor den Ausläufern des Amnye-Machen-Massivs ausbreitet.

Runde, und wie auf Kommando deuten alle in Richtung Süden. Auf unsere Frage, wie weit es bis dorthin sei, fallen die Antworten aber sehr unterschiedlich aus. Zwischen zwei und fünf Tagesmärsche, heißt es. Einigkeit herrscht wieder in Bezug auf den Restauranttipp in Huashixia. Man führt uns zu einer kleinen Garküche am Ende des Dorfes. Der einzige Nachteil, sie liegt genau gegenüber dem chinesischen Checkpoint, vor dem man uns eindringlich gewarnt hatte. Aber es hilft nichts, wir müssen da ohnehin vorbei und uns dem Auge des Gesetzes stellen. Dieses manifestiert sich in Gestalt eines Uniformierten, der in Wildwestmanier, die Füße auf den Tisch gelegt, in einem kleinen Häuschen neben einer offenen Schranke sitzt. Als wir vorbeigehen, drückt er nicht nur ein Auge, sondern im wahrsten Sinne des Wortes beide Augen zu und ignoriert uns einfach. Er bewegt sich auch nicht von der Stelle, als wir nach dem Essen das Dorf in Richtung Osten verlassen.

Wir wandern über die grasbewachsene Hochebene und halten auf die braunen Hügelketten zu, an deren Fuß – als schwarze Punkte auszumachen – ein paar Yakhaarzelte stehen. Jeder von uns schleppt mindestens zwei Gepäckstücke. Vor allem die schweren Rucksäcke machen uns zu schaffen, in denen nicht nur die gesamte Hochgebirgsausrüstung, sondern auch Verpflegung für zehn Tage verstaut sind. Der Höhenmesser zeigt auf 4200 m, und wir spüren, dass der Körper noch nicht an die dünne, sauerstoffarme Luft angepasst ist. Beim Anblick eines kraftstrotzenden zotteligen Yakbullen kann ich nicht verhindern, ihn mir mit meinem Rucksack am Rücken vorzustellen. Daran können auch sein drohender Blick und die in meine Richtung weisenden Hörner nichts ändern. Wir beschließen, bei der ersten Gelegenheit, d. h. beim ersten Nomadenzelt, zu versuchen, ein Tragtier anzumieten. Es ist uns völlig klar, dass wir mit unseren schweren Lasten – wenn wir diese selbst schleppen müssen – nur eine geringe Reichweite haben. Durch das langsame Tempo würden unsere Nahrungsmittel zur Neige gehen, bevor wir überhaupt das gesteckte Ziel erreichen.

Tibetische Nomadenfrau aus Amdo. Ein grobes Gewebe aus schwarzem Yakhaar bildet die Zelthaut. Es ist winddicht und wasserabweisend, gleichzeitig jedoch lichtdurchlässig.

Als wir uns dem ersten Zeltplatz nähern, begrüßen uns die Hirtenhunde mit wütendem Gebell. Das unausgesetzte Gekläff hat natürlich auch die Zeltbewohner alarmiert. Eine Nomadenfrau mit einem Kind im Arm tritt aus dem Zelt. Im Gegensatz zu den Wachhunden ist die Zeltherrin uns freundlicher gesonnen. Mit einer Handbewegung deutet sie uns, ihr ins Zeltinnere zu folgen. Wir lassen uns auf ein paar ausgebreitete Decken nieder.

In allen Nomadenzelten herrscht die gleiche Platzordnung: Rechts vom Eingang befinden sich die Sitzplätze der Männer und Gäste, links die der Frauen und Kinder. Mittelpunkt ist die offene Feuerstelle. Das ganze Inventar ist auf das Wanderleben abgestimmt. An der Zeltwand lagern die Vorräte in Kisten und Säcken, daneben Riemen, Gurte, Sättel, Zaumzeug und Unmengen an getrocknetem Yakmist, dem einzigen Brennstoff, den sie besitzen. Über dem Feuer steht die große Teekanne, in der ständig Buttertee warm gehalten wird.

Die Frau gießt die eigentümlich braune Brühe, die wie Spülwasser aussieht und manchmal auch so schmeckt, in chinesische Schalen und schenkt nach jedem Schluck aufmerksam nach. Ich würde lügen, wenn ich behaupte, mir würde dieser Tee schmecken oder ich hätte mich daran gewöhnt. Ich kann mich nur an wenige Male erinnern, dass ich die fette Suppe nicht mit Widerwillen hinuntergewürgt habe. Tee ist natürlich auch nicht immer Tee in Tibet. Auch hier gibt es Qualitätsunterschiede, und der Geschmack hängt vom Anteil der gesalzenen Yakbutter und wie alt diese ist ab. Da in Tibet die Butter im Magen des Yak eingenäht und darin oft für längere Zeit gelagert wird, ist sie mehr oder weniger ranzig. Der Sö-cha, wie die Tibeter ihr Nationalgetränk nennen, ist gleichzeitig Grundlage für die Zubereitung von Tsampa, einem Brei, der aus Buttertee und Gerstenmehl hergestellt wird. Das Gerstenmehl tauschen die Nomaden bei den Bauern gegen Yakbutter oder Wolle ein.

Am Abend erscheint das Familienoberhaupt. Wir erkennen ihn gleich als einen aus der Gruppe der Neugierigen bei unserer Ankunft in Huashixia. Deshalb weiß er auch bereits, dass wir zum Amnye-Machen wollen. Aber unser Anliegen, uns einen seiner Yaks als Tragtier zu vermieten und uns zu begleiten, schlägt er glatt aus. Wir sind nicht schlecht erstaunt, hatten wir doch erwartet, dass man eine so seltene Gelegenheit, Geld zu verdienen, nicht auslassen würde. Stattdessen gibt er uns zu verstehen, dass er keinen Einzigen seiner Yaks entbehren könne und er selbst ebenfalls unabkömmlich sei. Er rät uns, es bei den benachbarten Zeltplätzen zu versuchen. Solange seien wir als Gäste hier willkommen. Wir schlagen unser Zelt gleich neben dem seinen auf, allerdings in Respektabstand zum Wachhund, der an einer langen Leine angepflockt ist, und dessen unfreundliches Knurren uns veranlasst, stets einen großen Bogen um ihn zu machen. Kurz vor Einbruch der Dunkelheit erscheint der älteste Sohn, ein Knirps von vielleicht zwölf Jahren, und treibt die Yak- und Schafherden der Familie vor sich her. Seine Kommandos und der Knall der Steinschleuder, mit deren Hilfe er die Tiere in die gewünschte Richtung lenkt, ist schon aus großer Entfernung zu hören. Der Hirtenjunge trägt nicht tibetische Tracht, sondern eine grüne chinesische Soldatenuniform und die dazu passende Kappe, was ihm das Aussehen eines kleinen Erwachsenen verleiht. Man kann sich kaum vorstellen, wie virtuos der Hirte die Steinschleuder beherrscht. Er benutzt sie zum Zusammenhalten der Tiere, aber auch als Waffe zum Erlegen oder Betäuben von Kleintieren. Die Schleuder – die auffallend große Ähnlichkeit mit jenen hat, die man in den südamerikanischen Anden benutzt – ist aus schwarzen und naturfarbenen Yakhaaren gefertigt.

Die Yaks werden gleich neben dem Zelt zusammengetrieben und an einer Halterung festgebunden, die dazu dient, die Tiere während des Melkens und über Nacht ruhig zu halten. Zwischen zwei Pflöcken ist eine Halteleine gespannt, daran gibt es für jedes Tier einen kurzen Strick, der am Halsband befestigt wird. Die Tiere werden so angebunden, dass sie sich Kopf an Kopf gegenüberstehen. In derselben Weise bindet man die Schafe an und kettet an das Ende der Leine noch den Wachhund. Wenn die Tiere angebunden sind, beginnt die Nomadenfrau mit dem Melken. Die Tiere werden von hinten gemolken, und die Frau benutzt einen Holzkübel. Die Kälber dürfen nur ganz kurz an das Gesäuge der Mutter und werden dann wieder in einiger Entfernung festgebunden. Am nächsten Morgen werden die Tiere schon sehr früh auf die Weide getrieben. Jede Familie hat ein genau festgelegtes Weiderevier zur Verfügung. Nomaden sind Einzelgänger, nur selten schließen sie sich mit anderen Familien in einem Zeltlager zusammen.

Als die Chinesen Tibet annektierten, wurden die Nomaden in Kommunen zusammengefasst, so weit sie sich nicht der staatlichen Autorität entzogen. Die Folge waren Hungersnot, Armut und natürlich bitterer Hass. Seit ein paar Jahren dürfen die Nomaden wieder private Herden halten und auch frei herumwandern, aber sie sind arm. Vor der chinesischen Befreiung lag die Durchschnittsgröße einer Herde pro Familie bei rund 10 000 Schafen und 1000 Yaks. Als Existenzminimum wurden 500 Schafe und 35 Yaks angesehen. Nimmt man diese Zahlen als Maßstab, dann kann man erst ermessen, wie arm die Nomaden heute sind. Bei allen Nomadenfamilien, die wir in den nächsten Tagen aufsuchten, überstieg die Anzahl der Tiere kaum das Existenzminimum von früher. Da wurde uns auch klar, warum es so schwierig war, einen Yak anzumieten. Wir gaben das Vorhaben auf.

Zu den Routinearbeiten der Nomadenfrau am Vormittag gehört das Einsammeln des frischen Yakmists an der Stelle, an der die Tiere nachts festgebunden waren. Sie nimmt die weichen Fladen einfach mit der Hand auf und befördert sie schwungvoll in eine Kraxe, die sie auf dem Rücken trägt. Jede ihrer Bewegungen ist beinahe ritualisiert und geht so flink vonstatten, dass es eine Freude ist, ihr zuzusehen. Der frische Yakmist wird zuerst zu einem Haufen aufgeschüttet und dann einfach mit den Füßen gleichmäßig auf der Wiese verteilt. Dort wird er nun von Tag zu Tag trockener, bis schließlich alle Feuchtigkeit gewichen und er als Brennstoff geeignet ist. Die ausgetrockneten festen Klumpen werden eingesammelt und im Zeltinneren gelagert. Es ist irrig, nun zu glauben, dass es im Zelt recht stinken müsse. Ein vollständig ausgetrockneter Yakmist ist ganz geruchlos, brennt gut und ist der einzige Brennstoff für den langen und harten Winter.

Je länger ich hier bin und das Leben der Nomaden beobachte, desto mehr wird mir klar, wie abhängig ihre eigene Wohlfahrt von der ihrer Herden ist. Schafe und insbesondere Yaks sind ihre absolute Lebensgrundlage. Man kann sich kaum vorstellen, was die Menschen dem Yak alles zu verdanken haben: Das weibliche Tier – Dri – gibt Milch, daraus macht man Butter, Käse und Jogurt. Aus dem Yakhaar kann man Zelte weben, Wolle und daraus Kleidung herstellen. Aus der Haut macht man Riemen, Gurte, Zaumzeug, damit kann man Boote bespannen. In die frische Yakhaut wird Tee zum Transport eingenäht. In den Yakmagen näht man Butter ein. Die Sehnen gehen für medizinische Produkte nach China. Ja selbst auf die gebleichten Knochen und Schädel werden noch viele Gebetsformeln geschrieben, bevor man sie irgendwo als Opfergaben niederlegt. Verblüffend raffiniert ist die Technik, mit der die Nomaden ihre Zeltstangen herstellen. Die Holzarmut ist so groß, dass manchmal nicht einmal Holzstangen zum Zeltbau verfügbar sind. Deshalb haben sie eine Methode entwickelt, diese aus der Haut des Yaks anzufertigen. Die rohe Haut wird in lange Streifen geschnitten und mit Darmfäden zu Röhren zusammengenäht. Diese Röhren füllt man mit feuchtem Sand, näht die Enden zu und lässt sie über Nacht im Freien gefrieren. Das sich ausdehnende Eis strafft die Hautröhre. Danach lässt man sie in der prallen Sonne trocknen, bis die Haut hart wie Stahl wird. Zuletzt wird der Sand entfernt und das Ergebnis ist eine leichte, relativ haltbare Zeltstange.

Ich wandere mit Hans über die hügelige Hochfläche. Das Wetter ist schön, die glasklare Luft lässt die schneebedeckten Bergketten, die am Horizont aufragen, näher erscheinen, als sie sind. Wir versuchen, ihre Höhe abzuschätzen: Die Schneegrenze liegt hier etwa bei 4800 m, demnach müssten die Berge an die 5500 m hoch sein. Selbst die braunen Mondberge mit den weißen Kronen, die in unserer unmittelbaren Umgebung stehen, sind schon knapp 5000 m hoch. Wir peilen eine Gruppe schwarzer und weißer Zelte an, die verstreut an einem dieser Bergrücken liegen. Insgeheim hoffen wir immer noch, Tragtiere für den Weg zum Amnye-Machen aufzutreiben. Als wir uns dem ersten Zeltplatz nähern, versuchen wir durch Rufe auf uns aufmerksam zu machen. Doch nichts rührt sich, keine Menschenseele ist weit und breit zu sehen, nur die Wachhunde sind aufgesprungen, stumm stehen sie da und starren in unsere Richtung. Wir zögern und überlegen ein paar Sekunden, ob es ratsam sei, bis zum Zelt hinzugehen, um uns zu überzeugen, ob es tatsächlich leer ist. Kaum haben wir uns entschieden weiterzugehen, stürmen plötzlich die Hunde los und mit wütendem Gebell auf uns zu. Ich muss dazu sagen, dass ich mich noch nie zuvor vor Hunden gefürchtet habe, aber das hier waren andere Kaliber. Ihren unbändigen Angriffswillen würde kein Stein – wenn ich wenigstens einen zur Hand gehabt hätte – oder Fußtritt stoppen. Auch Hans hat offenbar den Ernst der Situation erkannt, aus den Augenwinkeln erkenne ich, dass er versucht, sein Taschenmesser hervorzuholen, während ich auf den ersten Angriff gefasst bin. Zu meinem Glück gewinne ich ein paar Sekunden, weil die Hunde untereinander um die Führungsposition rangeln. Genau in diesem Augenblick tritt eine Nomadenfrau aus dem Zelt. Sie stößt ein paar laute Befehle aus, die Hunde drehen plötzlich ab und ziehen sich knurrend zurück. Der Schreck ist uns tief in die Knochen gefahren; Hans hält noch das kleine Taschenmesser in der Hand, bis er sich der Lächerlichkeit dieser Waffe bewusst wird und es wieder wegpackt. Wir verabschieden uns bald von unserer Retterin und sind im Übrigen bestrebt, möglichst viel Entfernung zwischen uns und die lebensgefährlichen Hunde zu bringen.

Ein gebranntes Kind scheut das Feuer, so heißt es. Wer kann es uns verdenken, dass wir um die nächsten Zeltplätze einen großen Bogen schlagen. Um nicht abermals in eine so bedrohliche Lage zu geraten, überlegen wir uns eine neue Taktik. Wir nähern uns dem Zeltplatz nur so weit, bis die Wachhunde unser Kommen bemerken und durch ihr Gebell melden. Erscheint dann ein Zeltbewohner und pfeift die Hunde zurück oder kommt uns entgegen, um uns zum Lagerplatz zu begleiten, so nehmen wir an, dass wir willkommen sind. Setzen sich die Hunde jedoch in unsere Richtung in Bewegung, haben wir dann immer noch genug Spielraum, um über jene imaginäre Grenze zu kommen, die uns Sicherheit bietet. Denn wir haben herausgefunden, dass die Wachhunde nur einen bestimmten Umkreis des Lagerplatzes als ihr Revier betrachten und dieses nicht überschreiten.

Nachdem unser Besuch bei zwei Zeltplätzen abgewiesen worden ist, haben wir beim dritten Versuch Erfolg. Eine Golog-Frau mit der charakteristischen goldbestickten Haube und dem langen Fellmantel, begleitet von zwei halbwüchsigen Kindern, tritt uns entgegen. Vor dem Zelt erwartet uns der Mann und führt uns ins Innere, wo wir wie üblich rechts vom Eingang Platz nehmen. Sofort legt die Frau etwas getrockneten Yakmist in die Glut und stellt den Teekessel darüber. Es ist das erste Zelt, das wir antreffen, in dem noch ein Herd aus Lehm steht. Alle anderen hatten bereits metallene Öfen in Verwendung. Der Lehmofen ist ein recht seltsames Bauwerk; er ist lang und schmal, hat stufenförmige Absätze, auf denen mehrere Töpfe gleichzeitig zum Kochen gebracht werden können. Eingeheizt wird er von der Schmalseite her. Oberhalb des Ofens sorgt eine Dachöffnung für den Abzug des Rauches.

Als die Frau uns den dampfenden Buttertee in chinesischen Schalen serviert, schenke ich ihr ein Dalai-Lama-Bild. Sie nimmt es mit der gleichen heiligen Scheu wie alle anderen Tibeter, denen ich eines schenkte. Sie berührt damit das Haupt, dann wandert es von Familienmitglied zu Familienmitglied, bis es schließlich in der heiligen Ecke – die in keinem Zelt fehlt – auf einem kleinen Hausaltar mit brennenden Butterlampen seinen Platz findet.

Auch die Herde dieser Familie ist so klein, dass sie keines ihrer wertvollen Tiere verleihen kann. Wir wandern zurück zum Lagerplatz unserer Gastfamilie und beschließen, so lange hier zu bleiben, wie unsere mitgebrachten Vorräte reichen, sodass wir die Gastfreundschaft nicht über Gebühr beanspruchen. Als wir unseren Zeltplatz erreichen, ist eben der Hirte mit der Herde angekommen. In Minutenschnelle sind die Tiere an ihren Plätzen festgebunden, und die Frau springt zwischen den Yakkühen hin und her, um sie noch vor Einbruch der Dunkelheit zu melken. Ein Stück abseits von den Kühen sind jene Yakbullen angebunden, die man für die Nachzucht braucht und die deshalb nicht kastriert werden. Die

Kastration der übrigen Yakbullen – zur Erhaltung des Friedens in der Herde – ist Männerarbeit; genauso wie das Durchbohren der Nasenscheidewand, damit der hölzerne Nasenring durchgezogen werden kann. Später bereiten wir unser Abendessen auf dem mitgebrachten Benzinkocher zu, nehmen es aber gemeinsam mit der Nomadenfamilie im großen Zelt ein. Die Frau mahlt in einer steinernen Handmühle so viel Gerste, wie man zur Tsamparation benötigt. Dann greift sie zum hölzernen Teemischzylinder, der einfach aus zwei Stammhälften zusammengesetzt und mit Bambusschnüren umflochten ist, und vermengt darin den Tee mit der gesalzenen Yakbutter. Dieser gesalzene Buttertee, mit dem ich mich, wie gesagt, nie richtig anfreunden konnte, ruft im Tibeter neben dem Genuss auch noch eine der bekanntesten Legenden wach: Es waren zwei Fürstenkinder, die, durch ein tiefes Wasser getrennt, nicht zueinander finden konnten. Der Stamm des Mädchens wohnte auf der einen, der des Jünglings auf der anderen Seite des Flusses, aber die Mutter des Mädchens tat alles, um den Herzensbund der beiden Liebenden zu zerstören. Als weder das Wasser noch die Feindschaft ihrer Stämme sie zu trennen vermochten, ließ die böse Frau den jungen Fürstensohn auf heimtückische Weise ermorden, worauf sich das Mädchen in die Fluten stürzte, um auch ihrem Leben ein Ende zu setzen. Darauf verwandelten sich die Seelen der Liebenden in zwei Vöglein, die sich von Ufer zu Ufer süße Lieder vorsangen und ihre Herzen aufs Neue in inniger Liebe vereinigten. Da dingte die böse Mutter einen Jäger und ließ die beiden unschuldigen Vöglein töten. Nun verwandelten sich die liebenden Seelen in zwei Weidenbäume, die an den beiden Ufern grünten. Sie wuchsen in der Mitte des Flusses zusammen, dass ihre Äste und Zweige sich innigst verschlangen, und abermals siegte die Liebe über den Hass. Da griff die unversöhnliche Mutter zur blitzenden Axt und befahl einem der ihren, die Weiden zu schlagen, worauf die Seelen beschlossen, in ferne Länder zu reisen, um endlich der Rachsucht der bösen Frau zu entkommen. So begab sich das Mädchen nach China und verwandelte sich in einen Teestrauch, und der junge Mann flog weit gen Norden in die ureinsamen Steppen des Tschangthang, wo seine Seele zu Salz erstarrte, das dort überall auf den trostlosen Steppen zu finden ist. Und immer, wenn die Tibeter ihr Nationalgetränk zu sich nehmen, den gesalzenen Tee, finden die Liebenden wieder zusammen – bis in alle Ewigkeit.

Nach dem Essen unterrichtete der Vater seinen Sohn im Rechnen. Tagsüber muss dieser die Herde beaufsichtigen, denn der Nomade hält es für wichtiger, dass der Junge jene Fertigkeiten zu allererst erlernt, die das Leben eines Nomaden erfordern, dann erst chinesische Bildung. Wir fanden keine einzige Nomadenfamilie, die ihre Kinder zur nahe gelegenen Schule in Huashixia schickte. Während die Männer heute eher bereit sind, chinesische Güter und Kleidungsformen zu übernehmen, verharren die Frauen wesentlich stärker in überkommenen Traditionen. Kaum eine Nomadenfrau trifft man, die nicht eine lammfellgefütterte Chuba trägt. Verschwunden jedoch sind die typischen hohen, mit angenähter Ledersohle versehenen Stiefel, deren Schäfte aus gestreiftem Wollstoff bestehen und die mit bunten Stickereien verziert sind. Stattdessen tragen nun Frauen wie Männer billige chinesische Turnschuhe mit Plastiksohlen. Die Nomadenfrauen lieben Schmuck aus Silber und Steinen wie Türkis, Bernstein, Korallen und den wertvollen gzi-Perlen. Am Gürtel baumeln lederne, mit Silberbeschlägen verzierte Goldtäschchen und Feuerzeuge, das sind reich verzierte Täschchen mit Feuerstahl, Flint und Zunder. Um den Hals trägt die Nomadenfrau ein silbernes Amulettkästchen, ein so genanntes Ga'u, das geweihten Substanzen als Aufbewahrungsort dient. Wahrlich ein Kunstwerk ist die Haartracht aus fein geflochtenen langen Zöpfen, die noch mit Troddeln verlängert und durch Schmuckgegenstände verschiedenster Art verziert werden.

In der Nacht wird es bitterkalt, ich friere erbärmlich trotz des

Daunenschlafsackes und vollführe alle möglichen Bewegungen darin, um meine Füße warm zu halten. Als der Morgen graut, erhebe ich mich dankbar und laufe vor dem Zelt auf und ab, um die Durchblutung anzukurbeln. Die Grasdecke ist mit einer dicken Eisschicht überzogen, das kleine Bächlein, das den Zeltbewohnern als Wasserstelle dient, zu Eis erstarrt. Die Yaks liegen zusammengekauert und starr auf dem Boden, nur der dampfende Atem zeigt, dass sie noch leben. Ich traue meinen Augen nicht, als die Nomadenfrau aus dem Zelt tritt, mit zerrissenen Turnschuhen und ohne Socken darin, dahinter ein Kind, das ihr barfuß nachläuft. Ich werde dieses Bild nie vergessen, so fest hat es sich mir eingeprägt. Es ist für einen Europäer kaum vorstellbar, über welche Widerstandskraft und Härte diese Menschen verfügen, um in ihrer kargen Umwelt das Leben zu meistern. Dabei machen sie stets den Eindruck von glücklichen und zufriedenen Menschen. Seelenruhig hantiert die Frau im Freien und verrichtet ohne Hast ihre täglichen Routinearbeiten.

Als die ersten Sonnenstrahlen die Luft erwärmen, Grashalme und Blumen sich allmählich von der Eisschicht befreien, wandere ich mit Hans in Richtung Südwesten. Wir wollen jenes Tal, das in Richtung Amnye-Machen weist, erkunden und vielleicht ein paar unbekannte Zeltplätze aufsuchen. Der Weg führt uns anfangs über bekanntes Terrain, parallel zur nach Süden verlaufenden Piste, auf der wir angekommen sind. Wir haben noch keine 2 km des Weges zurückgelegt, als wir auf einen Menschen treffen, der mutterseelenallein auf einem Felsblock sitzt und die Gegend beobachtet. Kaum hat er uns entdeckt, stößt er einen lauten Schrei der Überraschung aus und kommt mit offenen Armen auf uns zugelaufen. Der Mann – es ist ein Chinese – ist außer sich vor Freude, hier Langnasen anzutreffen, und vielleicht hat er auch wirklich noch nie welche leibhaftig zu Gesicht bekommen. Jedenfalls nimmt er uns an den Armen und zerrt uns förmlich in Richtung Straße, wo zwei kleine gemauerte Häuschen stehen. Unaufhörlich redet er auf uns ein, wir verstehen zwar kein Wort, aber spüren, dass seine Freude echt ist. Im Gehöft angekommen, werden wir gleich in den Wohnraum gebeten, wo sich bald die ganze Familie um uns versammelt. Es stellt sich heraus, dass der Mann aus Sichuan hierher beordert wurde, um ein bestimmtes Straßenstück zu beaufsichtigen und auch in Stand zu halten. Allerdings ist ihm seine Frau nicht gefolgt, sondern er lebt hier mit seinen drei Kindern, zwei Töchtern und einem Jungen. Die beiden Töchter, etwa Mitte zwanzig und voll erblüht, bemühen sich, eine Unterhaltung in Gang zu bringen, sehr zur Freude ihres Vaters, der nun die Rolle des Wirtes übernimmt.

Hans hat längst sein Arsenal an diversen Sprachführern und Wörterbüchern ausgepackt, und wir kommunizieren fortan in »Langenscheidt-Chinesisch«. Das geht so: Man nimmt das Büchlein zur Hand, schlägt das Kapitel »Allgemeines« auf, legt den Finger auf die Phrase »Vielen Dank für die Einladung« und hält es der Gesprächspartnerin unter die Nase. Diese wird vielleicht nach geraumer Zeit unter der Rubrik »Besuch/Abschied« den Satz »Danke für Ihren Besuch« finden. So wandert das Büchlein hin und her, und die Konversation wird zum aufregenden Frage-Antwort-Spiel.

Frage: Wohnen Sie hier? – Antwort: Hier verbringe ich meine Ferien! Nach zwei Stunden sind wir am Ende des Kapitels »Bekanntschaft« angelangt, wo es heißt: »Danke für den netten Abend«, oder man beschließt die Unterhaltung mit einer Phrase aus dem Kapitel »Abschied« mit dem Satz: »Auf dieser Chinatour haben wir Ihrer Betreuung viel zu verdanken.« Jedenfalls ist uns klar, dass wir nicht der Zielgruppe angehören, für die dieser Typ Sprachführer konzipiert wurde.

Mittlerweile ist es draußen dunkel geworden, dazu hat ein Schneesturm eingesetzt. Das ist auch der Grund, warum der Hausherr unserem Aufbruch energisch entgegentritt. Auch die Töchter unterstützen den Vater tatkräftig und bieten uns die Betten ihres Zimmers als Schlafgelegenheit an. Wer könnte so ein Angebot ausschlagen? Das Zimmer der beiden Mädchen ist für die Verhältnisse hier extrem sauber, und wir zögern, es – ungewaschen wie wir sind – zu beziehen. Als ob sie unsere Gedanken erraten hätten, bringen sie uns geblümte Waschschüsseln, Seife und Handtücher. Hans kann es sich nicht verkneifen, den Vater zu fragen, ob denn die Töchter auch hier schliefen. Nein, nein, die finden in seinem Zimmer Platz, und wir sollen uns darüber keine Sorgen machen, gibt er uns gestenreich zu verstehen. Wir schlafen gut in den garantiert jungfräulichen Betten der garantiert jungfräulichen Mädchen.

Am nächsten Morgen liegt knöcheltief Schnee, und nach einer Schale köstlichen Tees mit frischer Yakmilch stapfen wir zurück zu unserem Zeltplatz. Als sich das Wetter wieder bessert und der Schnee geschmolzen ist, steigen wir auf einen der namenlosen Aussichtsberge in der näheren Umgebung. Blendend weiß, sodass wir ihn anfänglich für eine Wolke halten, überragt der Amnye-Machen alle übrigen Gipfel. Aber es ist noch weit dorthin, mindestens zwei Hügelketten trennen uns von ihm. Der Anblick des heiligen Berges der Golog-Nomaden, an dessen unteren Regionen früher fromme Einsiedler ihre Klausen hatten, gehört zu den letzten Eindrücken aus dieser Region. Am nächsten Morgen brechen wir unser Zelt ab, und es liegt Wärme in ihrer Stimme, als wir uns von den Nomaden verabschieden.

Über die Rückfahrt möchte ich den Mantel des Vergessens breiten. Der Bus ist so voll, dass wir auf der Trittstufe der Seitentür sitzen müssen, um überhaupt mitzukommen. Die schlecht schließende Tür beschert uns ein Staubbad ohnegleichen, und das Xining-Hotel, das wir vorher noch geschmäht hatten, erscheint uns wie eine Oase, mit so luxuriösen Einrichtungen wie Duschen, die obendrein noch funktionieren.

Durch die Schluchten Osttibets

> Da stehen wir wieder an der Schwelle des bezaubernden Tibets, mit dem uns vielfältige Bande verknüpfen. Tausend verworrene Gefühle, aus Freude, Bedauern, frommer Bewunderung und glühenden Wünschen gemischt, stürmen auf uns ein, während die malerische Karawane vorbeizieht, der wir nicht folgen dürfen.
>
> *Alexandra David-Neel*

Bevor ich den Leser endgültig nach Zentraltibet hinaufführe, will ich noch einmal abschweifen, um eine Gegend vorzustellen, die dazu beiträgt, den tibetischen Lebensraum in all seiner landschaftlichen Vielfalt begreifbar zu machen.

Die heutige »Autonome Provinz Tibet« ist im Vergleich zum einstigen Großtibet nur mehr ein Rumpfland. Der tibetische Lebensraum geht viel weiter darüber hinaus. Tibetische Bevölkerung findet man in Qinghai, von der ich im vorherigen Kapitel erzählte, aber auch in Yunnan und Sichuan, wenngleich sie dort zahlenmäßig eine verschwindend kleine Minderheit ist gegenüber der überwiegenden Mehrheit der Han-Chinesen. Wer sich den Lebensraum der Tibeter bloß als karges, eintöniges Hochland vorstellt, mit einzelnen fruchtbaren »Oasen« darin, wird hier die größte Überraschung erleben. Der Monsun, von dessen jährlichem Kommen die Menschen in den Ländern südlich des Himalaja in großem Maße abhängig sind, wird hier nicht durch die Bergbarriere aufgehalten wie oben am Hochland von Tibet, sondern in diese nach Süden hin offenen Täler und Schluchten kommt der Monsun hinein. Hier ist es deshalb feucht und fruchtbar, Nadelwälder reichen bis in eine Höhe von 3800 m hinauf, in manchen dieser klimatisch begünstigten Täler ist sogar Reisanbau möglich, klare Süßwasserseen und -flüsse findet man hier und Wiesen voller »Alpenblumen«. Die Tibeter leben nicht als Nomaden wie am kargen Hochland oben, sondern als Bauern. Ihre Dörfer sind unseren alpenländischen nicht unähnlich; die Häuser haben spitze Dächer, weil es viel regnet, rundherum sieht man gut angelegte Felder, auf denen neben Gemüsesorten vor allem Weizen und Gerste gezogen werden. Solche Täler erreicht man von Dali (Yunnan) in Richtung Norden sowie westlich und nordwestlich von Chengdu. Chengdu, die heutige Provinzhauptstadt Sichuans, liegt inmitten des fruchtbaren Roten Beckens.

Ein feuchtschwüles Treibhausklima empfängt mich, als ich von Chongqing kommend hier eintreffe. Die Stadt scheint für die damals 4,5 Millionen Einwohner um mehrere Nummern zu klein geraten und platzt aus allen Nähten. Die überdimensionale Plakatwand an der Renmin Zhonglu – der Verkehrsader der Stadt –, von der ein lächelndes junges Paar mit einem wohlgenährten Kind im Arm herunterschaut, ist ebenso frommes Wunschdenken der Parteiführung wie die menschenleeren Straßen mit ein paar vierrädrigen Kraftfahrzeugen, die den Hintergrund des Bildes bilden. Das Kind ist ein Mädchen, das ist alles andere als ein Zufall, es soll heißen, »auch Mädchen sind wertvoll«. Das wiederum war und ist offensichtlich in China keine Selbstverständlichkeit. Im kaiserzeitlichen China galten Mädchen – insbesondere bei den Bauern – nicht viel, und man versuchte, sich der Neugeborenen besonders zu Notzeiten zu entledigen. Auch heute wünscht sich jeder Bauer sehnlichst einen Sohn. Kommt statt des erwarteten Sohnes eine Tochter zur Welt, ist die Enttäuschung groß. So groß, dass man versucht, das Neugeborene auszusetzen oder gar zu töten. Und das trotz der Gefahr, erwischt und dafür streng bestraft zu werden. Andererseits ist die Forderung nach nur einem Kind, gerade bei den Bauern, die aber die Mehrheit der Bevölkerung ausmachen, zunehmend schwerer durchzusetzen, da das Gespenst des Hungers gebannt scheint und durch Privatisierung der Landwirtschaft viele Menschenhände benötigt werden. An den Bauern scheitert die Einkind-Familienpolitik. Sie sind es auch, die allmorgendlich die Stadt zum Überquellen bringen. Jeden Tag das gleiche Bild. Kaum graut der Morgen, kommen tausende und abertausende mit Fahrrädern, Karren und Zugmaschinen in die Stadt gerollt.

Wer gerne einmal erfahren will, was man mit einem einfachen »Drahtesel« alles anfangen kann, den man hier zu Lande nur als individuelles Fortbewegungsmittel kennt, für den ist Chengdu der richtige Ort. Menschen, Tiere, Steine, Möbel, kurzum alles wird aufgeladen. Der Erfindungsreichtum der Chinesen beim Bepacken kennt keine Grenzen. Kinder, ihr ganzer Stolz, sitzen in schmucken Beiwagen; Alte, Kranke oder Verstorbene dagegen auf dem Anhänger; Hühner, Gänse und Enten werden zu dutzenden an der Lenkstange oder auf einer Stange am Gepäckträger an den Füßen festgebunden. So hängen sie nun mit den Köpfen nach unten und müssen trachten, nicht in die Speichen zu kommen. Selbst lebende Schweine werden auf Fahrrädern – in Bambusgeflechte eingewickelt – von und zum Markt gekarrt. Mit Zugmaschinen wird Obst und Gemüse angeliefert, hier ein Anhänger voll Paprika, dort einer mit Melonen. Die Ware wird einfach an den Straßenrand gekippt und vom Haufen weg verkauft. Alles, was die Bauern aus dem fruchtbaren Umland herauswirtschaften können, findet den Weg zum Markt. Das Angebot ist enorm groß, und ich habe das Gefühl, es gibt in Bezug auf Nahrungsmittel keine Engpässe. Alles ist frisch, auch das Tier wird so lange wie möglich am Leben erhalten, da es nur wenige Kühlschränke gibt. Die Art und Weise, wie der Chinese mit Tieren umgeht, wird manchen schockieren. Aber man sollte bedenken, dass es bei uns nicht viel besser ist, nur geschieht in China in der Öffentlichkeit, was sich bei uns auf Schlachthäuser, Gefügelfarmen, Mastanstalten für Gänse usw. konzentriert, ganz abgesehen von den Tierversuchen der Kosmetikindustrie.

Ich habe mich hier mit einer kleinen Gruppe verabredet. Hans Sauseng, mein bevorzugter Reisegefährte, ist ebenfalls darunter. Dazu kommen noch drei Franzosen, die sich uns spontan anschließen. Wir treffen uns im Jin-Jiang-Hotel, einem der wenigen damals für Touristen offenen Hotels in Chengdu. Schon in Europa hatten wir ins Auge gefasst, ein Stück der Sichuan-Tibet-Straßenverbindung nach Westen zu reisen, bis nach Kangding, dem einstigen Warenumschlagplatz an der Pforte zu Tibet, um von dort in das Berggebiet des Gongga Shan (Minya Konka) zu wandern. Nun aber macht uns das schon seit Tagen andauernde Schlechtwetter einen Strich durch die Rechnung, denn was hier unten als Regen fällt, muss oben in den Bergen Schnee sein.

Gleichzeitig geistert in unseren Köpfen ein anderes Ziel herum, das uns ebenso verlockend wie schwer durchführbar erscheint. Unabhängig voneinander haben wir auf unserer Reise durch den Osten Chinas immer wieder von einem Naturreservat im Nordwesten Sichuans gehört, und jedes Mal geriet der chinesische Informant derart ins Schwärmen, dass der Wunsch in uns immer stärker wurde, den sagenhaften Ort selbst kennen zu lernen. Den Berichten zufolge sollte das genannte Gebiet von Tibetern bewohnt sein und an Naturschönheiten alles besitzen, was man sich vorstellen kann. Es ist ein Segen, dass ich damals noch nichts von der modernen chinesischen Art der Naturbetrachtung und vor allem des Naturerlebnisses wusste, denn sonst hätte ich womöglich diese Fahrt gar nicht unternommen und mir wäre ein in vieler Hinsicht interessantes Erlebnis verwehrt geblieben. Die Entscheidung, anstatt nach Kangding zu diesem viel gepriesenen Ort zu fahren, ist rasch gefallen. Das Gebiet heißt Jiuzhaigou und liegt etwa 450 km nordwestlich von Chengdu in der Nähe von Nanping. Der gesuchte Ort ist zwar schnell eruiert, aber das Transportproblem erweist sich erwartungsgemäß als harte Nuss.

Jiuzhaigou gehörte damals jedenfalls – im Sommer 1985 – zu den für ausländische Touristen noch gesperrten Regionen, und deshalb stand uns wieder der zermürbende Kampf um die Busfahrkarten bevor. Es ist nicht mein Verdienst, dass diese nach ein paar Tagen in unserem Besitz sind, denn mich trifft die »Rache Montezumas«, die meine Reichweite stark eingrenzt. Jedenfalls präge ich mir in diesen Tagen das chinesische Schriftzeichen für Herrentoilette ein für alle Mal ein. Mein Darm revoltiert noch immer, als die Fahrt losgeht, aber allein die Aussicht, der schwülen Enge Chengdus in die tibetische Bergwelt zu entfliehen, hebt die Stimmung. Quälend langsam bewegen wir uns auf die Bergkette des Jiuding Shan zu, die das fruchtbare Rote Becken nach Norden hin abriegelt. Wir fahren entlang einer gigantischen Schlucht, die sich der Min Jiang hier durchgebrochen hat. Die Straße folgt hoch oben in Schwindel erregender Höhe den Windungen des Flusses. Unter dem Wort Straße muss man sich eine unbefestigte Piste vorstellen, die bei jedem Regenfall Stückchen für Stückchen in den Fluss hinunter abbröckelt. Ihre Instandhaltung ist ein ständiger Kampf des Menschen mit der Natur. Ist eine Stelle ausgebessert, rutscht an einer anderen das Erdreich wieder ab. Dem Fahrer scheint es ein Vergnügen zu bereiten, den voll besetzten Bus ständig am äußersten Rand der unbefestigten Straße zu halten. Dabei erzählt er uns Schauergeschichten, die uns Philippe, der in Taiwan Chinesisch gelernt hat, bisweilen übersetzt. So wie ein Reiseführer die Sehenswürdigkeiten entlang des Weges vorstellt, schildert der Busfahrer den Fahrgästen die haarsträubenden Unfälle, die er mit dieser oder jener Stelle verbindet: »Hier ist einmal ein ganzer Lastwagen samt Besatzung in den Fluss gestürzt und ward seitdem nicht mehr gesehen, dort verschwand ein vollbesetzter Armeejeep im gurgelnden Wasser.«

Die ganze Schlucht erinnert mich an jene des Sun Kosi, die von Nepal zum tibetischen Plateau hinaufführt. Auch der Min Jiang stürzt ungebändigt und mit unheimlicher Wucht hinunter.

Wir diskutieren, ob es möglich wäre, solches Wildwasser mit Kajaks zu befahren. In diesem Zustand, wie wir ihn erleben, sicher nicht, denn die Chinesen benutzen den Wildfluss dazu, um Holz zu flößen. Unter »Flößen« ist in diesem Fall kein geordneter Transport von Baumstämmen zu verstehen, sondern diese werden einfach einzeln ins Wasser geworfen und stürzen unkontrolliert zu Tal. Manchmal werden sie ans Ufer geschleudert und bleiben dort liegen, bis die nächste Flutwelle sie wieder mitreißt. Andere verklemmen sich zwischen den Felsblöcken und bilden unüberwindliche Hindernisse. Bisweilen lockert sich das natürliche Korsett der Berge, und die Schlucht wird ein wenig breiter. Den dadurch entstandenen Freiraum nutzt der Mensch zum Terrassenfeldbau, während die winzigen Dörfer und Gehöfte wie Adlernester an den Steilhängen kleben.

Am nächsten Tag erreichen wir eine Art Hochplateau in rund 4000 m Höhe, das der Min Jiang als harmloses Bächlein entwässert. Auf den saftigen Wiesen grasen Yaks, weiße kleine Zelte – umgeben mit einem Zaun aus Dornengeflecht – heben sich darin ab, davor hantieren tibetische Männer in langen Fellmänteln. Es sind keine echten Nomaden wie die Golog in Qinghai oder jene auf dem Tschangthang oben, denn die Männer und Hirtenjungen verbringen nur den Sommer mit den Yaks auf den Hochalmen, während die Frauen in dieser Zeit die tiefer gelegenen Felder bewirtschaften. Den Winter verbringt die Familie gemeinsam in festen Wohnsitzen. Die Wiesen sind übersät mit bunten Blumen und blühenden Büschen, die einen angenehmen Duft verbreiten. Beinahe drohend ragen grau-schwarze Felsgestalten wie Zyklopen in den Himmel. Wir nähern uns dem Ziel. Vor uns liegt der Minshan, ein Gebirge, das in der jüngsten Geschichte Chinas Bedeutung erlangte. Mao Tse-tung zog auf seinem legendären »Langen Marsch« hier durch. Hart bedrängt von den Truppen seines Widersachers Tschiang Kai Schek, erzwang er den Durchbruch nach Norden. Sein anno 1935 geschriebenes Gedicht erinnert an diese entscheidende Phase:

Der lange Marsch:
Zurück nicht weichet die Rote Armee
vor endlosen Feldzugsgefahren.
Wildreißende Ströme und einsame Höh'n,
sie können die Krieger nicht schrecken.

Gewaltige Berge
gewundene Falten
sind wahrlich ein Spiel nur
dem tapferen Fluss.

Die schroffen Gebirge
erscheinen den Helden
als harmlose Furchen
im rettenden Pfad.

Heißtrocken und düster
bedrängen die Felsen
den urgewaltigen Goldsandstrom.
Und schwindelnd und schwankend
hoch über die Fluten
des Dadu sind Ketten
von Eisen gespannt.

Es ist dies die Brücke,
von Ufer zu Ufer,
der Weg, der zur Freiheit
die Kämpfenden führt.

Freude aber froh erhellet
jedes Tapfern Antlitz dann,
als nach eisig kalten Weiten
und nach vielen harten Mühen
wir in Minshan glorreich siegten.

Wir tauchen hinein in ein tief eingeschnittenes Tal, an dessen Hängen Koniferen und Rhododendren wachsen. Der Bus verlässt die Hauptstraße nach Nanping und folgt einer schmalen Piste in ein immer enger werdendes Tal. An einer kleinen, von Chinesen bewirtschafteten Herberge ist die Fahrt zu Ende: Wir sind in Jiuzhaigou.

Nach der langen Busfahrt habe ich das große Bedürfnis, gleich ein Stück in der Natur zu wandern. Wir schultern die Rucksäcke und ziehen einfach gemächlichen Schrittes das Tal weiter hinein. Wir haben kein festes Ziel; an einem schönen Plätzchen wollen wir bleiben und unsere Zelte aufschlagen. Bald begegnen wir den ersten Tibetern. Es sind ein paar Frauen, die nun am späten Nachmittag froh gelaunt von den Feldern heimziehen. Sie können es kaum fassen, in ihrer abgeschiedenen Gegend ein paar »intschi« anzutreffen und geben ihrer Überraschung durch fortwährendes Herausstrecken der Zungen Ausdruck. Ein in Tibet gebräuchliches Verhalten bei der Begrüßung, das als Zeichen äußerster Höflichkeit zu werten ist. Während es in unserer Kultur eine grobe Beleidigung wäre, jemandem die Zunge zu zeigen, drückt der Tibeter damit aus: »Sieh her, ich nähere mich dir ohne Falschheit und führe nichts Böses im Schilde. Meine unverfärbte Zunge ist Beweis dafür.« Allerdings scheint diese Art der Begrüßung den Tibetern selbst einmal aufgezwungen worden zu sein. Vieles deutet darauf hin, dass in jener Zeit, als Tibet unter mongolischer Herrschaft stand, die fremden Machthaber derart die spirituellen Fähigkeiten der Lamas fürchteten, dass sie das Gebot erließen, jeder Tibeter müsse seine Zunge herzeigen, wenn er sich einem Mongolen nähere. Wie dem auch sei, wir freuen uns jedenfalls über so viel offene Herzlichkeit und vereinbaren, die Frauen in den nächsten Tagen in ihrem Dorf zu besuchen. Auf der Suche nach einem geeigneten Lagerplatz wandern wir noch weiter in das Tal hinein. Die Landschaft ist uns wohl vertraut. Sie gleicht Tälern unserer österreichischen Heimat, genauer gesagt, so müssen einmal unsere

Alpentäler ausgesehen haben, bevor man sie zersiedelte und wegen des Fremdenverkehrs mit Seilbahnen und Liften entstellte. Abgesehen von dem etwas zu breit angelegten Weg, sind hier dem Walten der Natur keine Beschränkungen seitens des Menschen auferlegt. Der Weg könnte ein Naturlehrpfad sein, aber Jiuzhaigou ist kein Museum, hier leben tibetische Bauern in einer bemerkenswerten Symbiose mit ihrer natürlichen Umgebung, was mir wie ein Wunder vorkommt. Die Tibeter sind kein lebendes »Museumsinventar«, auch wenn sie von manchen chinesischen Touristen für solches gehalten werden, ihr Lebensraum ist eine glückliche Oase von Harmonie und Frieden, ob der ich sie beneide. Hoffentlich bleibt es noch lange so!

Wir erreichen die Zelte auf einer grasbewachsenen Anhöhe oberhalb eines kleinen Baches. Es ist ein Platz, an dem das Auge Ruhe findet, kein sinnloser Lärm die Konzentration stört, Gedanken des Geistkontinuums transparent werden…

Eine Bäuerin aus Kham in Osttibet treibt frühmorgens Schafe und Ziegen auf die Hochalmen. Landschaft und Architektur muten alpenländisch an.

Am nächsten Tag wandern wir weiter, entlang klarer Seen und verwachsener Tümpel, wo die Natur nach ihren eigenen Gesetzen waltet. Abgestorbene Pflanzen und seltsam geformte Steine schaffen surreale Kunstwerke, die die Phantasie des Betrachters anregen. Aus der Ferne vernehme ich das rhythmische Geklingel von Glöckchen, das mit jedem Schritt eindringlicher wird und uns zu einem Dorf am Fuß ausladender Hänge führt. Inmitten der Felder, die den gesamten Talgrund ausfüllen, steht ein mani-chö-khor, ein Gesetzesrad, das vom Wasser eines Bächleins in Rotation gehalten wird. Es ruft in jedem gläubigen Tibeter sofort das Mani-Mantra in Erinnerung und natürlich Buddha, die »geistige Sonne«, der den Pfad zur Erleuchtung vorgab. Wer auf den Feldern arbeitet, ist ständig den Schwingungen dieser bestimmten Töne ausgesetzt, die positiv stimmen.

Am Fuße des Berghanges, der dem Dorf gegenüberliegt, entdecken wir ein geeignetes Plätzchen, um unser Lager aufzuschlagen. Gewiss ist das Errichten einer mobilen Lagerstätte für den Tibeter keine Besonderheit, aber wenn dies Fremde tun und noch dazu mit solch merkwürdiger Ausrüstung, dann ist es etwas anderes. Es ist unvermeidlich, zum Gegenstand der Neugier zu werden. Zuerst kommen die Kinder, interessiert, aber nicht bettelnd oder gar fordernd, später – nach getaner Arbeit – statten uns Erwachsene ihren Besuch ab. Wieder schlägt uns die offene Herzlichkeit entgegen, die den Tibetern eigen ist und die sich mir als Ausdruck ihrer Wesensart eingeprägt hat. Eingehend werden unsere Zelte samt Inventar in Bezug auf ihre Funktionalität geprüft. Offensichtlich vermögen sie die Tibeter nicht zu überzeugen, denn sie bedrängen uns, ins Dorf umzuziehen. Ohne ihre Gastfreundschaft zurückzuweisen und sie vor den Kopf zu stoßen, versuchen wir zu erklären, dass es uns ein Bedürfnis ist, im Zelt zu nächtigen, aber dass wir gerne die Einladung zu einem Besuch annehmen. So entwickelt sich in den nächsten Tagen eine Folge von Besuchen und Gegenbesuchen. Jeden Morgen bringt man uns eine Kanne heißes Teewasser zum Zeltplatz, die Abende verbringen wir in ihren Häusern, im Familienkreis, rund um die Feuerstelle sitzend. Wir sind dabei, wenn sie die tägliche Feldarbeit verrichten, die Ernte einbringen, die Haustiere versorgen und natürlich auch, wenn sie sich im Schein der Butterlampen vor dem Hausaltar dem Seelenheil widmen.

Das Leben dieser tibetischen Bauern, ihre Siedlungsform und auch die gesamte Landschaft versetzen mich in Erstaunen. Es unterscheidet sich vollkommen von meinem vorgefassten Tibetbild, das in mir als Summe vieler Beweise existiert. Ich muss es noch einmal betonen: Die gesamte Landschaft nimmt sich »alpenländisch« aus, dies gilt auch für die Architektur der Häuser. Diese sind aus Holz und haben spitze Dächer, weil es hier viel regnet. Die Dächer sind mit Schindeln gedeckt und noch zusätzlich mit Steinen beschwert. Aber im Unterschied zu alpenländischen Berghütten ragt aus jedem Giebel eine hohe Stange mit Gebetsfahnen. Die Häuser sind einstöckig. Die Menschen wohnen im ersten Stock, Tiere sind im Winter eine Art »Heizung« und halten die Wohnräume darüber etwas warm. Der Ausdruck »Wohnräume« ist nicht ganz richtig, denn es handelt sich dabei um einen einzigen Raum mit einer offenen Feuerstelle als Mittelpunkt, darüber befindet sich die Rauchöffnung, durch die das einzige Tageslicht ins Innere fällt. In manchen dieser Wohnküchen stehen kunstvoll geschnitzte Möbel, in denen Vorräte, Geschirr und religiöse Gebrauchsgegenstände aufbewahrt werden.

In der Dorfmitte befindet sich ein riesiger Dreschplatz, eingerahmt mit Gerüsten aus Holzstangen, auf denen den ganzen Sommer über das Getreide getrocknet wird. Die getrockneten Ähren werden mit Dreschflegeln ausgedroschen, die Spreu mithilfe des Windes von den Körnern getrennt, die Körner in Speichern gelagert und nach dem Rösten zu Mehl gemahlen. Wir bekommen die frisch gerösteten Gerstenkörner zum Knabbern vorgesetzt, dazu serviert uns eine runzelige Alte, deren Einladung wir gefolgt sind,

Osttibeterin beim Worfeln des Getreides. Hier gibt es tiefe Stromschluchten, die von den Monsunregen gespeist werden. Dies ermöglicht den Anbau von Gerste und Bergweizen bis in 4000 m Höhe.

eine Ausgabe des Buttertees, der einem Attentat auf unsere Geschmacksnerven gleichkommt. Wir wären nie auf die Idee gekommen, dass die braune Flüssigkeit, die am Herd beständig warm gehalten wird und in die sie hin und wieder Speisereste leert und in der sie Geschirr ausspült, etwas anderes sein könnte als Spülwasser. Umso größer ist unser Erstaunen, als wir es in einer Schale vorgesetzt bekommen. Mir dreht sich fast der Magen um, als ich die Schale zum Mund führe, um daran zu nippen. Schnell reiche ich sie weiter, so spielen wir uns gegenseitig den Ball zu, die Schale wandert hin und her, ohne dass der Inhalt kleiner wird. Mir kommt dabei ein populäres Lied in den Sinn, das die Teebereitung beschreibt und von den Tibetern gern gesungen wird. In diesem Fall aber erscheint es mir wie blanker Hohn.

Erstens: der beste Tee aus China,
zweitens: die reine Dri-Butter aus Tibet,
drittens: das weiße Salz aus den nördlichen Ebenen.
Alle drei stammen von verschiedenen Plätzen,
alle treffen sich in einem Kupferkessel.
Wie der Tee jedoch zubereitet wird,
das hängt von dir, o Teebereiterin, ab.

Gelegentlich verlässt unsere Teebereiterin den Raum, um im darunter liegenden Stall nach dem Rechten zu sehen. Ihre Abwesenheit nutzen wir rasch, um den Inhalt der Schale in den Kessel am Feuer zurückzugießen. Wenn sie zurückkommt, füllt sie – hocherfreut, dass es uns sichtlich so schmeckt – die Schale abermals bis an den Rand voll.

Während des Aufenthaltes bei diesen Bauern fällt mir zum ersten Mal die sehr emanzipierte gesellschaftliche Position der Frau auf. Es hat sogar den Anschein, als würden die Frauen das Regiment führen. Sie sind es, die mit uns Kontakte knüpfen, die Landwirtschaft betreiben und natürlich den Haushalt führen. Die Männer kommen zumeist erst spät am Abend nach Hause – wenn sie sich nicht auf den Hochalmen aufhalten –, verdrücken sich in eine stille Ecke, während die Frauen das Wort führen und sich mit den Gästen beschäftigen. Im Vergleich zu vielen anderen Völkern ist die Stellung der Frau in Tibet eine sehr hohe. Sie entscheidet Familienangelegenheiten, verwaltet das gesamte Vermögen der Familie und spielt auch im religiösen Bereich eine wichtige Rolle, nicht zuletzt ist im Buddhismus tibetischer Prägung die höchste Weisheit im Symbol einer Frau vergegenwärtigt.

Gegenstand manch ironischer Bemerkung von Seiten europäischer Forscher ist die Eheform in Tibet. Richtiger ist es, von der Mehrzahl, von Eheformen, zu sprechen und das in der Vergangenheitsform, denn die Chinesen erlauben heute nur mehr die monogame Gattenfamilie. Diese war zwar auch im alten Tibet die am weitesten verbreitete Eheform, daneben aber existierten Vielweiberei und Vielmännerei, in Adelskreisen wurden beide Formen praktiziert. Bei Bauern mit viel Landbesitz wie hier in Jiuzhaigou entwickelte sich die Vielmännerei zu einer praktikablen Form des Zusammenlebens. Mit anderen Worten: Eine Tibeterin heiratete manchmal gleich mehrere Brüder aus einer anderen Familie. Bei der Eheschließung gab es zwei Möglichkeiten mit feinen Unterschieden: Entweder nahm die Frau nur den Ältesten der Brüder offiziell zum Gatten und die jüngeren Brüder waren mehr oder weniger ihre Liebhaber, oder sie ehelichte alle Brüder mit gleichen Rechten und Pflichten. Das hatte natürlich vor allem wirtschaftliche Gründe. Denn dadurch wurden mehrere Männer am Hof gehalten. Bei einer monogamen Ehe würde der Älteste erben und das Gehöft übernehmen, die jüngeren Brüder würden wegheiraten. Bei dieser Gruppenehe jedoch blieben alle Brüder am Hof und die Leistungsfähigkeit des bäuerlichen Betriebes war im wahrsten Sinne des Wortes größer. Wie schon gesagt, diese polygame Form des Zusammenlebens ist praktisch verschwunden, auch kann ich mir kaum vorstellen, dass sie übermäßig verbreitet war. Wenn man bedenkt, dass im alten Tibet jeder vierte männliche Bewohner als Mönch ins Kloster ging, muss es rein rechnerisch einen beträchtlichen Frauenüberschuss auf dem Heiratsmarkt gegeben haben.

Am letzten Abend vor unserem Abmarsch gibt uns die Gastgeberin noch einige mit heiligen Silben bedruckte Papierstreifen mit auf den Weg, die uns auf der langen Reise beschützen sollen. Deren Herstellung ist ein ritueller Akt, den sie bewusst vor dem kleinen Hausaltar vollzieht. Der Druckstock ist ein langes schmales Holzstück, in dem die Buchstaben – jeder für sich ein mantrisches Symbol – als Relief herausgeschnitzt sind. Der hölzerne Druckstock wird mit schwarzer Farbe eingefärbt und anschließend das Papier darauf gepresst. Jedem von uns, dem sie ein Exemplar überreicht, macht sie gestenreich deutlich, dass es nicht auf den Boden gelegt werden darf, damit es nie von einem Menschen oder einem Tier mit Füßen getreten wird. Nicht einmal ein beschädigtes, unleserlich oder nutzlos gewordenes bedrucktes Blatt würde ein Tibeter achtlos fortwerfen. In den Klöstern gibt es deshalb auch besondere Schreine zur Ablage beschädigter oder überflüssiger Schriftstücke oder zerbrochener Kultgegenstände.

Von Jiuzhaigou führt eine Piste über Ngawa nach Huashixia ins Amnye-Machen-Gebiet und weiter nach Xining, zurück zu meinem Weg nach Lhasa.

Von Xining nach Lhasa

Wir müssen uns als Mitglieder derselben menschlichen Familie auf diesem kleinen Planeten begreifen. Wenn wir in der Lage sind, dies aufrichtig und weltweit zu tun, dann gibt es Hoffnung auf einen dauerhaften Frieden auf Erden.

Tenzin Gyatso, 14. Dalai-Lama

Der Zug verlässt am Nachmittag den Bahnhof von Xining, der Provinzhauptstadt Qinghais. Wir reisen in der Klasse »Hart schlafen«, meine bevorzugte Zugklasse in China. Da mangelt es nicht an Kontakten zu den Mitreisenden, aber es geht nicht so hautnah zu wie etwa in der Klasse »Hart sitzen«. Im klassenlosen China gibt es nämlich vier Zugklassen: »Hart« und »Weich sitzen« und »Hart« und »Weich schlafen«. Eigentlich sind es fünf, denn wer irgendwo zusteigt, erhält in der Regel nur mehr die Fahrkarte »Hart sitzen«, jedoch ohne Sitzplatzreservierung, und das heißt im Osten Chinas, wo die Züge gerammelt voll sind, stets »Hart stehen«. Hier ist das zwar nicht der Fall, weil unser Ziel Gormo (Golmud) gleichzeitig die Endstation der Eisenbahnstrecke ist und noch dazu eine für chinesische Dimensionen kleine Stadt, die keine Menschenmassen anzieht. Wir haben uns trotzdem für die Liegeklasse entschieden, um möglichst ausgeruht anzukommen. Es ist mir nicht möglich, an dieser Stelle all die Eigenheiten des chinesischen Eisenbahnsystems zu erläutern, mit denen ich auf vielen tausend Kilometern Fahrt umzugehen lernte, aber eines sei an dieser Stelle erwähnt: Wer in der Klasse »Hart schlafen« auch wirklich ohne Störung schlafen will, dem empfehle ich, das Mittelbett zu kaufen. Die zum Gang hin offenen Abteile haben nämlich sechs Betten. Zwei oben, zwei in der Mitte und zwei unten. Das obere Bett ist relativ knapp unterhalb der Decke, an der ein Ventilator angebracht ist, der nicht abgestellt werden kann, sodass man leicht einen »Haarschnitt« verpasst bekommt, wenn man unruhig schläft. Zusätzlich ist dort ein Lautsprecher integriert, der ebenfalls nicht abzustellen ist und aus dem beinahe rund um die Uhr mit voller Lautstärke Musik, Nachrichten und Erläuterungen zu den Sehenswürdigkeiten entlang der Strecke dröhnen – selbstverständlich in Chinesisch. Das untere Bett ist deshalb nicht ideal, weil dort alle diejenigen sitzen, die oben nicht schlafen können, und dazu jene Chinesen, die sich mit anderen einen Schlafplatz gemeinsam gekauft haben. Deshalb rate ich zum Mittelbett, dessen Schriftzeichen ein Rechteck mit einem Strich durch ist. Dieses Zeichen gehörte zu den ersten, die ich mir eingeprägt habe.

Am späten Nachmittag gleitet der Qinghai-See an uns vorbei, dessen tiefblaues Wasser einen wunderschönen Kontrast zum dominierenden Braun der Landschaft abgibt. In einer kleinen Station, an der der Zug für ein paar Minuten hält, verkaufen Frauen geräucherte Fische, die wir zum Abendessen mit Genuss verzehren. Im flachen Licht der Abendsonne rollen wir durch eine Dünenlandschaft, an der wir fasziniert das Spiel von Licht und Schatten beobachten. Der Schienenstrang weist schnurgerade nach Westen, wir fahren förmlich in die untergehende Sonne hinein. Der nächste Tag beschert uns einen kleinen Eindruck von den Wüsten Chinas, denn wir bewegen uns parallel zur legendären Seidenstraße, die ein paar 100 Kilometer nördlich von uns nach Westen zieht, aber die Landschaft dürfte sich kaum unterscheiden. Flache, trostlose Steinwüste so weit das Auge reicht; außer der Bahnlinie keinerlei Spuren menschlicher Existenz. Wir sind im Qaidam-Becken, an dessen südlichem Rand Gormo liegt.

Das Atomforschungszentrum – der vorläufig letzte Atomversuch dort wurde 1994 in der nordöstlich gelegenen Takla-Makan-Wüste durchgeführt – macht den Eindruck einer Pioniersiedlung, durch deren staubige Straßen schwer beladene Lastwagen rollen. In alle vier Himmelsrichtungen führen Straßen weg: in Richtung Osten zurück nach Xining; verlässt man die Stadt in Richtung Norden, kommt man nach Dunhuang, einst eine der bedeutendsten Stationen an der alten Seidenstraße; eine Piste letzter Ordnung führt westwärts und stellt die Verbindung zu Kargilik und Cherchen her, legendäre Oasenorte an der Südroute der Seidenstraße; und schließlich führt eine Straße in Richtung Süden – nach Lhasa hinauf.

Eine Studentin aus Hongkong hat sich uns angeschlossen. Sie übernimmt die Organisation der Reise nach Lhasa und kämpft für uns um faire Fahrt- und Hotelpreise, weil man wieder einmal versucht, uns »Langnasen« das Vielfache abzuknöpfen. Nach langem Handel, wobei sie mit den Beamten ihres Mutterlandes schimpft wie ein Rohrspatz, erhalten wir die Busfahrkarten zum regulären Preis. Das Tor zu Lhasa ist offen. Wir feiern den Beginn des neuen Abschnitts unserer Reise in einer kleinen Garküche mit einem mehrgängigen Menü.

Am nächsten Morgen heißt es früh aufstehen. Schon um fünf Uhr wird der Bus beladen. Ich traue meinen Augen nicht, es ist tatsächlich ein nagelneuer japanischer Luxusbus. Nach einer Stunde ist das Gepäck auf dem Dachträger verstaut, fest verschnürt und mit einer Plane zugedeckt, wir machen es uns in den Sitzen bequem, das Gefährt setzt sich in Bewegung, biegt ein in die Straße nach Süden, und bald liegen die staubigen Häuser von Gormo hinter uns. Wir steuern geradewegs auf eine zerklüftete Bergkette zu, die das Qaidam-Becken nach Süden abschließt. Die Straße folgt dem Dabsan He, der irgendwo in diesem wüstenartigen Becken versiegt und in einem System von Canyons durch das vor uns liegende Bushan-Budai-Gebirge bricht. Die Straße ist wirklich ganz neu und ohne Schäden. Ich kann mich nicht entsinnen, jemals in

China eine angenehmere Busfahrt erlebt zu haben. Noch in den Vormittagsstunden erreichen wir das Ende der Schluchten, unvermittelt treten die Berge auseinander und machen einer grünen Ebene Platz, aus der sich eine Gruppe eisfunkelnder Berggestalten erhebt, blendend weiß im ersten Licht des Tages. Die Formen der Berge, die mächtigen Gletscherströme und Eiswülste erinnern mich an den Mont-Blanc, aber hier stehen fünf solche nebeneinander, sie sind viel höher als die höchsten Erhebungen unserer Alpen; vielleicht 6000 bis 6500 m hoch. Ich taxiere die Entfernungen, lege imaginäre Aufstiegsrouten durch Eiswände und über Grate und ziehe unsichtbare Schwünge über die Firnhänge. Hans ist ebenso begeistert wie ich, und hätten wir die notwendige Ausrüstung nebst Schiern dabeigehabt, wir hätten uns an Ort und Stelle absetzen lassen. Wir denken an einen österreichischen Freund, mit dem wir viele Touren unternommen haben und der sich auf Schiüberschreitungen spezialisiert hat. Hier an diesen namenlosen Sechstausendern, die zu den Ausläufern des Kunlun-Gebirges zählen, hätte er ein grandioses Betätigungsfeld. Ich kann mir nicht vorstellen, dass je ein Mensch seinen Fuß auf einen dieser Gipfel gesetzt hat. Wir nehmen uns vor, ihm davon zu berichten.

Die Straße biegt nun nach Südwesten ab, wir folgen noch fasziniert den eindrucksvollen Eisbergen, bis sie den Blicken entschwunden sind. Vor uns breiten sich weitere Bergketten aus, langsam gewinnen wir an Höhe, auf leicht ansteigendem Gelände erreichen wir den Kunlun-Pass (4837 m). Es ist keine spektakuläre Passhöhe, und ich hätte sie vielleicht gar nicht registriert, wären da nicht die vielen Gebetsfahnen gewesen, die mich an die Allgegenwart geistiger Mächte erinnern, die auf unseren Weg Einfluss nehmen. In den nächsten Stunden verlieren wir kaum nennenswert an Höhe. Die Straße durchschneidet in schnurgerader Linie grasbewachsene Hochflächen, menschenleer und scheinbar ohne Leben. Nur ein einziges Mal können wir vom Bus aus eine Herde Gazellen ausmachen oder sind es Kyangs – Wildesel. Das Land scheint völlig unbewohnt, sieht man von den armseligen chinesischen Baracken ab, die alle paar 100 km am Straßenrand stehen. An einem dieser Plätze halten wir kurz, um einen Imbiss einzunehmen. Karg wie das Land ist auch das Angebot an Speisen. Es gibt Nudeleintopf und Jasmintee. Stunde um Stunde – über weitläufige Hochsteppen, stets zwischen 4000 und 5000 m Höhe – rollen wir über die höchste Straße der Welt und nähern uns Wenquan, mit 5100 m Höhe der Erde höchstgelegene Stadt. Kühne Berggestalten mit mächtigen Gletschern werden sichtbar, als wir den Tanggula-La, einen 5180 m hohen Pass erreichen, der das ganze Jahr über schneebedeckt ist. Für Augenblicke enthüllen die Wolken die eindrucksvolle Gestalt des Geladeintong, der mit seinen 6621 m das Gipfelmeer überragt. Aus einem seiner Gletscher tritt der Toutuo-Fluss heraus, die Quelle des Jangtsekiang.

Die Dunkelheit der Nacht legt sich über das Land, als wir Amdo passieren, eine von der Architektur des modernen China geprägte Stadt, in der eine Piste nach Westtibet abzweigt, zur Provinzstadt Shiquanhe nördlich des Kailasch.

In Nakchu (Nagqu) beziehen wir in einem typischen Truckstopp Nachtquartier. Ich laufe einmal die Straße bis zum Ortsende hinunter und wieder zurück, um meine Muskeln nach der langen Sitzerei im Bus zu bewegen. Ich bestelle mir ein Menü in einer Garküche, aber überlasse es ein paar bettelnden Pilgern, die sich gierig über die Schalen stürzen und noch alle Reste auf den Tischen einfach in lederne Beutel schaufeln, die an den Gürteln baumeln. Eine angenehme Müdigkeit lässt mich bald in den Schlaf fallen, während meine Träume der Zeit vorauseilen.

Bereits in aller Frühe wird die Fahrt fortgesetzt. Mir ist es nur recht, denn ich kann es kaum mehr erwarten, nach Lhasa zu kommen. Kleine Dörfer mit weiß getünchten, viereckigen Häusern und flachen Dächern ziehen vorbei. Überall stehen hohe Stangen mit bunten Gebetsfahnen, auf allen erhöhten Punkten der umliegenden Hügel und Berge sieht man bedruckte Fahnen stecken. Mir scheint, dass ihre Anzahl zunimmt, je weiter wir uns Lhasa nähern. Ich nehme das alles nur mehr am Rande wahr, denn mein Blick ist konzentriert nach vorne gerichtet. Ich will keinesfalls den Augenblick versäumen, wenn der »Ort der Götter« zum ersten Mal sichtbar ist, und ich will diesen ersten Eindruck bewusst erleben, er soll mir in Erinnerung bleiben.

Ich weiß nicht, wie viele Stunden wir noch unterwegs waren, aber irgendwann öffnet sich ein weites fruchtbares Tal mit kahlen Bergketten, die mir seltsam bekannt erscheinen, und am Ende des Tales, abgehoben von der dunklen Kulisse der Berge, leuchten goldfarbene Dächer, die einen burgähnlichen riesigen Gebäudekomplex zieren, der geradezu aus dem dunklen Felssockel herauszuwachsen scheint. Der Potala ist mein erster Eindruck von der alten Pilgerstadt; der »rettende Hafen«, wie das Wort Potala übersetzt wird. Wie sinnfällig doch dieser Name ist. Als »rettenden Hafen« müssen die ungezählten Pilger den Ort empfunden haben, wenn sie aus allen Himmelsrichtungen kommend, nach härtesten Strapazen und Gefahren, den geheiligten Ort erblickten und ihre Mühsal belohnt sahen. Der Anblick des Potala ruft in mir vielerlei Gedanken wach, die in Erinnerungsfetzen vorüberziehen. All die Bücher und Berichte, die ich über Tibet gelesen habe, seit ich als Zwölfjähriger einem Vortrag Heinrich Harrers in der Schule lauschte, haben in mir ein Bild entstehen lassen, das zunächst stärker ist als die Realität. Ich sehe den Strom der Pilger unablässig die Kultstätten umkreisen; sehe die innere Freude und den Glücksrausch, den sie dabei empfinden; ich höre die tiefen Klänge, die Mönche in roten Gewändern den Alphörnern ähnlichen Instrumenten entlocken; sehe den jungen Dalai-Lama umgeben von Würdenträgern und Lamas während einer Audienz; Bilder vom Monlam-Fest zu Neujahr ziehen vorbei, wie ich sie aus Berichten von Ernst Schäfer kenne…

Wir nähern uns dem Potala von Osten, entlang einer breiten Ausfallstraße. An einer Bergflanke zur Linken liegt Drepung, die große Klosteruniversität Tibets, in der einst bis zu 10 000 Mönche studierten, die Wiege leuchtender Errungenschaften in Philosophie und Spiritualität. Leer und verlassen liegt Drepung da und gleicht einer Geisterstadt. Den gleichen Eindruck erweckt Nechung, der Sitz des Staatsorakels Tibets, das bei der Wiederauffindung der Dalai-Lama stets befragt und dessen Warnungen vor der chinesischen Invasion nicht ernst genommen wurden. Wir fahren durch die chinesische Neustadt, das architektonische »Fastfood« lässt den Potala noch erhabener erscheinen. Die breite Straße durchtrennt rücksichtslos den Lingkor, den äußeren Pilgerring, der einst die Heiligtümer umschloss. Aber die Tibeter haben als Verlängerung des alten Pilgerweges die Gebetsfahnen auf langen Seilen über die Straße gespannt, unter denen wir durchfahren. Auf der rechten Seite, schräg gegenüber dem Potala, steht der Chagpori, ein schroffer Felsturm, auf dessen Spitze einst die berühmte Medizinschule stand. An ihrer Stelle ist heute ein riesiger Mast von den Chinesen errichtet, um die Tibeter zu demütigen, aber über und über mit Gebetsfahnen und weißen Glücksschleifen umwunden, die das Symbol materialistischer und atheistischer Lebensform in einen überdimensionalen Fahnenmast für heilige Mantras umwandeln.

An der verkehrsreichen Xingfu Donglu ist die Fahrt zu Ende. Wir gehen in Richtung Jokhang, dem Herzen der Stadt. Gleich daneben entdecken wir das Snow-Land-Hotel, ein einfaches Gästehaus, dessen tibetische Atmosphäre ich vom ersten Augenblick an mag, und das bei allen meinen weiteren Aufenthalten in Lhasa stets mein Quartier ist.

Am Ort der Götter

Also sprach Buddha, der Erhabene:
Wir sollen Verkündetes nicht nur deswegen glauben, weil es verkündet worden ist, noch sollen wir Überlieferungen nur wegen ihres ehrwürdigen Alters glauben; noch Gerüchten, die nur Gerüchte sind; noch den Schriften der Weisen, nur weil Weise sie geschrieben haben; noch Vorstellungen, von denen wir anzunehmen geneigt sind, dass sie uns von Devas eingegeben wurden; noch den aus willkürlichen Annahmen gefolgerten Schlüssen; noch dem, was scheinbar logisch-kausaler Zusammenhang ist; noch der bloßen Autorität unserer Lehrer oder der Meister. Aber wir müssen glauben, wenn die Schrift, die Lehre oder das Verkündete bestätigt wird durch unsere erkennende Vernunft. Darum, sagte er schließlich zusammenfassend, lehrte ich euch, nicht zu glauben, bloß, weil ihr vernommen habt, sondern erkennend zu glauben und dem entsprechend in voller Verantwortlichkeit zu handeln.

Helena Petrowna Blavatsky

Über das moderne Tibet ist seit der Öffnung des Landes viel geschrieben worden: Positives und auch viel Negatives, lässt man die chinesischen Jubelberichte unberücksichtigt. Das ist nicht neu. Auch aus früheren Berichten über Lhasa kommt Bewunderung wie auch Abscheu zum Ausdruck. Abscheu von Seiten engstirniger christlicher Missionare, die das Trennende vor das Verbindende stellten, und Abscheu wegen des Schmutzes und der katastrophalen hygienischen Verhältnisse. Bewunderung wird den Sakralbauten gezollt, die sich in erhabener Schönheit aus der tristen Umgebung erheben. Dies gilt im Wesentlichen auch heute noch, nur der Abscheu gilt nicht mehr dem Schmutz – den haben die Chinesen beseitigt –, sondern jenen von den Chinesen erzwungenen Veränderungen und diesen selbst als Herren des Landes wider allen Völkerrechts. Die Bilanz dieser gewaltsamen Veränderung kennen wir: »3800 zerstörte Klöster, tausende Flüchtlinge und blutige Glaubensverfolgungen. Es ist eine Bilanz der Schande, auch für die übrige Welt, die es geschehen ließ«, schreibt Peter-Hannes Lehmann, der das »Stille Drama auf dem Dach der Welt« schonungslos darstellt.

Mich stimmt es nicht weniger traurig, wenn ich vor den stummen Zeugen so sinnloser Zerstörungswut stehe. Und es ist der Gedanke nicht tröstlich, dass sich die materiell überlegene Kultur durchsetzt. Wenngleich ich glaube, dass in diesem Fall noch nicht das letzte Wort gesprochen ist; auch die Mongolen haben Tibet einst erobert und sind dann zu Buddhisten geworden!

Die kulturrevolutionäre Parole: »Zerschlag das Alte und baut das Neue«, hat sich in Tibet verheerend ausgewirkt. Die Kulturrevolution hat die Gesellschaftsstruktur und materielle Kultur des theokratischen Tibet hinweggefegt, aber nicht das, was in meinen Augen die Kraft Tibets ausmacht; nämlich die spirituellen und philosophischen Errungenschaften, die mit physischer Gewalt nicht auszurotten sind. Das geistige Potenzial, das tiefe Wissen um die wahre Natur des Menschen, das Wirken »lebender Buddhas« – das sind Erleuchtete, die voll Liebe und Mitleid immer wieder reinkarnieren, um den Menschen bei der Überwindung des Leides zu helfen – hat Bestand, unabhängig von bestimmten Örtlichkeiten und von Zeit. Es ist grenzüberschreitend und hat längst in der westlichen Welt Fuß gefasst, in der das logische Denken dominiert, Egoismus gesellschaftsfähig ist und Altruismus als Schwäche verkannt und verspottet wird. Niemand wird mir widersprechen, wenn ich behaupte: Wir haben das logische Denken am weitesten entwickelt und sind allen anderen deshalb technologisch überlegen. Aber gleichermaßen behaupte ich, dass es kein Volk gibt, das so ausschließlich alle Energien auf die Entwicklung seiner Geisteskräfte und Spiritualität konzentriert hat, wie die Tibeter. Sie sind auf diesem Gebiet viel weiter als wir.

Aus zwei steinernen Öfen qualmt heller Rauch und breitet sich wie Nebel aus, vor dem Feuer stehen Menschen in langen Schlangen, um die Glut beständig mit Reisig zu nähren. Schemenhaft ziehen Pilger in einer Richtung vorbei. Die ersten Sonnenstrahlen des neuen Tages durchdringen die Rauchschwaden und beleuchten die goldenen Dächer darüber. Es ist ein Morgen vor dem Jokhang, meinem bevorzugten Platz in Lhasa, zur bevorzugten Tageszeit. Der Jokhang und der die Kultstätte umschließende Pilgerweg – der Barkor – sind wie eh und je das Herz von Lhasa, das Ziel tausender und abertausender Pilger aus allen Teilen des Landes, die zu jeder Tageszeit das Bauwerk umrunden. Viele schlafen sogar während ihres Aufenthaltes in Lhasa dort. Kein Bauwerk ist so eng mit der politischen Geschichte des Landes verwoben und Gradmesser für das Verhältnis der Herrschenden zum Buddhismus wie der Jokhang. Die Kultstätte wurde im 7. Jahrhundert unter Tibets legendärem König Songtsen Gampo gegründet, wohl auf Bestreben seiner beiden buddhistischen Gattinnen, der nepalesischen Prinzessin Bhrikuti und der Chinesin Weng Cheng. Aber schon im 9. Jahrhundert ließ ihn der Buddhistenverfolger König Langdarma wieder schließen, als die Auseinandersetzung zwischen der aus Indien stammenden Lehre des Buddhismus mit der alteingesessenen Bön-Religion voll entbrannte. Der Buddhismus blieb schließlich Sieger, und der Jokhang wurde geistig-religiöses Zentrum nach der Installierung des Gottkönigtums in Tibet. Der Verfall religiöser Sitten und die Verweltlichung im Klerus – dem der Reformator Tsongkhapa entgegentrat – minderte auch die Bedeutung des Jokhang. Tsongkhapa ließ auch diesen erneuern. In den Jahren der Kulturrevolution schließlich bezogen die berüchtigten Roten Garden darin Quartier und hielten Schweine im Innenhof. Heute, nach ein paar Jahren wiedergewonnener Religionsfreiheit, haben die Tibeter ihr Heiligtum wieder für sich und werden es sich hoffentlich nicht von der zunehmenden Zahl der Touristen entreißen lassen.

Der Bau des Jokhang fällt in die Regierungszeit von Tibets berühmtester Herrscherfigur, des Königs Songtsen Gampo. Obwohl bei der Thronbesteigung erst 13 Jahre alt – aber »beherrscht einer mit 13 sein Pferd, kann er auch ein Volk regieren«, schreibt ein Chronist –, dehnt er das tibetische Herrschaftsgebiet teils durch Eroberungszüge, teils durch Bündnisse mit unabhängigen Fürstentümern aus, die stets durch Heirat mit einer Tochter des betreffenden Herrschers besiegelt wurden. Zwei seiner Gattinnen – Wen Cheng und Bhrikuti – gewannen großen Einfluss auf ihn und damit auch über Tibets künftige geistige Entwicklung. Bhrikut ist eine nepalesische Prinzessin, die Songtsen Gampo im Jahre 632 ehelichte. Als Mitgift aus ihrer buddhistischen Heimat brachte sie unter anderem drei Statuen tantrischer Gottheiten mit. Die bedeutendste seiner Gattinnen war aber die kaiserliche Prinzessin Wen Cheng.

Der chinesische Tang-Kaiser Taizong wollte zwar Songtsen Gampo als Verbündeten gewinnen, lehnte jedoch dessen Forderung nach einer Heirat mit seiner Tochter ab. Daraufhin fiel Songtsen Gampo mit seinem Heer in China ein und besetzte weite Teile des Reiches. Zwar gelang es Taizong, die Tibeter wieder zu vertreiben, aber nun war er bereit, dem gefährlichen Nachbarn seine Tochter zur Frau zu geben. Wen Cheng zog mit großem Tross und Gefolge in Lhasa ein. In ihrer Mitgift befand sich eine Statue des historischen Buddha, die als Jo-bo, »der Herr«, Tibets bedeutendstes Heiligtum wurde und es bis auf den heutigen Tag ist. Die beiden Königinnen sind dafür verantwortlich, dass der Buddhismus auf dem Dach der Welt Fuß fasste und unter Songtsen Gampos Schutz, den sie für den neuen Glauben gewinnen konnten, trotz des Widerstandes der vorherrschenden Bön-Religion als zarte Pflanze wuchs.

Eine weitere Tat Songtsen Gampos lieferte die Grundlage für die landesweite Verbreitung buddhistischen Gedankengutes und damit für die Entstehung tibetischer Kultur. Er ließ aus China Papier und Tusche kommen – laut Tang-Annalen verwendeten die Tibeter bis dahin nur Knotenschnüre und Kerbhölzer – und schickte gar seinen Minister aus, um aus Indien eine Alphabetschrift nach Tibet zu bringen, die er offensichtlich der chinesischen Bilderschrift vorzog.

Wenn man heute vor dem Jokhang steht, ist seine ursprüngliche, in der Zeit Songtsen Gampos entstandene Form nicht mehr zu erkennen, so stark hat sich die »Kathedrale von Lhasa« im Laufe der Jahrhunderte durch An- und Zubauten verändert. Der Gebäudekomplex wird so eng von alten Adelshäusern bedrängt, dass es schwierig ist, überhaupt die Gesamtheit des Heiligtums zu überschauen. Deshalb bevorzuge ich das nahe gelegene Snow-Land-Hotel, denn vom Dach dieses tibetischen Hauses lässt sich der Jokhang in seiner Architektur erkennen, und darüber hinaus vermag ich von dort die vielfältigen Laute wahrzunehmen, die aus der Tätigkeit der Pilger, Geschichtenerzähler und Wandermönche entspringen.

Gerne denke ich an meinen ersten Besuch in Lhasa zurück, der auf den Monat Juni fiel. Fast jeden Abend beobachtete ich dasselbe dramatische Schauspiel: Der Himmel verdunkelt sich von Südwesten her, pechschwarze Gewitterwolken schieben sich auf den Jokhang zu, aus denen grelle Blitze zucken. Aber seltsamerweise erreicht das Unwetter Lhasa nie. Stattdessen brechen sich die Strahlen der untergehenden Sonne in einer Weise Bahn, dass manchmal ein herrlicher Regenbogen entsteht, der sich vom dunklen Himmel leuchtend abhebt. Einmal spannt er sich genau über die Vorderfront des Jokhang; ich laufe schnell von meinem Aussichtspunkt hinunter und fotografiere die Erscheinung, noch ehe sie vergeht.

Der Platz vor dem Eingang des Jokhang trägt die Handschrift

des modernen China. Er ist ganz neu gestaltet, und die kitschigen Lampen zu beiden Seiten nebst dem Springbrunnen in der Mitte wären gewiss den Liebespärchen an Shanghais Uferpromenade eine geschätzte Kulisse. Dem Eingang gegenüber ragt der alte heilige Weidenbaum aus dem steingepflasterten Boden, dessen Äste aus dem Haupthaar Buddhas entstanden sein sollen. Der Jokhang ist den Pilgern wie auch den fremden Besuchern nur vormittags zugänglich, aber davon unabhängig drängen sich ständig die Pilger vor dem Portal mit den rot bemalten hölzernen Säulen, um ihre Niederwerfungen zu vollziehen. Sie praktizieren den Fußfall, den schwierigsten aller demütigen Unterwerfungen, der acht Berührungspunkte verlangt: Der Gläubige wirft sich der Länge nach zu Boden, sodass er mit Stirn, Mund, den Händen, Brust, Bauch und Knien die Erde berührt. Mit fällt es schwer, darin eine Möglichkeit zu höherer Erkenntnis oder gar zur Überwindung der Ich-Bezogenheit zu entdecken. Dagegen kann es leicht zur Egofalle werden, wenn man auf Grund der Anzahl solcher Handlungen eine »bessere« Wiedergeburt erwartet. Wenn es darin einen tieferen Sinn gibt, so ist er mir jedenfalls bislang verborgen geblieben. Dieselbe Skepsis hege ich auch in Bezug auf Bildwerke, die Gegenstand der Anbetung sind, zumal Gautama Buddha ausdrücklich das Anfertigen von Bildnissen aller Art in Zusammenhang mit seiner Person verboten hat – ein Verbot, das freilich schon zu seinen Lebzeiten missachtet wurde. Bilder sind dazu da, dem Laien das Visualisieren zu erleichtern, Bildsymbolik und -attribute sind Wegweiser; doch nur, wer über die Bilder hinaus die darin enthaltenen abstrakten Wahrheiten und spirituellen Realitäten erkennen kann, dem werden sie wirklich dienlich sein. Einer geballten Konzentration dieser lamaistischen Bilderwelt begegne ich im Inneren des Jokhang in einer rechteckigen Halle mit kleinen Nischen, die für die einzelnen Heiligtümer bestimmt sind. Diese kapellenähnlichen Räume betritt man im Zuge eines Rundganges. In der Mitte stehen lange Tische mit unzähligen flackernden Butterlampen, die Mönche in roten Gewändern beständig nähren. Als Brennstoff verwendet man alte Yakbutter, die die Pilger wie früher nebst anderen Naturalien und Geld spenden. Das Bauwerk soll auf einem trockengelegten See stehen, und die Lamas des Jokhang sind davon überzeugt, dass sich nach wie vor ein mächtiger Wasserdämon samt seiner Gefolgschaft darunter aufhält. Ihnen ist eine Kapelle geweiht, von der aus man Zugang zu einem letzten Rest des Sees hat und wo früher einmal im Jahr Opfergaben ins Wasser geworfen wurden, um die eingeschlossenen Dämonen zu besänftigen. Die Trockenlegung des Sees und die Überwindung der darin wohnenden Naturgeister scheint die größte Hürde bei der Errichtung des Jokhang gewesen zu sein. Über die Gründungsgeschichte schreibt der fünfte Dalai-Lama 1000 Jahre später in seinem »Pilgerführer« zu den Tempeln Lhasas Folgendes: »König Songtsen Gampos nepalesische Gattin Bhrikuti hatte an die chinesische Gattin eine Zofe geschickt, um sich zu erkundigen, welche Lage und Bodenbeschaffenheit über den Tempelbau vorteilhaft wäre. Obwohl nun diese klar und deutlich über eine zum Erfolg führende Methode berichtete, hatte die Dienerin die Angaben nicht genau behalten. Obgleich nun Anstalten getroffen wurden, den See trockenzulegen, gelang doch die Trockenlegung nicht. Die Chinesin hatte, offenbar aus einem Gefühl eingefressenen Widerwillens heraus, nicht die Landesart beachtet, und sogar ohne dem König zu berichten den Grundstein legen lassen. Als dieser zur Nachtzeit von bösen Mächten so zerstört worden war, dass keine Spur mehr übrig blieb und nun Grund und Anlass zu den Ohren des Königs kamen, tat er, wenngleich er davon wusste, doch so, als wüsste er nichts, und stieg zusammen mit Bhrikuti zum Ufer des Sees von O-tan hinab. Nun befahl er, einen Fingerring in die Luft zu werfen, und dieser fiel in den See. Da sahen die Edlen, die Minister, kurz alle hin, und es schien ihnen, als bilde sich dort eine aus buntfarbigen Strahlen bestehende Halle. Zusammen mit der feierlichen Gelübdeerklärung des Königs warfen nun die

Minister und alle Getreuen Steine hinein und infolge dieses Wetteifers entstand ein fester Steinhaufen und bildete eine haltbare Unterlage. Nachdem man nun Balken nach seinen Ecken gelegt hatte, wurde der See ohne Mühe und Plage trockengelegt.«

Insgesamt soll der Jokhang mehr als zweihundert figürliche Darstellungen aus dem lamaistischen Pantheon beherbergen. Wie viele dieser Statuen den Verwüstungen der Kulturrevolution zum Opfer gefallen sind bzw. teilweise restauriert oder gar durch Duplikate ersetzt wurden, entzieht sich meiner Kenntnis. Unbeeindruckt von der Frage, ob echt oder nicht, drängen sich wie früher die Pilger um den Jo-bo, der reich verzierten Figur des Gautama Buddha, die die chinesische Prinzessin den Tibetern mitbrachte. Umgeben ist der Jo-bo von einer Schar Buddhas, Bodhisattvas und verehrungswürdiger Heiliger, denen die einzelnen Kapellen zugewiesen sind. Der Statue des zukünftigen Buddha Maitreya und der des Bodhisattva Avalokitesvara kommt eine besondere Bedeutung zu. Avalokitesvara gilt den Tibetern als mächtigster Bodhisattva, der sich immer wieder aufs Neue an der Person des Dalai-Lama manifestiert, dessen Wiedergeburt der Gottkönig ist. Die starke geistige Energie und heilende Kraft dieses erleuchteten Wesens wird bei seiner Abbildung in Form von elf Köpfen mit zahlreichen Armen symbolisiert. Von ihm wird berichtet, »er habe den Buddhas geschworen, alle Geschöpfe zu erlösen, mit dem Eid, der Schädel möge ihm zerspringen, wenn er in seinem Plan scheitere. Wie aus einem eisernen Kasten befreit, seien die Seelen daraufhin ins Nirwana entronnen. Doch als der Retter schließlich sein Erlösungswerk für vollbracht hielt, merkte er, wie immer neue Seelen nachdrängten, und er begriff, dass das Leiden ewig währt. Da barst sein Schädel in hundert Stücke. Der Buddha Öpame schritt freilich ein und formte aus den Schädelfragmenten elf Köpfe, die er dem Rumpf des Avalokitesvara aufsetzte. Und Avalokitesvara sprach: ›Darf ich, der ich nicht fähig war, alle Geschöpfe aus dem Kreislauf der Wiedergeburten herauszulösen, um tausend Hände und tausend Augen bitten, tausend Hände wie von tausend Weltherrschern und tausend Augen wie die der tausend Buddhas unserer Epoche, um so allen Geschöpfen dienen zu können.‹ Öpame erfüllte ihm diesen Wunsch.«

Die Räumlichkeiten in den oberen Stockwerken sind heute den Besuchern verschlossen. An einem der Aufgänge steht eine Statue von Palden Lhamo – der Schutzgöttin von Lhasa –, dargestellt mit einer Krone aus Totenschädeln, behängt mit Schmuck und weißen Glücksschleifen.

Ein wunderschöner Platz zum Verweilen sind das obere Stockwerk und das darüber liegende flache Dach. Das Blickfeld ist nirgendwo begrenzt, der Potala befindet sich in Augenhöhe , um den Jokhang schmiegen sich eng aneinander liegend die letzten alten Adelshäuser mit ihren ausladenden Innenhöfen, als wollten sie ihr Heiligtum vor dem Zugriff des modernen China schützen. An der Frontseite des Daches stehen zwei vergoldete zylinderförmige Siegeszeichen und dazwischen das Rad der Lehre, flankiert von zwei Gazellen, eine Zutat unseres Jahrhunderts, gestiftet vom Abt des Sera-Klosters.

Vor dem Eingangsportal umfängt mich wieder die betäubende Atmosphäre des zirkulierenden Pilgerstroms, der sich um den Jokhang bewegt. Der ringförmige Pilgerweg, der das Heiligtum umschließt, heißt Barkor. Er ist das schlagende Herz Lhasas, jener Teil der Stadt, der durch und durch tibetisch geblieben ist. Neben der tiefen Religiosität offenbart sich hier auch die sprichwörtliche Handelstüchtigkeit des Tibeters. Entlang des Barkor reihen sich kleine Marktstände, an denen neben dem spezifischen Angebot von religiösen Gegenständen für die Pilger auch Gebrauchsartikel aller Art feilgeboten werden. Erstaunlich ist, wie schnell sich die Tibeter auf die doch erst recht kurzzeitige Anwesenheit der Touristen eingestellt haben. Der Ruf nach »Change Money« ist unüberhörbar, mit Ketten und Amuletten behängte Frauen becircen mit großer Geduld die ankommenden Fremden und lassen sich auch gerne gegen Honorar ablichten. Immer größer wird das Angebot an Nippes, hauptsächlich nepalesischer oder indischer Herkunft. Während die Chinesen sich an den Gruppentouristen eine goldene Nase verdienen, versuchen die Tibeter das Geschäft mit den Billigreisenden zu machen. Ihre freundliche Wesensart und auch ihre Cleverness, sich blitzschnell auf die Bedürfnisse dieses Touristentyps einzustellen, kommen ihnen dabei entgegen. Sie vermieten private Unterkünfte, verleihen Fahrräder und bieten in Garküchen Yakburger, Pizza und gefüllte Omeletts an. In der Umgebung des Banak-Shol-Hotels, einer Kombination zwischen Jugendherberge und Mitfahrzentrale mit wöchentlichem Flohmarkt, ist das Angebot der Straßenhändler ausschließlich auf Rucksackreisende ausgerichtet. Es gibt Konserven aller Art, dazu Toilettenpapier, Kraftriegel, Jogurt und Süßigkeiten. Seit der Öffnung Tibets im Zuge chinesischer Reformen gibt es auch in Lhasa wieder einen freien Markt. Er befindet sich in unmittelbarer Nähe des Barkor. Hier werden täglich frisches Obst, Gemüse, Eier und Getreide angeboten. Entlang einer ganzen Straße wird ausschließlich Butter verkauft, eingenäht im Magen des Yak wird sie auf Karren und Lastwagen herangeschafft. Der Großteil dieser Butter ist schon ranzig und verbreitet einen penetranten Geruch. Die alte Butter wird hauptsächlich von den Pilgern gekauft, um sie für die Butterlampen in den heiligen Stätten zu opfern. Auch frische Yakbutter ist erhältlich, sie schmeckt übrigens ausgezeichnet.

Heinrich Harrer schreibt nach seinem »Wiedersehen mit Tibet« im Jahre 1980, der Markt sei nicht echt und nur zur Täuschung der fremden Besucher eingerichtet. Das hat sich längst als irrig erwiesen, ebenso wie die Behauptung, dass die Restaurierungsarbeiten an einzelnen Klöstern nur zum Schein durchgeführt werden.Der Bakor mit dem Jokhang als Mittelpunkt hat zur Freude der Tibeter alle Bedrohungen überdauert, den baulichen Veränderungen der jüngsten Vergangenheit zum Opfer gefallen ist dagegen der Lingkor, jener Pilgerweg, der das historische Lhasa auf einer Strecke von rund 8 km umschloss. Er folgt dem Ufer des Kyichu – an diesem Teil treffe ich noch einzelne Pilger –, umgeht den Eisenberg (Chagpori) und auch den Potala, führt entlang der Jianshe Lu und vorbei an chinesischen Barackenlagern und Verwaltungsgebäuden zurück zum Ausgangspunkt hinter dem Jokhang. Das einstige Treiben auf dem Lingkor lebt nur mehr in den Berichten der wenigen fremden Besucher, die es mit eigenen Augen schauten.

Ernst Schäfer, dessen Expedition Lhasa im Jahre 1938 erreichte, berichtet darüber: »Aber den tiefsten Eindruck geschäftigter Religiosität gewinnt man auf der heiligen Lingkor-Straße, die in Richtung der Sonnenbahn täglich vom frühen Morgen bis zum späten Abend von tausenden von Wallfahrern begangen und umkrochen wird. Die Massen der Gebetsmühlen schwingenden Wallfahrer sind ohne Zahl. Es ist ein unbeschreiblich ergreifendes Bild, die Horden der ›Bauchrutscher‹ in langer Kette ihre Stirnen mit dem

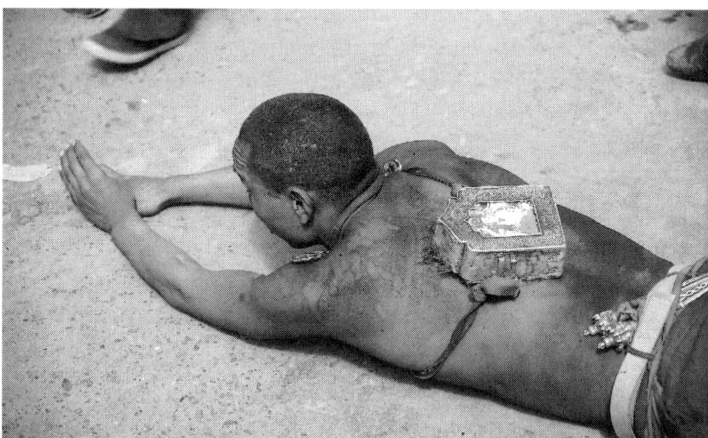

Zwischen all den Pilgern, die den Jokhang wie Satelliten umkreisen, bewegt sich dieser Mönch durch Niederwerfen voran – die gesamte Wegstrecke Körperlänge für Körperlänge ausmessend.

Boden in Berührung bringen zu sehen. Auch höchste Würdenträger sind darunter. In staubige Büßergewänder gehüllt, haben sie ihre Gesichter bis zur Unkenntlichkeit schwarz bemalt und lassen sich von ihren Dienern bei eintretender Erschöpfung von Zeit zu Zeit Tee reichen oder Tschang. Viele sind vom dauernden Niederfall gezeichnet. Sie haben schon dicke Geschwülste und eitrige Beulen, einige ›Berufsmäßige‹, wie wir sie nennen, unterbrechen die Serien ihrer Niederfälle von Zeit zu Zeit, um herbeiströmendes Volk durch Handauflegen zu segnen. Der Fanatischste unter ihnen, jener Rutschlama aus Gyantse, der Stadt und Potala wie ein Planet umkreist und als Zeichen höchster Göttergunst ein regelrechtes Hauthorn auf der Stirn trägt, verdoppelt in diesen Tagen seinen Eifer. Mit Staunen erregender Geschwindigkeit, ständig sich niederwerfend und wieder aufspringend, kreist er seine vorgeschriebene Bahn. Sein ganzes Eigentum besteht aus einer Tsambaschale und den Lederlumpen, Stiefeln und Fäustlingen, die er an seinem windgedörrten Körper trägt. Mit vor Verzückung bebender Stimme und glasigen Augen teilt dieser wunderbare Heilige den Segen aus, denn das Nirwana ist ihm nahe. Wochenlang noch sah ich diesen Menschen täglich durch den Staub kriechen. Manchmal hielt er für kurze Sekunden inne, wenn ich ihn mit nach oben gekehrten Handflächen, so wie es die Sitte des Landes erheischt, begrüßte … und dann lächelte er zuweilen, als ob er Mitleid empfinde mit mir und meiner Welt, von der er nichts wusste und nichts wissen wollte … und die er trotzdem verachtete.«

Während meiner Aufenthalte in Lhasa verbringe ich viel Zeit, den Potala von allen möglichen Standorten aus zu betrachten. Ob von vorne, von hinten, von der Seite, aus einiger Entfernung, von einem der Dächer, unmittelbar davor, wo er sich im Teich spiegelt, oder aus der Ferne auf einem der Hügel jenseits des Kyichu, stets beeindruckt mich der eigentümliche Gebäudekomplex gleichermaßen. Es ist ein unvergleichliches Bauwerk. Gewiss gibt es auf der Erde prunkvollere, in der Architektur kompliziertere Bauwerke, aber das Grandiose am Potala ist die perfekte Symbiose des Menschenwerkes mit dem Felshügel – dem marpori –, aus dem er förmlich herauszuwachsen scheint und mit seinen weiß getünchten Gebäuden den dunklen Felssockel krönt wie die Gletscher den heiligen Berg Kailash.

Ein Eintritt in eine andere Welt ist für mich auch heute noch der Aufstieg über einen breiten Stufengang, der im Zickzack hinaufführt. Auch wenn ich aus einer Welt komme, in der große Gebäude keine Seltenheit sind, ist der Anblick dieser dicken, sich senkrecht in den Himmel reckenden Mauern überwältigend. Als Komplex ineinander verschachtelter weißer Gebäude mit einem rostroten Zentrum zeigt sich der Potala aus der Distanz. Nach seinem Betreten befinde ich mich in einem Labyrinth von Hallen, Gängen und Räumen. Überirdisch schön erschien mir das Bauwerk von außen, im Inneren jedoch empfinde ich die Atmosphäre als düster und dunkel, trotz der unermesslichen Schätze, die sich darin befinden. Eine Festung, die zwar vor äußerer Bedrohung schützt, aber leicht zum Gefängnis werden kann. Und ich verstehe den 14. Dalai-Lama gut, wenn er sehnsüchtig die warme Jahreszeit erwartete, in der er in den freundlichen, von Gärten umgebenen Norbu-lingka, den Sommerpalast, übersiedelte. Obwohl seine privaten Räume im obersten, von goldenen Dächern gekrönten Trakt die weitaus gemütlichste Atmosphäre ausstrahlen. Alles ist hier für seine Rückkehr vorbereitet; die stehen gebliebene Uhr erinnert an das Jahr 1959, den Zeitpunkt seiner Flucht. In den Herzen der Tibeter ist er gegenwärtig, die Dalai-Lama-Idee unauslöschlich. An der Wirklichkeit und Kontinuität dieser Dalai-Lama-Idee ziehen heute die Pilger wie die Touristen mit staunenden Gesichtern vorbei. Im zentralen Trakt des Potala, dem so genannten Roten Palast, befinden sich die Hallen mit den konservierten Körpern der Gottkönige, vom fünften bis zum 13. Dalai-Lama, mit Ausnahme des Sechsten. Die mittels komplizierter Verfahren konservierten

Das Kloster des »Weißen Pferdes« östlich der Stadt Xining ist kühn in eine senkrechte Felswand gesetzt. Nur mehr ein einziger Mönch belebt heute das Heiligtum.

In Samye, dem ersten buddhistischen Kloster Tibets, werden alljährlich zum Gedenken an die Gründung des Heiligtums durch die indischen Gurus Padmasambhava und Shantarakshita, Mysterienspiele abgehalten. Mönche schlüpfen dabei in Masken historischer Gestalten und Gottheiten des buddhistischen Pantheon.

Die *citipatti,* die tanzenden Skelette, eröffnen die Mysterienspiele in Samye. Sie gemahnen die Zuschauer an die Vergänglichkeit, insbesondere an den irdischen Tod, der am Ende jeder Lebensspanne steht.

Linke Seite
Oben: In der Sutrahalle des altehrwürdigen Klosters Sakya haben sich Mönche zur morgendlichen *puja* versammelt. Sie sitzen, in weite Mäntel gehüllt, auf Teppichen und rezitieren aus Büchern.

Unten: Im Innenhof des Sakya-Klosters von Jyekundo sitzen die Mönche dicht gedrängt, um den Belehrungen eines hohen Lama beizuwohnen, der aus dem indischen Exil zurückgekehrt ist.

Hoch über dem Kloster Samye, am Gipfel des Hepori, versammeln sich die Gläubigen, um Gerstenmehl zu opfern und Wacholderreisig zu entzünden. Sie gedenken dabei der Einführung des Buddhismus in Tibet durch den König Trisongdetsen, dessen Burg hier einstmals stand.

Vom Dach des Klosters Dira-puk, auf dem vom Wind zerschlissene Gebetsfahnen vor dem blauen Himmel flattern, eröffnet sich ein Blick auf die Nordwand des Kailash.

Diese Pilger schlagen den verdienstvollsten Pfad um den Kailash ein. Sie umrunden den Berg auf seiner ganzen langen Strecke durch fortwährende Niederwerfungen.

Inmitten der »Großen Graswüste« wie die Tibetforscherin Alexandra David-Neél diesen Teil von Amdo (Nordosttibet) nannte, befindet sich dieses kleine Heiligtum. Es besteht aus einem weiß getünchten Chörten, zwei langen Reihen von Gebetsmühlen und einem ganzen Wald aus Gebetsfahnen.

Mit Hilfe hölzerner Druckstöcke und schwarzer Farbe stellt diese tibetische Bäuerin aus Kham (Osttibet) religiöse Schriften für den Schrein des Hauses her.

Tibetischer Pilger am Manasarovar-See. Auf seiner Brust trägt er noch Relikte aus der Zeit der berüchtigten Kulturrevolution, in der der Bilderkult um den Vorsitzenden Mao Tse Tung seinen Höhepunkt erreichte.

Wanderprediger im Bazar von Kashgar. Jahrzehntelang hieß es hier, Mao contra Mohammed. Heute fordern die hier ansässigen Turkvölker immer lauter ihre politische und kulturelle Selbstbestimmung, letztendlich die Unabhängigkeit von China.

sterblichen Überreste ruhen in riesigen Chörten, mit Goldplatten und kostbaren Juwelen geschmückten Schreinen. Allein der 20 m hohe Grabchörten des fünften Dalai-Lama, der durch drei Stockwerke ragt, ist mit 3700 kg Gold bedeckt.

Es mag für uns eine befremdende Vorstellung sein, gewissermaßen mit den »Hüllen eigener früherer Existenzen« unter einem Dach zu leben und sich dieser stets bewusst zu sein. Aber hier handelt es sich um das Geistkontinuum eines längst zur Buddhaschaft erwachten Wesens, das als so genannter Bodhisattva so lange auf die Erde zurückkehrt, bis alle Menschen erlöst sind und der Kreislauf der leidvollen Wiedergeburten aufhört. In jedem Dalai-Lama manifestiert sich der Bodhisattva Avalokitesvara auf Erden, den die Tibeter Chenresi nennen und dessen grenzenlose Liebe ihm die Macht gibt, allen Wesen zu helfen, die sich an ihn wenden. Neben dem Dalai-Lama, der als bedeutendste Wiedergeburt gilt, werden in Tibet noch viele Reinkarnationen vollendeter Wesen wieder erkannt und kontinuierlich gesucht. Die Wiedergeburt selbst ist für jeden Tibeter und für die Mehrheit der Menschheit ein Faktum des Daseins. Die Gewissheit, dass Geburt und Tod lediglich Stationen sind, ist eine faszinierende Erkenntnis, die mir selbst im Zuge meiner langen Asienaufenthalte immer vertrauter geworden ist, trotz so genannter rationaler Einwände wie die beständige Zunahme der Weltbevölkerung und dergleichen. Wenn ich nun versuche, etwas von diesem komplizierten Gebäude geistiger Vorstellungen und Erkenntnisse darzulegen, die mit der Wiedergeburt unmittelbar zusammenhängen, so geschieht dies sehr subjektiv, gemäß meiner eigenen Erkenntnis und Erfahrung, eben so, wie ich es gegenwärtig begreife.

Der Kreislauf der Existenzen, also die Abfolge fortwährender Wiedergeburten, nennt man Samsara. Das Gefangensein im Samsara ist in der Nicht-Erkenntnis der dafür verantwortlichen Ursachen bedingt, nämlich in Neid und Hass, in der Unwissenheit und Ich-Sucht. Diese Kette ist ohne erkennbaren Anfang. Auf Spekulationen über den Beginn und das Warum des Samsara ging der Buddha nie ein, da er diese für die Erlangung der Erlösung nicht als primär hilfreich ansah. Der Dalai-Lama sagt darüber im Buch »Logik der Liebe« Folgendes: »Da die Kette der Wiedergeburten also notwendigerweise unendlich ist, hat jedes Wesen irgendwann einmal in derselben Beziehung zu uns gestanden wie unsere jetzige leibliche Mutter. Um sich in der Wiedererinnerung daran üben zu können, muss das Bewusstsein zuerst völlig zur Ruhe gelangen. Man beginnt damit, dass man sich darüber klar wird, dass wir die anderen in drei Kategorien einordnen – Freunde, Feinde und neutrale Wesen. Ihnen gegenüber haben wir drei verschiedene Einstellungen: Begierde, Hass und Gleichgültigkeit. Werden diese drei Einstellungen genährt, ist es unmöglich, eine uneigennützige Haltung zu praktizieren. Darum müssen Begierde, Hass und Gleichgültigkeit neutralisiert werden.« Die Überwindung der Ich-Bezogenheit, des Getrennt-Seins von anderen wird in allen Hochreligionen als notwendige Voraussetzung zu einer höheren Qualität von Mensch-Sein betrachtet. Im Christentum heißt es: »Liebe den Nächsten wie dich selbst.« Im anderen, im Nächsten erfährst du dich selbst. »Dir kann nichts widerfahren, was du nicht selbst bist«, lautet ein indisches Sprichwort.

Die Art der Wiedergeburten innerhalb des Samsara wird vom Karma des Wesens bestimmt. Das Gesetz des Karma, das letztendlich ebenfalls menschliche Projektion ist, wirkt bei allen Menschen so lange, als sie nicht zur Buddha-Natur erwacht sind und dadurch dieses Gesetz ebenso wie das von Zeit und Raum auflösen. Das Gesetz des Karma besagt keinesfalls aber, dass der Mensch eine Art Schicksal ausgeliefert ist, das er ohnehin nicht verändern kann, sondern sein Karma schafft er selbst. Es ist nichts anderes als die »Summe aller Konsequenzen des Tuns eines Individuums in diesem oder einem vorangegangenen Leben«, moralisch gesehen, die Kette von Ursache und Wirkung. Mit anderen Worten: Taten und Handlungen früherer Leben gehen nicht verloren. Dies könnte eine Erklärung für so genannte Wunderkinder sein; das sind Menschen, die an erworbene Fähigkeiten früherer Leben anknüpfen. Auch durch gegenwärtige Handlungen wird ständig neues Karma erzeugt – vergleichbar mit einer Schallplatte, in die man Rillen presst – prägt man sein individuelles Lebensprogramm. In allen buddhistischen Schulen wird von Anfang an die Kontrolle der Gedanken gelehrt; denn Gedanken manifestieren sich in Taten! Es ist einleuchtend, dass man gut daran tut, seinen physischen Körper – um ihn gesund zu erhalten – mit hochwertiger Nahrung zu versorgen und nicht mit allerlei Giftstoffen; genauso wichtig ist es aber, seinen Mentalkörper nicht mit vergifteten Gedanken zu verunreinigen. Denn je nach Art der Gedanken und Handlungen werden diese im Leben in Form von Freude oder Leid geerntet. Die Erkenntnis des Karma-Gesetzes geht also über den Wirkungsradius der Psychologie hinaus, die sich nur mit dem gegenwärtigen Leben beschäftigt. Am Ende dieser Gedankenkette, die um das Thema Wiedergeburt kreist, will ich noch einmal auf die Rolle des Ego zurückkommen, dessen Überwindung mir am schwierigsten erscheint. Um auf diesem Weg voranzukommen, ist die innerste Motivation der Gedanken und Handlungen von großer Bedeutung. Dazu fällt mir gerade folgendes Beispiel ein: Tibetische Pilger sieht man manchmal in Begleitung von Tieren, die sie auf ihren verdienstvollen Rundgängen um die Heiligtümer mitnehmen. Dies kann aus Liebe und Mitgefühl zu diesen Wesen geschehen, die als Tiere wiedergeboren wurden. Es kann aber auch dazu dienen, um die eigenen guten Taten zu vermehren, es gewissermaßen seiner »Buchhaltung der Seele« dazuzuschlagen.

Auf zwischenmenschliche Beziehungen angewendet, heißt es, sein Getrennt-Sein, das das Ego suggeriert, durch ein »In-Liebe-Vergeben« zu überwinden. Der tibetische Buddhist legt deshalb das Bodhisattva-Gelübde ab: Zur Erleuchtung zu gelangen, damit er alle lebenden Wesen aus dem Kreislauf der Wiedergeburten befreien kann. Aber erst im Zustand der Buddhaschaft kann man unbegrenzte und unbedingte heilende Hinwendung und Liebe üben. Das Loslassen der eigenen Ich-Kräfte ist Voraussetzung für das Erwachen der Buddha-Natur. Aber die eigene Projektion von der Existenz des Ich und das Festhalten daran sind schwer aufzugeben. Deshalb können vermeintlich beste Absichten zur Egofalle werden, und keine äußere Lebensform ist Gewähr zur Erleuchtung.

Ich will hier drei Beispiele an den Schluss stellen, die ich ohne Kommentar dem Leser zum Nachdenken überlasse:

»In einem tiefen, wilden Walde hauste ein Einsiedler in einer vermauerten Felsgrotte. Ein Jäger, der in dem Wald tagtäglich jagte, brachte von jedem erlegten Tiere einen Schlegel dem frommen Manne und schob diesen durch die kleine Fensterluke in dem heiligen Gelass. Wenn dann der Knochen abgenagt war, warf ihn der Lama wieder aus seinem kleinen Fenster ins Freie. Nach Jahren fiel des Jägers Auge auf den großen Haufen abgenagter Knochen, die vor der Wohnung des Lama aufgehäuft lagen; Entsetzen fasste ihn, und er rief aus: ›Ich bin ein zu großer Sünder, ich habe zu viele Tiere umgebracht. Ich bin unwürdig, zu leben, und muss mir selbst das Leben nehmen.‹ Ganz nahe bei der Grotte des Lama war ein steiler Felsgrat. Von dem stürzte er sich hinab in den Grund. Doch im Sturz entschwand er den Blicken des Lama; er war in den Himmel entrückt worden. Da dachte bei sich der Einsiedler: ›Wenn der Jäger, der große Sünder, der so vielen Tieren das Leben genommen hat, in den Himmel entrückt wird, muss ich, der ich mein ganzes Leben einsam, betend in der Waldhöhle verbracht habe, vollends wert sein, in den Himmel zu kommen.‹ Er entstieg seiner Höhle durchs Fenster und stürzte sich dem Jäger nach vom Grate hinab – aber zerschmettert lag er unten in der Tiefe!«

Die zweite Geschichte habe ich selbst vor langer Zeit einmal gehört. Ich kann sie nur sehr frei wiedergeben, und die Quelle ist mir unbekannt: Als einst Buddha durchs Land zog, um zu predigen, kam er zu einem Kloster, das an einem Fluss lag. Freudestrahlend liefen ihm die Mönche entgegen, um ihm zu berichten, dass sie nach jahrelangen Übungen nun im Stande seien, über das Wasser zu laufen. Aber Buddha sprach: »Dafür habt ihr viele Jahre eures Lebens verbraucht – wo doch hier ein Boot ist!«

Zuletzt will ich noch an eine Stelle aus Hermann Hesses »Siddharta« erinnern. Am Ende seines Lebens trifft Siddharta seinen Jugendfreund Govinda wieder, der Mönch wurde, während er selbst einen eigenen Weg ging. Govinda lässt sich von Siddharta, der nun Fährmann ist, über den Fluss bringen, ohne seinen Jugendfreund zunächst zu erkennen. Govinda spricht ihn an: »Viel Gutes erweisest du uns Mönchen und Pilgern, viele von uns hast du schon übergesetzt. Bist nicht auch du, Fährmann, ein Sucher nach dem rechten Pfade?«

Sprach Siddharta, aus den alten Augen lächelnd: »Nennst du dich einen Sucher, o Ehrwürdiger, und bist doch schon hoch in den Jahren und trägst das Gewand der Mönche Gotamas?«

»Wohl bin ich alt«, sprach Govinda, »zu suchen aber habe ich nicht aufgehört. Nie werde ich aufhören zu suchen, dies scheint meine Bestimmung. Auch du, so scheint es mir, hast gesucht. Willst du mir ein Wort sagen, Verehrter?«

Sprach Siddharta: »Was sollte ich dir, Ehrwürdiger, wohl zu sagen haben? Vielleicht das, dass du allzu viel suchst? Dass du vor Suchen nicht zum Finden kommst?«

»Wie denn?«, fragte Govinda.

»Wenn jemand sucht«, sagte Siddharta, »dann geschieht es leicht, dass sein Auge nur noch das Ding sieht, das er sucht, dass er nichts zu finden, nichts in sich einzulassen vermag, weil er nur immer an das Gesuchte denkt, weil er ein Ziel hat, weil er vom Ziel besessen ist. Suchen heißt: ein Ziel haben. Finden aber heißt: frei sein, offen stehen, kein Ziel haben.«

Was aber sind nun genau die Kriterien, an denen eine hohe

Inkarnation wie der Dalai-Lama erkannt wird, und welche Prüfungen geben letztendlich Gewissheit und schließen einen folgenschweren Irrtum aus?

Nach dem Tod des 13. Dalai-Lama im Jahre 1933 übernimmt der von der Nationalversammlung gewählte Regent die Herrschaft und behält diese so lange, bis die neue Reinkarnation aufgefunden und herangewachsen ist. Hohe Lamas halten nach Zeichen Ausschau, die auf eine bedeutende Reinkarnation hindeuten, und konzentrieren sich darauf, zu erkennen, in welchem Teil des Landes sich diese ereignet hat. Es werden seltsame Wolkenbildungen im Nordosten Lhasas beobachtet. Außerdem gibt der verstorbene Dalai-Lama ein deutliches Zeichen für die Richtung seiner Wiedergeburt. Nach seinem Tod wird der Körper für einige Zeit auf einen Thron im Norbulingka gesetzt, mit dem Gesicht nach Süden. Einige Tage später jedoch hat sich sein Antlitz nach Osten gewendet. Am Schrein selbst, in dem der Körper des Dalai-Lama ruhte, zeigt sich plötzlich ein sternförmiger Schwamm – wiederum auf der Nordostseite. All diese Zeichen weisen in die Richtung, in der man nach dem neuen Dalai-Lama zu suchen hat. Neben der Konsultation des Staatsorakels von Nechung, auf dessen Bedeutung ich noch später eingehen werde, ist es üblich, dass der Regent an den heiligen See von Lhamoi-Latso pilgert. Nach tibetischen Vorstellungen vermag man im Wasser dieses Sees die Zukunft zu erblicken. Manchmal sollen die Visionen als Schriftzeichen auf dem Wasser erscheinen, manchmal spiegeln sich Bilder von Orten und zukünftigen Geschehnissen darin. Nach einigen Tagen, die dem Gebet und der vorbereitenden Meditation dienen, erscheinen dem Regenten drei tibetische Schriftzeichen – ah, ka und ma –, gefolgt vom Bild eines Klosters mit jadegrünen und goldenen Dächern und einem einfachen Haus mit türkisfarbenen Ziegeln. Diese Geschichte wird aufgezeichnet und zunächst streng geheim gehalten. Später werden jene Lamas und Würdenträger eingeweiht, denen es obliegt, in allen Teilen des Landes nach dem

Ort zu suchen, der dem Regenten im Wasser des heiligen Sees erschienen war.

Drei Jahre nach dem Tod des 13. Dalai-Lama kommt eine Gruppe auf ihrer Suche in die Nähe der heutigen Stadt Xining, an die nördliche Grenze des tibetischen Lebensraumes. An diese Begebenheit erinnert sich der Dalai-Lama folgendermaßen:

»Die weisen Männer, die ostwärts gewandert waren, kamen im Winter nach Dokham. Bald entdeckten sie die grünen und goldenen Dächer des Klosters von Kumbum. Im Dorf Taktser stießen sie auf ein Haus mit türkisfarbenen Ziegeln. Ihr Anführer erkundigte sich, ob die Familie, die dieses Haus bewohnte, etwa Kinder habe, und man sagte ihm, dass zu ihr ein Knabe gehörte, der nahezu zwei Jahre alt sei. Als sie diese bedeutsame Kunde vernommen hatten, gingen zwei Mitglieder der Gruppe und ein Diener, geführt von zwei ortsansässigen klösterlichen Beamten, in Verkleidung zu dem Haus. Ein jüngerer Klosterbeamter der Suchgruppe, der Losang Tsewang hieß, gab vor, der Leiter zu sein, während der wirkliche Anführer, Lama Kewtsang Rinpoche aus dem Kloster Sera, ärmliche Kleider angelegt hatte und den Diener spielte. Am Tor des Hauses trafen die Fremdlinge mit meinen Eltern zusammen, die Losang ins Haus baten, da sie ihn für den Ranghöchsten hielten, während der Lama und die übrigen in den Räumen des Gesindes Unterkunft erhielten.

Hier fanden sie das jüngste Kind der Familie. Sobald der Kleine den Lama erblickte, ging er auf ihn zu und wollte unbedingt auf dessen Schoß. Der Lama hatte sich durch einen Mantel, der mit Lammfell gefüttert war, unkenntlich gemacht, aber um den Hals trug er einen Rosenkranz, der dem 13. Dalai-Lama gehört hatte. Der Bub entdeckte diesen Rosenkranz und bettelte darum. Der Lama versprach, ihm den Rosenkranz zu geben, wenn er herausbrächte, wer er sei. Darauf erwiderte das Kind, er sei ›Sera aga‹, was im Dialekt der Gegend so viel wie ›Lama von Sera‹ bedeutet. Nun fragte der Lama, wie denn wohl der Anführer heiße, und der

Knabe nannte Losang. Außerdem wusste er, dass der richtige Diener Amdo Kasang war. Der Lama beobachtete das Kind den ganzen Tag hindurch mit wachsendem Interesse, bis es Zeit war, es zu Bett zu bringen. Die ganze Gruppe blieb über Nacht im Haus. Früh am nächsten Morgen, als sie sich zum Aufbruch vorbereitete, kletterte der Knabe aus seinem Bett und wollte sich nicht davon abbringen lassen, mit den Fremden zu gehen. Dieses Kind war ich.«

Auf Grund dieser ersten Eindrücke ist der Lama zur Überzeugung gelangt, dass nun möglicherweise die gesuchte Inkarnation gefunden war. Nach einiger Zeit erscheint die Gruppe wieder, um das Kind weiteren Prüfungen zu unterziehen. Wer könnte diese entscheidende Phase der Wiederauffindung besser schildern, als der Dalai-Lama selbst, mit seinen eigenen Worten: »So hatten die Würdenträger zwei völlig gleiche schwarze Rosenkränze bei sich, von denen der eine aus dem persönlichen Besitz des 13. Dalai-Lama stammte. Als sie mir beide darboten, ergriff ich denjenigen, der ihm gehört hatte und legte ihn mir – wie man mir später erzählte – um den Hals. Derselbe Versuch wurde mit zwei gelben Rosenkränzen unternommen. Darauf hielten sie mir zwei Trommeln hin, eine kleine, die der Dalai-Lama dazu verwendet hatte, sein Gefolge zusammenzurufen, und eine größere, viel reicher geschmückte Trommel mit goldenen Beschlägen. Ich wählte die kleine und begann sie so zu bearbeiten, wie man es während des Betens tut. Zuletzt wiesen sie mir zwei Wanderstäbe. Ich fasste den falschen an, hielt dann inne und betrachtete ihn eine Weile; schließlich nahm ich den anderen, der dem Dalai-Lama gehört hatte, und behielt ihn in der Hand. Über mein Zögern verwundert, fand man später heraus, dass auch der erste Wanderstab eine Zeit lang vom Dalai-Lama benutzt worden war. Er hatte ihn später einem Lama verehrt, der ihn wiederum an Kewtsang Rinpoche weiterverschenkt hatte.

Alle diese Versuche bestärkten die Abgesandten in der Überzeugung, dass die Reinkarnation gefunden war; auch die Vision der drei Schriftzeichen, die der Regent im See erblickt hatte, sprach für ihre Ansicht.

Denn sie meinten, dass das erste Schriftzeichen – ah – Amdo bedeute. Und Amdo ist der Name unseres Bezirks. Ka mochte auf Kumbum hinweisen, eines der größten Mönchsklöster der Gegend, das überdies dem Regenten in seiner Vision erschienen war. Auch konnte mit den zwei Schriftzeichen ka und ma das Mönchskloster Karma Rolpai Dorje am Berg oberhalb unseres Dorfes gemeint sein. Nun bekam der Umstand Bedeutung, dass der 13. Dalai-Lama einige Jahre zuvor auf seinem Rückweg von China im Kloster Karma Rolpai Dorje geweilt hatte. Er war vom verkörperten Lama des Klosters willkommen geheißen worden und hatte die Huldigungen der Dorfbewohner entgegengenommen, unter denen sich auch mein Vater – damals neun Jahre alt – befand. Man erinnerte sich jetzt daran, dass ein Paar Stiefel des Dalai-Lama – sie heißen bei uns jachhen – im Kloster zurückgeblieben waren. Auch hatte der Dalai-Lama eine Zeit lang mein Geburtshaus betrachtet und dabei geäußert, dies sei ein wunderschöner Ort. Durch das Zusammentreffen all dieser Umstände kam die Suchkommission vollends zu der Überzeugung, dass die Reinkarnation gefunden war, und kabelte alle Einzelheiten nach Lhasa. Die einzige Telegrafenlinie Tibets verlief von Lhasa nach Indien; deshalb musste die verschlüsselte Nachricht von Sining (heute Xining) durch China und Indien nach Lhasa geschickt werden. Auf demselben Weg kam die Anweisung zurück, mich unverzüglich in die heilige Stadt zu bringen.«

Bis es allerdings so weit war, dass der 14. Dalai-Lama nach Lhasa »heimkehren« konnte, verging noch viel Zeit, denn der chinesische Statthalter in Xining presste ein hohes Lösegeld heraus, ehe er die hohe Inkarnation freigab. Umso größer war die Freude in Tibet über die erfolgreiche Wiederauffindung, eine Freude, die der Karawane mit dem »wunscherfüllenden Edelstein« allerorts auf dem langen Weg nach Lhasa entgegenschlug.

Über all diese Geschehnisse und auch über die folgenschwere Zeit der chinesischen Aggression berichtet Seine Heiligkeit selbst im Buch »Mein Leben und mein Volk«, aus dem ich die vorhergehenden Passagen entnommen habe.

Von großer Bedeutung bei der Wiederauffindung der Inkarnation des Dalai-Lama, aber auch bei wichtigen Entscheidungen des Gottkönigs und der tibetischen Regierung waren die Auskünfte des Staatsorakels von Nechung. Alljährlich zum Neujahrsfest wurde das große Staatsorakel gegeben. Der Zeitpunkt war gut gewählt, denn anlässlich des Jahreswechsels und dem damit verbundenen Gebetsfest Monlam waren bis zu 20 000 Mönche versammelt, und an einem dieser Tage gedachte man Pehar-Gyalpo, der Schutzgottheit der Zentralregierung, die gleichzeitig ins Nechung-Orakel eingegangen ist und aus dem Medium spricht. Pehar dürfte zu jenen lokalen vorbuddhistischen Gottheiten gehören, die einst der Tantriker Padmasambhava mittels seiner magischen Kräfte unterwarf und der buddhistischen Lehre dienstbar machte. Pehar taucht ursprünglich als Schutzgott von Samye, dem ersten buddhistischen Kloster, auf und wird vom fünften Dalai-Lama zur Schutzgottheit der Zentralregierung erklärt und dessen Medium zum Staatsorakel von Nechung.

Der Ort liegt ganz in der Nähe der Klosteruniversität Drepung, und das recht unscheinbare Bauwerk, dem ich mich mit dem Fahrrad nähere, lässt nichts von der einstigen Bedeutung ahnen. Es ist ein flaches, weißes, im Obergeschoss rot getünchtes Gebäude, das ich zusammen mit einer Gruppe tibetischer Pilger besuche. Hier ist wirklich der Vergangenheitshinweis angebracht, denn das Gemäuer ist nur mehr Erinnerungsstätte an bedeutsame Orakelsprüche jener zwölf Medien, die seit der Gründung hier ihre Aufgaben erfüllten und deren Körper Pehar Gyalpo als Sprachrohr dienten. Das zwölfte und letzte Medium, das noch an diesem Ort wirkte, war Lobsang Jigme, der 1945 zum Staatsorakel erklärt wurde und im Zuge der chinesischen Annexion nach Indien floh, wo er sein Amt in Dharamsala, dem Exilort der tibetischen Regierung, bis zu seinem Tod im Jahre 1985 innehatte.

Dem Orakel von Nechung, wie auch allen anderen mehr oder weniger bedeutsamen, die daneben existieren, liegen uralte Praktiken der Menschheit zu Grunde, die der Wahrnehmung anderer Wirklichkeiten dienen. In allen schamanischen Kulturen unserer Erde werden intensivierte Bewusstseinszustände genutzt, in denen einzelne Menschen sich vom Tagesbewusstsein lösen, wie das ja bei Trancen der Fall ist. Gerade der tantrische Buddhist hat infolge seiner ausgeprägten meditativen Praktiken eine einzigartige Kenntnis um die Bewusstseinskräfte gewonnen. Er hat gelernt, veränderte Bewusstseinszustände durch bestimmte Meditationstechniken schrittweise zu erreichen, aber er ist auch dem »gnadenhaften Herabkommen« höherer Bewusstseinszustände aufgeschlossen, die ihn als Trancemedium benutzen. Dient er doch als Orakel ebenso dem Wohle der Mitmenschen. Allerdings ist eine ganz bestimmte Lebensführung notwendig, um die physische Anstrengung auf Dauer auszuhalten, die der Eintritt eines feinstofflichen Wesens in den Körper des Mediums verursacht. Die Qualität des Orakels hängt natürlich vom geistigen Potenzial der »Gottheit« und auch von der Klarheit des Mediums ab. Das Orakel von Nechung wurde – wegen seiner großen Bedeutung – besonderen Prüfungen unterzogen und zu einer bestimmten Lebensform verpflichtet. Lobsang Jigme, das letzte Orakel von Nechung, der als Novize in einem Kloster lebte, wurde im Alter von zehn Jahren von Halluzinationen geplagt, die beständig zunahmen, sodass er seine klösterlichen Pflichten kaum mehr erfüllen konnte. Daraufhin wurde er in die Klosterstadt Ganden gebracht, wo sich unter Aufsicht erfahrener Lamas die plötzlichem Anfälle zu echten Trancen läuterten, die sich mehrmals am Tag wiederholten. Die Übungen waren so ausgerichtet, dass das Medium zunehmend Kontrolle über Eintritt oder Nichteintritt der Trance gewann. Das war deshalb notwendig, weil zuerst weniger bedeutende Wesen vom Medium Besitz ergriffen, um die psychischen Energiekanäle zu reinigen, was die Voraussetzung für den Eintritt universaler geistiger Kräfte ist. Erst in diesem Stadium kündigte sich Pehar-Gyalpo als Dorje-Drakden selbst an. Im Zustand der Trance, also vom Moment des Eintritts der Gottheit bis zum Ende des Orakels, verliert das Medium jedes Eigenbewusstsein. Es wird nach dem tibetischen Buddhismus vollkommen von der hohen geistigen Energie der Gottheit bestimmt. Das ist der große Unterschied zu tiefen Bewusstseinserfahrungen, die man in der Meditation erschließt. Die Gottheit wird durch Gebete und Visualisierung eingeladen, vom Medium Besitz zu ergreifen. Der Zeitpunkt des Eintritts ist am Körper des Mediums zu beobachten. Manchmal beginnen die Füße zu zittern, oder der Kopf schwingt hin und her. Daraus könnte man schließen, dass die Gottheit durch die Füße bzw. durch den Kopf eingeht. In Wirklichkeit aber tritt das feinstoffliche Wesen durch eine der subtilen Nervenbahnen – Meridiane genannt – in den Körper des Mediums ein, und zwar bevorzugt durch die Schädelkrone oder den Ringfinger. Ohne diese Nervenbahnen, die als Mittler dienen, könnten die hohen Energien nicht transformiert werden.

Lobsang Jigme wurde mehreren Tests unterzogen, mittels derer sich die hohen Lamas von der Klarheit und Wahrhaftigkeit des Orakels überzeugten. Dabei handelt es sich um äußere, innere und verborgene Prüfungen. Im ersten Test muss das Medium in Trance den Inhalt bestimmter verschlossener Behälter klar bezeichnen können. Dies ist prinzipiell auch durch Hellsehen möglich, deshalb folgt darauf die innere Prüfung. Dabei wird die dem Medium innewohnende geistige Kraft aufgefordert, wortwörtlich Orakelsprüche zu wiederholen, die sie in der Vergangenheit gegeben hat. Solche Prophezeiungen, von denen es hunderte gibt, wurden als Staatsgeheimnisse aufbewahrt. Sie sind in Versform, und es ist ausgeschlossen, dass ein Medium diese kennt. Aber um letzte Gewissheit zu haben, wird der dritte, der verborgene Test durchgeführt. Man prüft den Atem des Mediums zunächst vor der Trance. In diesem Zustand muss er klar und ohne jeden Geruch sein. Während der Trance jedoch muss sich der Atem verändern, einen scharfen, alkoholartigen Geruch annehmen. Dies ist der Geruch des himmlischen Nektars, den einst Padmasambhava dem Geist gereicht haben soll, bevor er ihn zum Buddhismus bekehrte. Als Zeichen seiner Treue zum neuen Glauben haftet dem Atem des Geistes bis heute noch der Nektargeruch an. Außerdem soll Padmasambhava dem in den Buddhismus integrierten Wesen ein Diamantenzepter auf das Haupt gedrückt haben. Dieser stigmatische Abdruck muss beim Medium, das tatsächlich von Pehar besessen ist, in jeder Trance erscheinen. Erst wenn alle diese Prüfungen durchgeführt waren, wurde das Medium als Orakel von Nechung eingesetzt, und aus seinem Munde kamen Prophezeiungen von weitreichender Bedeutung.

Ein solcher Orakelspruch sagt kein unentrinnbares Schicksal voraus oder entbindet den Menschen nicht von seiner Eigenverantwortung; heißt es beispielsweise, dass eine Bedrohung von außen eintritt, dann ist diese zwar unausweichlich, aber es ist eigene Entscheidung, ob und wie man dieser begegnet.

Das Orakel von Nechung äußerte sich warnend unmittelbar vor dem chinesischen Einmarsch – vergeblich, es fand kein Gehör. Aber es hatte diese Ereignisse schon viel früher vorausgesehen. Bereits zur jährlichen Neujahrsbefragung um die Jahreswende 1903/1904 hatte das Orakel jene Geschehnisse angekündigt, die sich im gewaltsamen Eingreifen der Briten manifestierten; darüber hinaus prophezeite die dem Medium innewohnende Kraft, dass das kommende Jahr eine für Tibet verhängnisvolle Entwicklung einleiten werde.

Wie weitsichtig diese Prophezeiung war, lässt sich heute – rückblickend betrachtet – erst richtig ermessen. Nach der britischen Militärexpedition schlossen die Engländer – die in Tibet nur wirtschaftliche Interessen verfolgten – mit den Chinesen einen

Vertrag, in dem sie die Oberhoheit Chinas über Tibet akzeptierten. Hier liegt schon der Anfang jener Kette dramatischer Ereignisse, die den Tibetern ihre Freiheit nahm und ihre Kulturstätten vernichtete, vor deren Trümmern ich immer wieder fassungslos stehe.

Zu Fuß von Ganden nach Samye

Es treibt den feiner Besaiteten aus dem persönlichen Dasein heraus in die Hochgebirgslandschaft, wo der weite Blick durch die stille, reine Luft gleitet und sich ruhigen Linien anschmiegt, die für die Ewigkeit geschaffen scheinen.

Albert Einstein

Es ist 6 Uhr früh in Lhasa. Schlaftrunken überquere ich den Vorplatz am Jokhang und gehe ein kurzes Stück in der »falschen Richtung«, um rasch an die Südseite zu gelangen. Hier wiederholt sich jeden Tag derselbe Vorgang: Eine Schar von Mönchen, Pilgern und Touristen wartet auf den Bus nach Ganden. Obwohl ihre Zahl mindestens zwei Fahrzeuge füllen würde, kommt jeden Tag nur ein Bus. Wer wird diesmal zurückbleiben müssen? Ich hoffentlich nicht, obwohl ich mit meinem großen Rucksack eine denkbar ungünstige Ausgangsposition habe! Alles wartet gespannt auf das Eintreffen des Busses. Erst nach 7 Uhr nähert sich langsam das klapprige Gefährt. Einige laufen dem Bus entgegen. Sie springen entweder auf das Trittbrett des Einstiegs oder laufen nebenher, um einen der begehrten Sitzplätze zu ergattern. Dem Fahrer scheint es ein Vergnügen zu bereiten, die hysterische Menge zu irritieren. Er hält in einiger Entfernung an, und als alle entgegenlaufen, fährt er wieder los. Am liebsten würde ich durch das offene Fenster hineinklettern, aber mein umfangreiches Gepäck hindert mich daran. Das Gedränge ist atemberaubend und beängstigend, wer nicht kräftig zulangt, hat keine Chance mitzukommen. Ich bin drinnen. Eingeklemmt zwischen Menschenleibern versuche ich, einen einigermaßen sicheren Standplatz zu erobern und mein Gepäck zu deponieren, bevor sich das Fahrzeug in Bewegung setzt. Die Fahrt führt entlang des Kyichu, des »Flusses der Glückseligkeit«, nach Osten. Allmählich wird es hell. Nach ca. eineinhalb Stunden Fahrt biegen wir rechts ab und folgen einer Schotterpiste, die sich in Schwindel erregenden Serpentinen eine steile Bergflanke hochzieht. Das Kloster Ganden ist von der Talniederung aus nicht zu erkennen, es liegt hoch oben, getarnt in einer Bergflanke. Hier ließ Tsongkhapa das Mutterkloster der Gelugpa errichten, damit keine Fremden den heiligen Ort finden und zerstören könnten. Denn Tsongkhapa hat bereits erahnt, dass einst Barbaren Ganden heimsuchen könnten. Aber seine Vorsichtsmaßnahmen reichten nicht aus. Die Roten Garden haben den Ort gefunden und ihn in einer Orgie von Gewalt vollständig zerstört. Das »Freuderfüllte« gibt es nicht mehr. Die riesige Klosterstadt, in der einst mehr als 6000 Mönche aus allen Teilen des Landes lebten, sieht aus wie nach einem Bombenangriff. Hier erlebte das alte Tibet noch einen letzten Höhepunkt, entfaltete sich zum letzten Mal der ganze Prunk der lamaistischen Kultur, als Tenzin Gyatso, der 14. Dalai-Lama, die Prüfung zum Doktor der Metaphysik ablegte, im Februar 1959, am Vorabend der chinesischen Annexion. In Ganden ist das Ausmaß der Zerstörung am deutlichsten zu sehen, es übersteigt das Fassungsvermögen, es gibt kein Gebäude, das ganz geblieben wäre. Und ich kann Peter-Hannes Lehmann nur beipflichten, wenn er meint: »Es ist ein Unterschied, ob man nur davon hört oder alles selbst sieht... Die Phantasie reicht nicht aus, zu begreifen, wessen Menschen fähig sind...«

Und doch, auch in Ganden wird wieder gebaut. Einzelne Gebäude sind bereits aus den Trümmern erstanden, als weiße und rote Farbflecken leuchten sie aus den Ruinen heraus. Die Kapelle mit dem Grabchörten Tsongkhapas, in dem sich die berühmte Zahnreliquie des Gelbmützengründers befindet, ist wiederherge-

Auf dem Weg nach Samye bietet sich ein letzter Blick auf das völlig zerstörte Kloster Ganden.

stellt. In mehreren Gebäuden sehe ich Zimmerleute an der Arbeit. Ein weißer, im Freien stehender Chörten wird gerade getüncht. Auch sind einige Mönchswohnungen restauriert und bewohnt. Es wird auch wieder gebetet; in einem Gebäude unterhalb der Grabstätte Tsongkhapas ertönt unausgesetzt monotone Musik, es werden heilige Silben rezitiert. In Lhasa habe ich erfahren, dass Ganden vollständig wieder aufgebaut werden soll. Die Nachricht wurde via Fernsehen verbreitet. Den betreffenden Beitrag konnte ich selbst mitverfolgen; er wurde zu einem Zeitpunkt ausgestrahlt, als ich gerade bei Lopsang Tsering zu Besuch war. Der Panchen-Lama hat es selbst verkündet. Die betreffende Erklärung wurde von ihm anlässlich des jährlichen Besuches seines Stammklosters Tashilunpo abgegeben. Ich möchte es glauben. Ganden soll also wiedererstehen. Aber Heinrich Harrer fragt mit Recht: »... Wie könnte man das Vernichtete je wieder ersetzen? Wo sollten die herrlich geschnitzten Buchdeckel herkommen, wo die bezaubernden Götterfiguren, von den begabtesten Künstlern in hunderten von Jahren aus tiefer Religiosität geschaffen, wer sollte je die herrlichen Fresken neu gestalten, gemalt mit echten Naturfarben, deren Herstellung eine Kunst für sich ist?«

Das Neue wird in Bezug auf künstlerische Qualität bestimmt nicht mit dem Alten vergleichbar sein, aber dass die Tibeter, die den Wiederaufbau betreiben, es aus tiefer Religiosität tun, mit Freude und so gut sie es vermögen, davon bin ich überzeugt.

Am Eingang zur Klosterstadt, dort wo auch der Bus hält, gibt es eine sehr einfache Garküche. Es ist knapp vor Mittag, und bevor ich losmarschiere will ich mich noch stärken. Die kräftige Nudelsuppe und der chinesische Tee, den ich hier bekomme, sollen für die nächsten drei Tage das letzte warme Essen sein. Danach schultere ich den Carrier-Rucksack und ärgere mich schon nach ein paar Minuten, dass ich so viel eingepackt habe. Aber ich wollte wirklich autonom sein. Meine Ausrüstung besteht aus Zelt, Liegematte, Daunenschlafsack, Biwaksack, Reserveschuhen, Regenhülle und dicker Kleidung. Auf meine umfangreiche Fotoausrüstung wollte ich ebenfalls nicht verzichten, aber sie fällt schwer ins Gewicht. Dagegen ist die Verpflegung recht bescheiden: Sie besteht vorwiegend aus »761« – das sind Kraftriegel, wie sie von der chinesischen Armee verwendet werden – Schokolade, Dosenbrot und Cornedbeef. Deshalb bin ich hocherfreut, als mir zwei Bauernmädchen, denen ich begegne, Jogurt und gekochte Eier zum Kauf anbieten. Der Jogurt aus Yakmilch schmeckt hervorragend. Ich verzehre ihn gleich, während ich mit den Eiern meine Marschverpflegung bereichere.

Ich verlasse nun den Rundweg um das Kloster, der sich zum Grat hinaufzieht, wo eine Vielzahl bunter Gebetsfahnen im Wind flattert, und folge einem schmalen, leicht ansteigenden Saumpfad in östlicher Richtung. Unter mir, auf halber Höhe des Berghanges, liegt ein kleines Dorf mit weißen Häuserwürfeln, aus denen Rauch aufsteigt. Ich quere hinaus zum breiten Grat, um auch

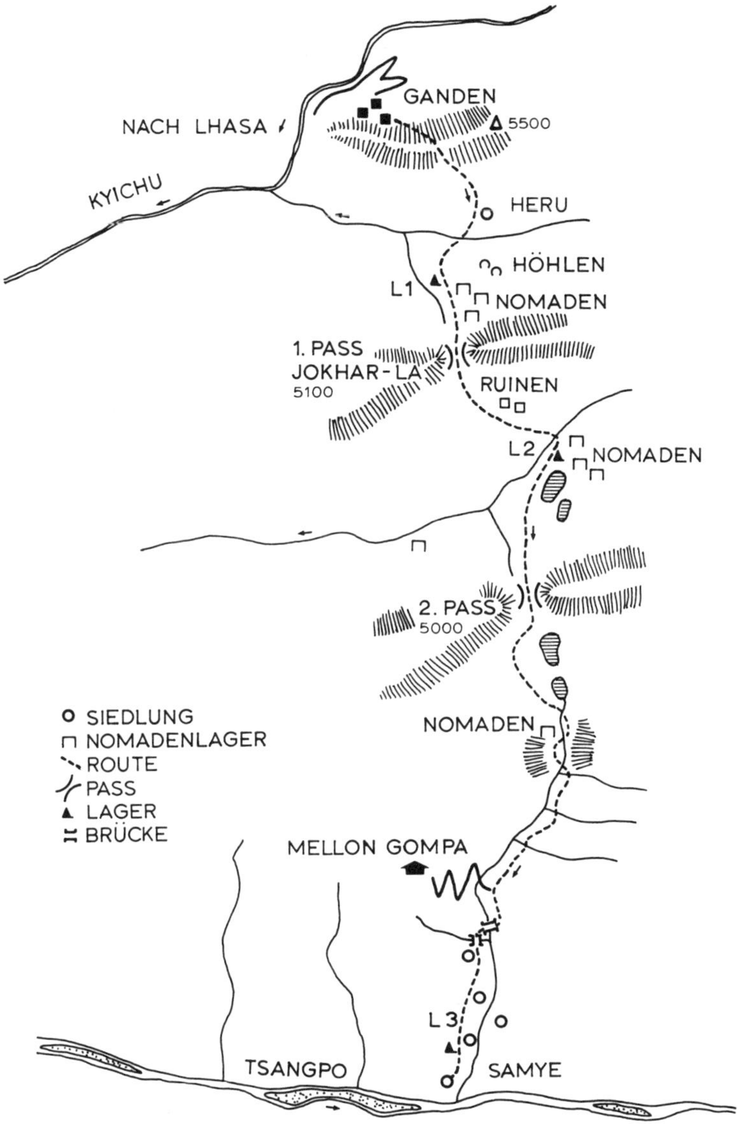
GANDEN
NACH LHASA
5500
KYICHU
HERU
HÖHLEN
L1
NOMADEN
1. PASS
JOKHAR-LA
5100
RUINEN
L2
NOMADEN
2. PASS
5000
NOMADEN
SIEDLUNG
NOMADENLAGER
ROUTE
PASS
LAGER
BRÜCKE
MELLON GOMPA
L3
TSANGPO
SAMYE

einen Blick in die andere Richtung zu erheischen, dorthin, wo mein Weg nach Samye führen muss. Ein tief eingeschnittenes Tal, zum Kyichu hin offen, mit grünen Wiesen und Hängen zu beiden Seiten, breitet sich vor mir aus. Alle Berggipfel liegen hinter dicken Wolken verborgen, es hat tief herabgeschneit und es riecht förmlich nach weiteren Niederschlägen. Durch das enge Tal rauscht ein Bach, der mehrere aus Schluchten herausstürzende Gewässer aufnimmt. Ein größerer Zufluss kommt von einem breiten Tal herab, das mir genau gegenüberliegt. In den oberen Regionen verdichten sich grau-weiße Wolken und verwehren mir den Blick in Richtung Südosten. Noch unterhalb des Wolkenvorhanges zeichnen sich ein paar große schwarze Punkte ab – Nomadenzelte. An ihnen vorbei führt mein Weg zum Jokhar-La hinauf. Den Fluss aber muss ich weiter westlich überqueren, bevor er sich mit den Wassern vereinigt, die vom Jokhar-La herabfließen. Nachdem ich mich orientiert habe, verlasse ich den Grat und steige ins Tal hinunter ab. Mit einem Schlag ist Ganden verschwunden, wie vom Erdboden verschluckt. Würden nicht die ungewöhnlich vielen Gebetsfahnen auf dem Grat auf eine religiöse Stätte hinweisen, würde man nichts von der Existenz der Klosterstadt ahnen.

Der Weg ist leicht zu begehen. Ab und zu kommt sogar die Sonne durch. Zunächst ist der Pfad noch gut zu erkennen, und es ist einfach, ihm zu folgen. Aber ich weiß, dass ich jeden Schritt, den ich nun ins Tal hinunter zurücklege, auf der anderen Seite wieder mühsam hochsteigen muss. Hätte ich nur meinen Gleitschirm dabei, dann könnte ich von dieser Seite in ein paar Minuten auf die andere Seite hinüberfliegen. Nach einer guten Stunde begegne ich drei Hirtenjungen, die ihre Yaks und Schafe hüten. Ich frage sie nach dem Weg nach Samye, und sie zeichnen mir den Weg mit den Armen in die Luft. Zwei der jungen Hirten begleiten mich ein Stück des Weges, so weit, bis das Dorf Heru zu sehen ist. Es besteht nur aus einem dutzend weißer Lehmbauten, von deren Dächern überall Gebetsfahnen wehen. Hier ist schon deutlich das

Rauschen des Flusses zu hören, der gleich unterhalb vorbeifließt. Einer der Dörfler führt mich zu einer Stelle, wo der Fluss im knietiefen Wasser zu durchschreiten ist. Er hilft mir auch, das Gepäck hinüberzutragen, ehe er in das Dorf zurückkehrt. Ich folge dem Fluss ein kleines Stück talauswärts und wende mich dann nach Süden jenem Tal zu, das beständig ansteigt und hoch oben am Jokhar-la endet.

Eine Tibeterin starrt mich entgeistert an, als ich um eine Ecke biege und unvermittelt vor ihr stehe. Sie sitzt auf einem Felsblock und vertreibt sich die Zeit während des Hütens der Tiere mit Spinnen. Das Wetter ist sehr wechselhaft. Manchmal kommt die Sonne durch, da wird es so warm, dass ich meinen Oberkörper bis auf ein kurzärmeliges Hemd entblöße; dann zieht es in Sekundenschnelle zu, und es fällt Regen, der sich zunehmend in Schnee umformt. Es ist schon ein beträchtlicher Unterschied, ob man dieses Tibet nur vom fahrenden Fahrzeug aus erlebt oder so wie ich jetzt, hautnah im wahrsten Sinne des Wortes. Der Höhenmesser zeigt 4700 m, und der Rucksack drückt schwer. Ich bin gezwungen, immer häufiger zu rasten, nur halte ich es ohne Bewegung nicht lange aus, da es zunehmend kälter wird und ein eisiger Wind, der vom Jokhar-la herabweht, mir Eisgraupeln waagrecht entgegentreibt. Bald werden die Nomadenzelte auftauchen, die ich von der anderen Talseite aus gesehen habe. Doch der Wind wird stärker und treibt weiße Nebelschwaden herab. Da es ohnehin viel zu spät ist, um noch vor Einbruch der Dunkelheit den Pass zu überschreiten, beschließe ich zu lagern, in gebührendem Respektabstand zum Nomadenlager, dessen Hunde ich als gebranntes Kind über alles fürchte. Der Sturm treibt mich zur Eile an, in wenigen Minuten ist das Zelt aufgestellt. Ich liege im warmen Schlafsack, während die Eisgraupeln an die Zeltwand klatschen und mir ein monotones Schlaflied singen.

Am nächsten Morgen ist das Wetter nicht viel besser; als ich den Zelteingang öffne und den Kopf hinausstrecke, schlägt mir eisige Kälte entgegen. Es sieht so aus, als wäre es nur mehr eine Frage der Zeit, bis der nächste Schneesturm losbricht. Mir bleibt keine Wahl, ich muss weiter, will ich Samye zum geplanten Zeitpunkt erreichen. Die ersten Schritte mit dem schweren Rucksack sind die mühsamsten. Ich bin noch lange nicht warm gelaufen, als ich die Nomadenzelte erreiche. Man erwartet mich bereits, die Hunde wurden deshalb sicherheitshalber angebunden. Ohne Frühstück bin ich losgezogen und nun bin ich dankbar, als mir die Nomaden heißes Teewasser bereiten. Während ich mich in einem Zelt stärke, in dem sich ein großer hölzerner Webstuhl befindet, bessert sich das Wetter überraschend. Zwei kräftige Burschen wollen zum Pass hinauf, um nach ihrer Herde zu sehen und bieten sich als Träger an. Ein Angebot, das ich nur zu gerne annehme. Wie leicht ist das Gehen ohne diese drückende Last, ich komme mir plötzlich leicht wie ein Vogel vor. Trotzdem habe ich Mühe, mit den beiden Tibetern Schritt zu halten, die scheinbar mühelos in dieser Höhe bergauf laufen können. Ich achte darauf, ihnen auf Schritt genau zu folgen. Dabei fällt mir ihre eigenwillige Gehbewegung auf. Sie machen nur relativ kleine Schritte, drehen dabei die Füße fast im rechten Winkel nach außen, wobei sie bei jedem Schritt von einem Bein auf das andere hin- und herpendeln. Ich mache es ihnen so gut ich kann nach und merke, dass ich dadurch mit weniger Kraftanstrengung schneller vorwärts komme.

Auf dem Weg zum Pass hinauf müssen wir mehrmals den Fluss durchwaten, der unmittelbar auf der Passhöhe entspringt. Ein eisiger Wind pfeift uns um die Ohren, als wir den riesigen Steinhaufen mit den zerfransten Gebetsfahnen erreichen, der den Jokhar-La markiert. Mein Höhenmesser zeigt 5100 m. Es ist kein Platz zu verweilen – jedenfalls nicht an diesem Tag –, und wir machen uns gleich wieder auf den Weg hinunter, die beiden Hirten zurück zu ihrer Herde und ich nach Süden in ein weiteres Quertal, das auf dem Weg nach Samye zu überschreiten ist. Zunächst führt der Abstieg in steilem und schroffem Gelände nach unten, wo tief in einer Schlucht ein Wildfluss sein Bett gegraben hat. Auf der gegenüberliegenden grasbewachsenen Talseite steht ein einsames Nomadenzelt. Wieder weist der gut erkennbare Pfad, dem ich folge, nach Südwesten. Ich quere weite Flanken und nähere mich dem Talgrund und damit dem Fluss. Überall am Hang grasen Yaks. Wenn mich mein Weg an einem dieser imposanten Tiere nahe vorbeiführt, macht es zumeist einen mächtigen Satz zur Seite, um sich dann blitzschnell umzudrehen und mich mit gesenktem Schädel anzublicken. Ich quere die mit Furchen und Rücken gegliederte Bergflanke, bis sich das Blickfeld öffnet und jenes Terrain enthüllt, das noch vor mir liegt. Der Fluss, dessen Ufer ich nun erreiche, hat seinen Ursprung auf jenem Pass, der mich noch von Samye trennt. Hier am großen Knick erhält er Zulauf von einem anderen Fluss, der aus einem flachen Tal herauskommt. Dort, wo die beiden Flüsse zusammenlaufen, gibt es saftige Wiesen, auf denen Yaks und Schafe weiden, und mittendrin stehen ein paar schwarze Nomadenzelte. Der Fluss lässt sich mühelos an günstig angeordneten Steinblöcken überqueren. Ich befinde mich auf der Wiese zwischen den beiden Flüssen, die sich ein paar hundert Meter talabwärts vereinigen. In gewohntem Respektabstand zu den Nomadenzelten schlage ich mein Lager unmittelbar am Fluss auf. Bald kommen die ersten Kinder, um den fremden Besucher zu sehen. Ich frage nach etwas Milch, und als sie mir daraufhin das Zeichen für Melken zeigen, weiß ich, dass sie mich auch verstanden haben. Tatsächlich bringen sie mir nach dem Melken einen Topf mit frischer Yakmilch. Sie schmeckt köstlich. Nach Einbruch der Dunkelheit laufe ich schnell zum Bach, um ein Bad im eisigen Wasser zu nehmen. Das bleibt ohne Folgen, weil ich mich gleich darauf wieder in den warmen Schlafsack einhülle. Am nächsten Morgen staune ich nicht schlecht, als ich aus dem Zelt blicke. Die Landschaft ist nicht wiederzuerkennen; alles liegt unter einer Schneedecke begraben. Bewegungslos wie Stein stehen die Yaks da, und nur der dampfende Atem lässt erkennen, dass es lebende Wesen sind. Geschäftig laufen die Frauen zwischen ihnen hin und her, um die einzelnen Tiere loszubinden. Ich begebe mich zum Zelt jener Familie, die mir letzten Abend die Milch verkaufte, um mich zu wärmen. Das Feuer wird nur mit trockenem Reisig genährt und nicht mit Yakdung und gibt deshalb kaum Wärme. In einer Ecke an der Zeltwand liegen ein paar Kinder in Decken eingerollt auf dem Boden, Körper an Körper mit den jungen Ziegen und Schafen, die sich außen an die Zeltwand schmiegen. Der Tee über dem schwachen Feuer wird nur lauwarm, aber ich trinke die rauchige Brühe, um möglichst viel Flüssigkeit für den bevorstehenden Aufstieg zu tanken. Wieder habe ich Glück, denn abermals begleiten mich zwei Tibeter zum Pass hinauf. Der Schnee ist unangenehm feucht und hat alle Spuren ausgelöscht. Bewundernswert, wie die beiden mit aufgerissenen Turnschuhen, aus denen die Zehen herausgucken, durch den Schnee stapfen und über glitschiges Terrain turnen. Nach rund zwei Stunden sind wir am Pass angekommen – wieder 5000 m hoch. Überall liegt tiefer Schnee, und ich muss nun den Weg hinunter allein finden. Gleich nach der Passhöhe, die von Gebetsfahnen markiert ist, fällt eine Felswand senkrecht ab, die ich rechts umgehe. Zwei Seen liegen hintereinander längs des Weges. Ich bleibe jeweils am rechten Ufer, balanciere über eine rutschige, schneebedeckte Steinwüste. Unterhalb des zweiten Sees, der grau ist wie die Wolken darüber, quere ich nach links hinüber, durchwate einen Fluss, der aus dem See heraustritt, und nähere mich einer tiefen Schlucht, die nach unten hin immer enger wird. Mehr am Hosenboden rutschend als aufrecht gehend überwinde ich eine steile, schneebedeckte Geröllhalde. Ich will so rasch als möglich unter die Schneegrenze gelangen. Genau dort, wo der Fluss, der aus allen Richtungen Wasser aufnimmt, in eine enge Schlucht eintritt, ist die Schneegrenze erreicht, und genau am Eingang der Schlucht steht ein schwarzes Nomadenzelt, das Letzte, an dem ich auf dem Weg nach Samye vorbeikomme. Ich überquere den Fluss, um für ein paar Minuten zu rasten und etwas Nahrung zu mir zu nehmen. Eine Nomadenfrau, die gerade mit Buttern beschäftigt ist, bietet mir Tee an.

Die Schlucht ist nur kurz, aber sehr steinschlaggefährlich. Am unteren Ende überquere ich den Fluss noch einmal und hoffe, auf der richtigen Seite zu sein. Er wird mir den Weg nach Samye weisen. Wenn er sich dort mit dem Tsangpo vereinigt, werde ich ihn von seinem Ursprung bis zur Mündung kennen gelernt haben. Bald tauchen wieder die ersten Wiesen auf, auch Bäume wachsen an den Hängen, zuerst zaghaft, dann immer dichter. Auf den Wiesen grasen Yaks – scheinbar unbeaufsichtigt. Es gibt Blumen, der Bach rauscht und Vögel fliegen vor mir von Geäst zu Geäst und zwitschern fröhliche Lieder. Ich bin noch immer auf einer Höhe von 4000 m, als ich mich ins Gras fallen lasse, um zu rasten.

Ich betrachte den Fluss und das vielfältige Leben ringsum, und ich denke an ein Buch, das ich in Lhasa gerade zu Ende gelesen habe. Es ist ein Buch, das ich schon lange lesen wollte, ein Pflichtbuch, wie man sagt, mehr noch, ein Kultbuch einer ganzen Generation. Aber aus einem unerklärlichen Grund bin ich bislang nie dazu gekommen, es zu lesen. Nun schenkte mir eine Freundin dieses Buch, und ich nahm es in meine Reisebibliothek auf. Und jetzt, nachdem ich das Buch gelesen habe, betrachte ich diesen Fluss mit anderen Augen. Der Fluss wurde dort als Symbol für den Kreislauf des Lebens gebraucht: »... alle die Wellen und Wasser eilten, leidend, Zielen zu, vielen Zielen, dem Wasserfall, dem See, der Stromschnelle, dem Meer, und alle Ziele wurden erreicht, und jedem folgte ein neues, und aus dem Wasser ward Dampf und stieg in den Himmel, ward Regen und stürzte aus dem Himmel herab, ward Quelle, ward Bach, ward Fluss, strebte aufs Neue.« Und während ich das Ufertal auswärts wandere und beobachte, wie er alles Wasser aus den Schluchten und Tälern ringsum aufnimmt, erinnere ich mich noch an eine andere Erkenntnis, die Siddharta aus dem Fluss gewinnt: »... dass es keine Zeit gibt ... dass der Fluss überall zugleich ist, am Ursprung und an der Mündung, am Wasserfall, an der Fähre, an der Stromschnelle, im Meer, im Gebirge, überall zugleich, und dass es für ihn nur Gegenwart gibt, nicht den Schatten Vergangenheit, nicht den Schatten Zukunft«.

Ich folge den Windungen des Flusses, manchmal unmittelbar am Ufer, dann wieder hoch oben in der steilen Böschung. Er führt bereits so viel Wasser, und die Strömung ist so stark, dass ich ihn nicht mehr überqueren könnte, wenn es das Gelände erfordern würde. Aber allein die Nebenflüsse, die aus den Seitentälern heraustreten, bilden schwer zu überwindende Hindernisse. Sie sind nach den Niederschlägen der letzten Tage zu reißenden Sturzbächen angewachsen. Zweimal muss ich bis zur Hüfte ins Wasser, die reißende Strömung droht mich auszuheben, aber ich bin solche Flussüberquerungen gewohnt und wende eine Technik an, die mich die Papuas in Neuguinea gelehrt haben. Triefend vor Nässe setze ich den Weg fort; aber es ist warm, und erstaunlich schnell trocknen Schuhe wie Hose. Das Tal wird immer breiter, der Fluss neben mir teilt sich in mehrere Arme, die mich immer wieder in die steile Uferböschung abdrängen. Mehr als acht Stunden bin ich nun unterwegs, meine Beine sind schwer wie Blei. Ich spüre die Müdigkeit, die langsam hochkriecht. Nur nicht stehen bleiben, den Körper im Rhythmus halten, während die Gedanken auf Reisen gehen.

Irgendwann schließt ein Tibeter zu mir auf, und nachdem wir eine Zeit lang schweigend nebeneinander einhergegangen sind, will er wissen, wo ich heute Nacht schlafen werde. Die Frage ist durchaus berechtigt, denn es ist bereits 20 Uhr abends, und die Sonne im Westen steht schon tief. Ich sage: »In Samye.« Er schüttelt nur den Kopf und gibt mir zu verstehen, dass ich an diesem Tag nie und nimmer Samye erreichen würde. Wieder vergehen Minuten des Schweigens, nur der Gleichklang unserer Schritte durchbricht die Stille. Als ein kaum erkennbarer Pfad nach rechts abzweigt, zum Fluss hinunter, der sich nun ganz an die gegenüberliegende Talseite anschmiegt, vollführt er abermals die Geste des Schlafens und deutet daraufhin auf die steile Bergflanke, die jenseits des Flusses aufragt. »Mellon Gompa«, murmelt er und fordert mich auf, ihm zu folgen. Ich bleibe stehen, um nach dem Kloster Ausschau zu halten, und nun erst sehe ich es. Das Wort »Gompa«, das sinngemäß »einsamer Wohnort« bedeutet, trifft hier wirklich zu. Hoch oben, mitten in der felsdurchsetzten Flanke steht ein winziges weißes Gebäude, zu beiden Seiten von Gebetsfahnen flankiert. Es wäre sehr verlockend, dort hinaufzusteigen. Ich spiele mit dem Gedanken, dabei betrachte ich meinen Begleiter etwas genauer. Er trägt zwar nicht das Mönchsgewand, aber sein kahl geschorener Kopf sagt mir, dass er Ordensmann ist. Schließlich entscheide ich mich doch, den Weg nach Samye fortzusetzen. Der Pfad wird nun immer breiter und nähert sich wieder dem Fluss. Auf der anderen Seite liegt ein kleines Dorf. Ich atme auf, als ich erkennen kann, dass eine Brücke den tosenden Fluss überspannt. Ich bin gerade in der Mitte der hölzernen Brücke, als mich ein paar halbwüchsige Hirtenjungen zurückpfeifen und auf den mächtigen Haufen aufgeschichteter Steine deuten, der am Beginn der Brücke liegt. Ich hatte in meiner Eile vergessen, einen Stein hinzuzufügen. Beschämt gehe ich zurück und hole das Versäumte nach. Die Sonne ist längst untergegangen, ich spule Kilometer für Kilometer ab. In der Ferne kann ich das Ende des Tales und die weite Ebene dahinter erkennen. Dort muss Samye liegen. In einem der Dörfer, an denen ich vorbeikomme, kann ich etwas frische Yakmilch erstehen und mich an dem köstlichen Getränk laben.

Dann bricht die Dunkelheit herein. Ich habe die Stirnlampe aufgesetzt und taste mich am Weg vorwärts. Irgendwo vor mir gibt es ein paar Lichtpunkte, es könnte Samye sein. Um Mitternacht beschließe ich, mein Zelt am Wegrand aufzustellen, da ich 14 Stunden unterwegs bin und mich wegen der Hunde nicht in die Siedlung wage.

Am nächsten Morgen steht das Ziel unmittelbar vor mir; eine

kleine »Oase« inmitten einer wüstenartigen Landschaft. Hier, wo kein Baum mehr wächst, die kahlen Berge sich in Sand und Stein auflösen und der Tsangpo durch ein Meer von windgeformten Dünen fließt, liegt Samye, das »Undenkbare«, das älteste Kloster Tibets.

Festliche Tage in Samye

Sie alle nehmen teil an einem Erleben, das ihren gegenwärtigen Daseinszustand übersteigt und sie über die Grenzen des Todes hinausblicken lässt, wo die Tore zu allen Welten und zu allen Formen der Wiedergeburt geöffnet sind und wo der Pfad, der über sie hinausführt, vor dem inneren Auge erscheint oder sich als ein Aufwallen der Sehnsucht nach dem höchsten Ziel der Befreiung und Erleuchtung darstellt.

Lama Anagarika Govinda

Das mächtige Kloster Samye liegt inmitten einer grünen Oase. Das mehrstöckige quadratische Hauptgebäude ist von steinernen Häusern umgeben, um die sich ringförmig gut bewässerte Felder legen. Messerscharf verläuft die Grenze zwischen Fruchtbarkeit und Unfruchtbarkeit, die dort beginnt, wo künstliche Bewässerung endet. Die Bewohner hier mögen das ganze Jahr über ein recht beschauliches Dasein führen, aber an diesen Tagen droht das Dorf aus allen Nähten zu platzen. Es sind die ersten Junitage des Jahres 1986, und am 10., nämlich genau zu Vollmond, soll Dode Chöpa, das große Fest zu Ehren des Gründers Padmasambhava gefeiert werden. Erstmals nach siebzehnjähriger Unterbrechung, da in Tibet religiöse Feste verboten waren.

Ich komme gerade rechtzeitig, um die Aktivitäten der Mönche, die vorbereitenden Rituale und das Treiben der Pilger mitzuerleben. Von Tag zu Tag, ja von Stunde zu Stunde wächst die Zahl der Pilger. Sie kommen aus allen Richtungen, zu Fuß, auf Pferden und Yaks oder auf den Ladeflächen von Zugmaschinen und Lastwagen, die ständig zwischen der Anlegestelle der Fährboote über den Tsangpo und dem Kloster hin- und herpendeln. Wie von unsichtbaren Fäden gelenkt, strömen alle dem Kloster zu, um sich einzureihen in den Strom der Pilger, die unausgesetzt vom frühen Morgen bis spät in die Nacht hinein das Heiligtum umkreisen. Alte, gebeugt und auf Krücken gestützt, mit sonnengegerbten Gesichtern, aus denen die Freude herauszulesen ist, die sie dabei empfinden. Kranke werden auf Bahren herumgetragen, Säuglinge am Rücken der Mutter. Manche Familien führen auf den Umkreisungen ihre Ziegen und Schafe mit, die mit sonderbaren Ohrgehängen geschmückt sind, selbst ein paar Yaks, mit rot gefärbten Schwanzenden behängt und mit Gebetsfahnen versehen, trotten inmitten der Gebetszylinder schwingenden Pilger um das Kloster.

Die gesamte Stammesvielfalt Tibets scheint hier versammelt: Nomaden, in rauchgeschwärzte, speckige Fellmäntel gehüllt, stolze Khampas, zu erkennen an ihren roten Haarbändern, Frauen aus der Umgebung von Lhasa in ihren typischen Wollschürzen und dem um das Haupt gewundenen Haarzopf, während die Nomadenmädchen sich gerne mit Silber- oder Korallenschmuck herausputzen und wie eh und je ihr Haar zu 108 Zöpfen flechten.

Einige der frommen Pilger bewegen sich durch Niederwerfen vorwärts, sie messen den gesamten Weg mit der eigenen Körperlänge aus. Manche tun es sogar mit der Breitseite, damit ihr Kopf ständig zum Heiligtum gewandt ist. Berufsbeter wälzen sich an mir vorbei, zu erkennen an ihren hölzernen Handschuhen und ledernen Schürzen. Trödler verkaufen Glücksschleifen, Amulette und Dalai-Lama-Bilder. Die Freude ist ansteckend. Ich lasse mich hineinfallen in den dynamischen Fluss der Menschenkette, deren gleichgerichtete Gedanken ein starkes Bewusstseinspotenzial schaffen, mit dem ich eins werde. Ich vermag nicht zu sagen, wie viele Runden ich wie in Trance die weißen Mauern des Klosters umwanderte. Irgendwann hält mir ein Tibeter einen Becher mit Chang, dem tibetischen Gerstenbier, entgegen. Ich leere ihn in einem Zug. Noch zweimal füllt er den Becher aus einem Plastikkanister nach, bis ich meinen Durst gestillt habe. Müdigkeit überkommt mich, und ich suche mir ein schattiges Plätzchen, um ein wenig zu rasten und die betäubenden Sinneseindrücke zu ordnen.

Während der Mittagszeit ist die Sonne unerbittlich und verwandelt das Dorf in einen Backofen. Während dieser Zeit ist der Pilgerstrom etwas dünner, aber er bricht niemals ab. Am Abend steigt die Zahl wieder an, und im flachen Licht der untergehenden Sonne ziehen die Pilger mit langen Schatten vorbei. Aus hunderten Kehlen ertönt das älteste Gebet, das man in Tibet kennt: »Om mani padme hum – oh, du Juwel in der Lotosblüte.« Bei Anbruch der Dunkelheit kommt diese menschliche Gebetsmühle für kurze Zeit zum Stillstand. Denn zu dieser Zeit versammeln sich die Gläubigen am großen Platz vor dem Haupteingang des Klosters. Hoch oben auf dem Dach aber erscheint eine Gruppe von Mönchen, in langen roten Gewändern, um das Erscheinen des Mondes am Himmel mit Musik zu begleiten. Es ist eine ergreifende Stimmung, die ich jedes Mal vom Dach des ersten Stockwerkes erlebe; unter mir die schweigende Menge der Pilger, über mir, am obersten Dach des Klosters, das Mönchsorchester, vom fahlen Licht des Mondes schwach beleuchtet, der am dunkelblauen Himmel langsam heraufzieht. Wie Boten aus einer anderen Welt stehen sie da und heben sich als dunkle Silhouetten vom Himmel ab. Es ist schwer, diese eigenartige sakrale Musik Tibets mit Worten zu beschreiben. Sie schneidet ins Herz, und man vergisst sie nicht mehr, wenn man sie einmal vernommen hat. Es ist eine Musik, die weniger auf Melodie, als auf Rhythmus aufgebaut ist, der den elementaren Kräften der Natur nachempfunden ist. Als Basis fungieren die Radongs, 4 m lange, alphornartige Tuben, die stets paarweise eingesetzt werden. Allerdings nicht gleichzeitig, sondern abwechselnd, sodass der verklingende Ton des einen Instrumentes sofort vom anderen aufgenommen wird und umgekehrt. Dadurch entsteht ein gleichförmiges Auf und Ab der Töne, die an die Brandung eines Ozeans erinnern oder an das dumpfe Grollen eines herannahenden Gewitters. Von diesen Urlauten heben sich die hohen Töne der Oboen, Trompeten und Glocken ab. Diese hohen Töne scheinen auf dem Untergrund zu tanzen, aber sie vergehen schnell, so wie die menschliche Hülle im Angesicht der Zeit. Die tiefen Basstöne aber fließen ohne Unterbrechung und Modulation dahin, gleich dem ewigen Geistkontinuum. Unvermittelt wie die Musik begann verklingt der mächtige Ruf am mittlerweile dunklen Abendhimmel.

Allmählich löst sich die Menschengruppe am Klostervorplatz auf. Die Pilger begeben sich in ihre Nachtquartiere, deren Beschaffenheit für die Tibeter keine Rolle spielt. So werden die flachen Dächer der Häuser, auf denen gewöhnlich der Yakmist getrocknet wird, Ställe und Innenhöfe zu Schlaflagern, in denen sich die Pilger drängen. Körper an Körper liegen sie da, eingerollt in ihre dicken Mäntel, die sie tagein, tagaus tragen. Im Gegensatz zur inneren Reinheit, der man viel Aufmerksamkeit zuwendet, wird die äußere Sauberkeit und Hygiene gering geschätzt. Die Körper mancher Tibeter sind mit einer so dicken Schmutzschicht überzogen, dass nur mehr stellenweise die darunter liegende helle Körperhaut zu erkennen ist. Ich bin heilfroh, mein eigenes Zelt dabeizuhaben, das ich in einem Hain außerhalb des Dorfes aufstelle. Auch hier liegen überall die Pilger in kleinen Gruppen auf dem Boden, und der Gang zu meinem Lagerplatz wird ein Hindernislauf über die Menschenleiber. Der nahezu volle Mond durchdringt die Dunkelheit mit seinem Licht, seine kreisrunde Scheibe, die den offenen Zelteingang ausfüllt, nehme ich noch wahr, ehe mich das Tagesbewusstsein verlässt.

Am nächsten Morgen werde ich schon früh von den Aktivitäten der Pilger aus dem Schlaf gerissen. Es ist gerade erst hell geworden, als Scharen von Pilgern durch den Hain ziehen, um eine bestimmte Sorte von Reisig zu sammeln. Mir ist der Sinn dieser Tätigkeit zunächst unbekannt, und ich vermute, es wird eine besondere Zeremonie im Kloster vorbereitet. Deshalb begebe ich mich eiligst zum Kloster. Als ich aber aus dem Hain trete und querfeldein den kürzesten Weg zum Dorf einschlage, bemerke ich am anderen Ende der Siedlung eine lange Menschenschlange, die sich aus dem Dorf bewegt. Ich folge mit den Augen der Kette in die Richtung, in der sie sich bewegt. Sie scheint ohne Ende. Weiter und weiter folge ich mit den Augen der Menschenschlange bis zu einem lang gestreckten, ilsoliert aus der Ebene ragenden Bergrücken. Und nun sehe ich es: Wie ein endloser Wurm windet sich die Menschenschlange den steilen Hang hinauf und setzt sich oben am Grat fort. Dort lodern überall Feuer, an denen sich einzelne Pilgergruppen versammeln und scheinbar Rituale durchführen. Der ganze lange Grat scheint zu brennen, an jedem Hö-

Einmal im Jahr pilgern die Tibeter auf den Hepori, einen der heiligsten Berge Tibets hoch über dem Kloster Samye gelegen, auf dem sich Ruinen der Burg des Königs Trisongdetsen befinden.

cker stehen Steinhaufen, daneben werden Rauchopfer dargebracht. Einige haben schon den höchsten Punkt erreicht, der von einem riesigen Haufen aufgeschütteter Steine gekennzeichnet ist, aus dem tausende Gebetsfahnen wie kleine Antennen herausragen. Während die ersten Pilger auf der anderen Seite wieder langsam absteigen, reißt die Menschenschlange, die am Dorfausgang beginnt, nicht ab.

Der ganze Berg sieht aus der Ferne wie ein riesiger Ameisenhaufen aus, er scheint zu leben, ist zum riesigen Heiligtum geworden. Ich wünsche mir im Augenblick nichts sehnlicher, als dort oben, an diesem gezackten Grat zu sein, von dem die Rauchschwaden aufsteigen. Rasch erreiche ich den Fuß des Berges und stürme die steilen Geröllhalden hoch, sodass ich in wenigen Minuten auf dem Grat stehe. Vor Atemnot ringe ich nach Luft und muss mich eine Zeit lang niedersetzen. Lachend ziehen die Pilger an mir vorbei. Ich sehe sie den Hang hinaufkommen und am Grat entlangwandern. Jeder, der an einem aufgeschütteten Haufen vorbeikommt, legt einen Stein dazu. An den Feuerstellen halten sich die Pilger länger auf, sie nähren die Flammen mit Reisig, das sie mitgebracht haben. Manche rezitieren dazu heilige Mantras, andere vereinigen sich in Gruppen und singen. Die aufgehende Sonne taucht alles in warmes Licht, das die Rauchschwaden durchdringt, und lässt die Akteure nur schemenhaft erkennen, als ob sie mythische Wesen wären, die als dunkle Schatten im Nebel auftauchen und wieder verschwinden.

Ich wandere auf dem langen Grat in Richtung des höchsten Punktes weiter. Mir ist, als befände ich mich genau an der Grenze zweier verschiedener Welten: Denn der Bergrücken trennt zwei voneinander unterschiedliche Landschaftsformen. Auf der einen Seite – nach Norden hin – erstreckt sich ein Meer von kleinen Sanddünen, durch die der Brahmaputra fließt, der hier Tsangpo heißt. Der mächtige Strom, der nun nach dem Ende der Schneeschmelze nur ein bescheidenes Flüsschen ist, windet sich träge durch sein übergroßes Bett zwischen Sandbänken hindurch. An seinen Ufern wächst kein Baum, die kahlen Berge ringsum lösen sich in Sand und Stein auf. Durch diese wüstenartige Landschaft führt ein schmaler Saumpfad, flankiert von blendend weißen Stupas, die von den entlangkommenden Pilgern mehrmals umrundet werden. Blicke ich von meinem Standort aus nach Süden, so kann ich die ganze Oase von Samye überschauen, deren Mittelpunkt das kleine Dorf mit dem Kloster ist. Jäh ragen die Berge am Rande der Oase auf, ihre zerfressenen Gipfel und Grate scheinen den Himmel zu berühren, über dessen dunkles Blau bisweilen weiße Haufenwolken segeln.

Am höchsten Punkt angekommen, gehe ich einmal um die beeindruckende Ansammlung bunter Gebetsfahnen herum und lasse mich dann am südlichen Hang nieder. Eine Gruppe von Pilgern gesellt sich bald zu mir, und ich bin dankbar für den köstlichen Tschang, den sie mir anbieten. Von meinem Standpunkt aus kann ich die gesamte bauliche Anlage des Klosters und die umgebenden Gebäude überblicken. Und je länger ich alles betrachte, umso mehr wird mir klar, dass die Anordnung der Gebäude und der Mauern einen bestimmten Sinn hat. Nun erkenne ich ihn: Die ganze Anlage ist ein gigantisches Mandala, dessen Mittelpunkt das Kloster ist. Das Mandalamotiv kommt im tibetischen Buddhismus so häufig vor, dass mir an dieser Stelle ein paar erläuternde Worte notwendig erscheinen. Das Mandala ist die symbolische Darstellung kosmischer Kräfte in zwei- oder dreidimensionaler Form. In seiner grundlegenden Struktur weist das Mandala einen quadratischen Grundriss mit Zentrum auf und vier Tore in alle Himmelsrichtungen. Umgeben ist diese geometrische Figur von einem Kreis. In dieser Form findet man das Mandala auf unzähligen Thangkas (Rollbilder), die in der Meditation dem Übenden zum Visualisieren dienen. Auf diese primäre Bedeutung deutet auch die tibetische Übersetzung des Sanskritwortes Mandala hin, was so viel wie »Zentrum und Peripherie« heißt. Mit anderen Worten: Es ist die Zentrierung geistiger Kräfte während der Meditation. Aber Mandalas findet man in Tibet nicht nur auf Thangkas, sie können durch gefärbten Sand oder durch Reishäufchen dargestellt werden. Stupas, die im Tibetischen Chörten heißen, dient dieses Symbol als Grundriss. Große bauliche Anlagen, wie heilige Orte und Klöster, werden auf dem Grundriss des Mandala errichtet, ja selbst das Kailash und seine Umgebung werden als gigantisches Mandala begriffen. Die Mandalakonzeption ist in Samye bis auf den heutigen Tag klar zu erkennen, insbesondere wenn man es von der Anhöhe aus betrachtet. Der quadratische Zentralbau bildet den Mittelpunkt, um den kreisförmig eine steinerne Mauer gezogen ist.

Es ist für mich ein kleines Wunder, dass dieses Bauwerk die wechselvolle Geschichte überdauert hat. Bereits totgesagt, lebt es heute wieder auf, und als ich es im Jahre 1987 ein zweites Mal besuchte, wurden gerade jene Schäden beseitigt, die ich noch anlässlich dieses Festes vorgefunden habe. Das historisch bedeutsame Kloster wurde zwar während der Kulturrevolution ebenfalls heimgesucht, war aber bereits vorher stark vom Verfall gekennzeichnet und drohte vom Sand begraben zu werden. Alexandra David-Neel, die im Jahre 1920 hier vorbeikam, fand das Heiligtum in beklagenswertem Zustand vor, in dem nurmehr 30 Mönche hausten, die – schenkt man ihrem Bericht Glauben – mit schwarzmagischen Praktiken experimentierten.

Die Gründung des Klosters Samye geht zurück auf die Regierungszeit des Königs Trisongdetsen und markiert einen entscheidenden Vorgang in Tibets Geschichte. Unter seiner Herrschaft erreichte Tibet nicht nur den Zenit seiner Macht gegenüber dem Tang-Kaiserreich – tibetische Truppen eroberten die chinesische Hauptstadt Changan –, er förderte auch den Buddhismus im Lande. Deshalb holte er den berühmten indischen Gelehrten Santaraksita an seinen Hof und legte insofern den Grundstein für Tibets zukünftige religiöse Entwicklung, als er sich nach einem

Disput zwischen Santaraksita, der die indische Regierung vertrat, und Heshang, dem Vertreter der chinesischen Lehrauslegung, für die indische Form entschied und die chinesischen Mönche des Landes verwies. Aber dem Widerstand der Priesterschaft der alteingesessenen Bön-Religion gegen die neue Lehre schien Santaraksita allein nicht gewachsen zu sein. Deshalb rief der König den indischen Yogi und Guru Padmasambhava ins Land, um mit vereinten Kräften die Macht der Bön-Priester zu brechen. Seinen yogischen Fähigkeiten schreibt man zu, dass die mächtigen Gottheiten der Bön überwunden und in den Dienst der Buddhas gezwungen wurden. In der gegenseitigen Anpassung dieser beiden Religionsformen liegt die Wurzel des Lamaismus, der in seiner spezifischen Ausprägung Tibet eine eigenständige kulturelle Entwicklung bringt.

Nach Padmasambhavas und Santaraksitas Plänen wurde Samye im Jahre 775 gebaut, und bald darauf zogen die später so berühmten »Ersten Sieben Mönche« ein und begründeten den ersten buddhistischen Sangha, die Gemeinschaft der Mönche. Bereits in Samye wurde durch die Verordnung des Königs der Grundstein gelegt, der den Klöstern große Sonderrechte einräumte und schließlich zu deren beherrschender Stellung im Lande führte. Die Klöster erhielten Land, für dessen Nutzung keinerlei Abgaben an den Köng zu entrichten waren. Außerdem wurden 150 Bauern aus der Umgebung von Samye verpflichtet, für den Unterhalt des Klosters und seiner Mönche aufzukommen. Vor allem später, als die Saat des Buddhismus aufgegangen und das Land mit tausenden von Klöstern überzogen war, stellte deren Erhaltung eine große Belastung für die Bauern dar, der sie sich in den schlimmsten Fällen durch Landflucht entzogen.

Während ich hoch oben über dem Kloster sitzend die Gründungsgeschichte in meinen Gedanken vorüberziehen lasse, wird es langsam Abend. Die meisten Pilger sind längst in das Dorf zurückgekehrt, die Feuer verlöschen allmählich. Auch für mich ist es Zeit, zurückzugehen. Auf dem Weg zum Dorf hinunter meldet sich mein Körper durch unüberhörbares Knurren des Magens. Die Möglichkeiten, sich zu verköstigen, sind in Samye rar. Zum Zeitpunkt des Festes gibt es nur zwei Möglichkeiten: Eine kleine tibetische Garküche offeriert Nudeleintopf, solange der Vorrat reicht. Die Nudeln werden einmal am Tag mittels einer großen hölzernen Maschine erzeugt, aber die Menge reicht nie aus, um die Masse der hungrigen Pilger zu befriedigen. Die zweite Möglichkeit, seinen Hunger zu stillen, bietet die Klosterküche, die Tsampa – Klöße aus geröstetem Gerstenmehl und Yakbutter – bereithält. An diesem Tag bleibt mir der Gang in die Klosterküche nicht erspart, denn ich komme viel zu spät, um noch etwas von der Nudelsuppe zu ergattern.

Nach Sonnenuntergang wiederholt sich dasselbe Schauspiel wie am Vortag. Allerdings mit einer Ausnahme: Während die tibetischen Pilger gleichmäßig ihre Runden abspulen, fährt plötzlich ein Einsatzfahrzeug am Klostereingang vor, voll besetzt mit chinesischen Polizisten, und beginnt das Kloster inmitten der Pilgerschar mit Rotlicht und Sirenen zu umkreisen – klugerweise in der »richtigen« Richtung.

Am nächsten Tag nehme ich mir vor, ein paar Höhlen aufzusuchen, die in früheren Zeiten von Mönchen gern benutzt wurden, wenn sie sich für längere Zeit zur Meditation zurückziehen wollten. Solche Klausen liegen zumeist versteckt in einsamen Tälern, oder hoch oben auf Berghängen. Von deren Existenz hatte ich erfahren und mir genau den Weg dorthin beschreiben lassen. So wandere ich nun inmitten der grünen Felder bis zum Ende der Oase und halte auf die braunen Bergketten zu, wo die Eremitenwohnungen liegen sollen. Ich stöhne bald unter der mörderischen Hitze, und so weit das Auge reicht, ist kein schattiges Plätzchen auszumachen. Jeder Schritt, der mich weiter in diese trostlose Gegend hineinführt, lässt mich an die grünen Felder und schattigen Rastplätze der Oase denken. Mein Wille zum Weitergehen erlahmt rasch. Ich entschließe mich, nach Samye zurückzukehren. Auf halbem Wege aber finde ich ein schönes Plätzchen, das zum Verweilen einlädt. Ich lege mich auf eine Wiese und lausche dem Plätschern eines Bächleins, das an mir vorüberfließt. Später verbringe ich viel Zeit mit dem Schreiben des Tagebuches und mit Lesen, einer meiner Lieblingsbeschäftigungen, die allerdings auf langen Reisen etwas eingeschränkt bleiben muss, weil das auf größtmögliche Mobilität ausgerichtete Gepäck die Mitnahme einer größeren Menge von Büchern nicht erlaubt. In regelmäßigen Abständen, wenn es mir zu heiß wird, nehme ich ein erfrischendes Bad im Bach. Ab und zu kommen Tibeter des Weges, sie grüßen mich freundlich und ziehen weiter, nachdem sie ihre Neugier befriedigt haben. Aber im Großen und Ganzen bleiben in diesen Tagen die Felder leer. Die Bauern lassen ihre Arbeit ruhen, um am Fest aktiv teilzunehmen.

Die späten Nachmittagsstunden verbringe ich damit, das Innere des Klosters zu besichtigen. Wie in allen tibetischen Klöstern gibt es auch in Samye einen inneren Rundgang. Auch hier drängen sich die Pilger und setzen dabei die vielen hölzernen Gebetszylinder in Drehung, die entlang des Rundgangs angebracht sind. An der Rückseite fehlen diese Gebetszylinder, stattdessen geht der Gläubige durch einen langen überdachten Gang, an dessen Wänden sich erlesene Fresken zeigen. Zum Zeitpunkt meines Besuches sind die Schäden aus der Kulturrevolution noch nicht beseitigt. Mir fällt auf, dass gezielt die Gesichter der Buddhas und Heiligen zerstört wurden, um ihnen die magisch-spirituelle Kraft zu nehmen, mit der sie einst ihre Schöpfer beseelten.

Auf dem Weg zu meinem Zeltplatz kommt es zu einer Begegnung, die später zu einem regen Gedankenaustausch führt, und aus der eine Freundschaft erwächst, die mich an den Geschehnissen in Tibet auch während meines Aufenthalts in Europa mitwissen und mitleiden lässt. Lopsang Tsering, der Direktor des Kulturinstituts der »Autonomen Provinz Tibet«, spricht mich an und erkundigt sich durch Nudup, einen Exiltibeter, der als Dometscher fungiert, nach meinen bisherigen Eindrücken. Er selbst sei hierher gekommen, so erfahre ich, um an der Gestaltung eines Filmberichts mitzuwirken, den die lokale tibetische Fernsehanstalt produziert. Wir verabreden, uns in Lhasa zu einem längeren Gespräch zu treffen, und Nudup, der in Nepal eine Teppichknüpferei betreibt, erklärt sich bereit, als Übersetzer zu fungieren.

Am nächsten Morgen treibt mich die Neugier schon früh aus dem Zelt. Ist es doch der ersehnte Tag, an dem das Fest seinen krönenden Abschluss erfahren soll. Im Cham, den rituellen Maskentänzen, die den Höhepunkt bilden, wird jener bedeutsame Vorgang nachvollzogen, als Padmasambhava den Widerstand der Bön-Priester überwunden und deren wichtige Gottheiten in den Buddhismus integriert hat. Zusätzlich werden die Zuschauer noch an das Bardo Thödol – eine Art tibetisches Totenbuch – erinnert und auch an jenen Zustand zwischen Tod und Wiedergeburt, in dem Furcht erregend aussehende Wesen dem Geist des Menschen erscheinen, die ihm zu Lebzeiten im Cham realistisch vorgeführt werden. Als ich das Kloster erreiche, sind die letzten Vorbereitungen noch im Gange. Gegenüber dem Eingangstor wird ein großer weißer Baldachin aufgespannt, der mit blauen budhistischen Glückssymbolen verziert ist. Unter diesem zeltartigen Dach nimmt das Mönchsorchester Platz. Von dort aus wird der Abt des Klosters, gemeinsam mit seinen Ehrengästen, das Tanzspiel verfolgen. Die Tanzfläche selbst ist durch eine Linie im sandigen Boden abgesteckt und liegt genau zwischen Klostereingang und Baldachin. Rundherum drängen sich die Pilger auf engstem Raum. Es herrscht ein Geschiebe und Gedränge im Kampf um die besten Plätze. In den vordersten Reihen sitzen die Zuschauer auf mitgebrachten Decken, die einfach auf dem sandigen Boden ausgebreitet werden, dahinter baut sich immer höher die Menschenpyramide auf. Auch die umliegenden Häuserdächer und Mauern werden erklettert, keine Anstrengung ist zu groß, wenn es darum geht, einen guten Aussichtspunkt zu erreichen. Hoch oben auf dem Dach des Klosters versammeln sich jene Mönche, die am Ritual nicht aktiv mitwirken und von dort aus das Geschehen mitverfolgen. Ihre kahl geschorenen Köpfe lugen unter einer riesigen Stoffbahn hervor, die die Farben der fünf Dhyani-Buddhas zeigt.

Die Stimmen der Zuschauer verstummen, es wird totenstill, als am Eingang des Klosters zwei Mönche mit kleinen Trompeten erscheinen. Sie stellen sich einander gegenüber auf und verkünden mit ihrer Musik den Beginn des Cham. Zu den Klängen der Trompeten fällt das gesamte Orchester ein. Am Klostereingang formiert sich eine Gruppe, langsam setzt sie sich in Bewegung, die beiden Trompeter gehen an der Spitze, dahinter folgen die Würdenträger mit dem Abt von Samye in ihrer Mitte. Die Mönchsmusiker eskortieren den Abt mit seinem Gefolge zu ihren Sitzplätzen unter dem Baldachin und kehren daraufhin wieder zum Klostereingang zurück. Dort erscheinen zwei weiß gekleidete Gestalten mit Totenkopfmasken. Sie sind barfüßig und tragen um ihre Knöchel und Hüfte Ketten, an denen Glöckchen befestigt sind. Die weißen Jacken und Hosen sind mit roten Streifen gemustert, die das Knochenskelett symbolisch andeuten. Die weißen Masken mit dem weit aufgerissenen Mund und großen Augenhöhlen erinnern die Zuschauer an die Vergänglichkeit und insbesondere an den physischen Tod, der am Ende jedes irdischen Daseins steht. Bei ihrem ersten Auftreten in diesem Fest laufen sie entlang der Zuschauerreihen und versetzen einzelnen Tibetern kleine Hiebe. Jeder Angriff der Cittipati, wie die tanzenden Skelette genannt werden, wird von einem Aufschrei begleitet. Manchmal rufen ihre Aktionen auch schallendes Gelächter oder laute Kommentare unter den Zuschauern hervor. Das versammelte Volk sieht in diesen Skeletttänzern die Herren des Leichenackers, die in verschiedenen Tiergestalten die Leichen abholen und sie später verzehren. In ihnen spiegelt sich letztlich eine in Tibet praktizierte Form der Bestattung, die unter dem Namen »Himmelsbestattung« bekannt ist. Dabei wird der Körper des Toten von Leichenzerstücklern in kleine Teile zerlegt, die Stücke zerstampft, mit Gerstenmehl vermengt und den Geiern überlassen.

Ich habe einem derartigen Ritual einmal selbst beigewohnt und beobachtet, wie der Körper eines Mädchens von einem Leichenzerstückler systematisch zerlegt wurde – am Rücken beginnend, dann Extremitäten und zuletzt der Kopf – während zwei Helfer die Fleischteile und Knochen mit metallenen Hämmern zerstampften und mit Gerstenmehl zu einer Masse vermengten. Kaum hatten die Zerstückler mit ihrer Arbeit begonnen, erschienen die ersten Geier am Himmel, kreisten über dem Leichenacker und ließen sich auf den umliegenden Felsblöcken nieder. Meinen Augen enthüllte sich ein archaisches Bild; unter den Händen der Leichenzerstückler löste sich die menschliche Form langsam auf, und rundherum warteten die Geier, um das Werk zu vollenden und die letzten sichtbaren Spuren der irdischen Hülle zu beseitigen. Es ist wirklich nur die reine Materie, der physische Körper, der hier vernichtet wird, und deshalb sind auch keine Angehörigen aus der Familie der Verstorbenen zugegen. Sie sind alle im Haus der Toten versammelt, und ihre Aufmerksamkeit gilt dem feinstofflichen Körper, also jenem Teil des Menschen, der sich nun im Bardo befindet, dem 49 Tage dauernden Zustand zwischen Tod und Wiedergeburt. Durch besondere Rituale, die ein kundiger Lama ausführt, kann der »umherirrenden Seele« geholfen und somit deren Wiedergeburt positiv beeinflusst werden. Der Akt der Himmelsbestattung ist für den Tibeter nur von untergeordneter Bedeutung. An jener Himmelsbestattung, der ich beiwohnte, waren tibetische Ärzte anwesend. Sie begutachteten Herz und Lunge des so jung verstorbenen Mädchens. Der Schädel war Gegenstand eines besonderen Rituals: Er wurde in eine kleine Mulde des Felsblockes gelegt, auf dem die Himmelsbestattung vollzogen wurde, und mit einem großen Stein zerschmettert, den der Leichenzerstückler von oben herabfallen ließ. Das nun freiliegende

Gehirn wurde ebenfalls einer Prüfung durch die Mediziner unterzogen.

Die Geier schienen den Ablauf der Zeremonie genau zu kennen. Während die letzten Körperteile und Knochen zermalmt wurden, wurde der Kreis immer enger, den die Vögel um den Felsblock zogen. Dann stieß einer der Männer laute Rufe aus, und Sekunden später erhoben sich die ersten Geier vom Boden, glitten hinunter und landeten mit ausgebreiteten Schwingen auf dem Felsblock. Einer nach dem anderen kam herangeflogen. Bald drängten sich ein paar dutzend dieser großen Vögel auf engstem Raum und nahmen das ihnen dargebotene Opfer an. Das Wort Opfer ist nicht falsch, denn der Tibeter sagt dazu Folgendes: »Seit urdenklichen Zeiten, in unzähligen Daseinsformen, entnahm ich zahllosen Wesen, eingedenk ihres Wohlseins und Lebens, was ich zur Nahrung, Kleidung und zu jeder Art Dienstleistung brauchte, und erhielt damit meinen Körper gesund, fröhlich und stark genug, um dem Tode zu trotzen. Der Tag ist gekommen, meine Schulden zu tilgen; so biete ich als Opfergabe diesen meinen so geliebten und verwöhnten Körper zur Vernichtung dar.« Im Magen der Geier verschwindet die irdische Hülle des Menschen in wenigen Minuten. Es bleibt nichts übrig. Dann schwingen sich die gefiederten Aasfresser in die Lüfte, streben dem Himmel zu, wo sie sich verlieren und den Blicken entschwinden.

Die tanzenden Skelette sind noch immer damit beschäftigt, einzelne Zuschauer zu züchtigen, als angeführt von den Mönchstrompetern eine neue Gruppe den Tanzplatz betritt. Es sind komisch wirkende Gestalten, in gelb-rot gemusterte lange Gewänder gehüllt. Der Gesichtsausdruck der übergroßen Masken mit den abstehenden Ohren wirkt einfältig, um nicht zu sagen dümmlich. Ihr ganzes Auftreten erinnert an Clowns, die sich über alles und jeden lustig machen. Es sind die Atsari-Bag, die Spaßmacher, die bei keinem Cham fehlen. Ihre Späße reißen die Zuschauer zu Lachsalven hin. Bald gesellen sich noch die Skelette hinzu und beteiligen sich an den komischen Einlagen, die scheinbar aus dem Stegreif kreiert werden. Im Gegensatz zu den anderen Masken, die im Cham auftreten, gelten jene der Atsari nicht als heilig und dürfen deshalb von Laien getragen werden. Das Gelächter der Zuschauer nimmt ein jähes Ende, als am Klostereingang eine Gruppe von Tänzern erscheint, die Furcht einflößende Masken tragen. Unter ansteigender Musik betreten die seltsamen Gestalten den Tanzplatz, den die Atsari-Bag nun bereitwillig freigeben. Sie tragen verschiedenfarbige Masken mit weit geöffnetem Rachen, Reißzähnen und drittem Auge auf der Stirn. Einige tragen Kronen mit je fünf Totenschädeln auf dem Kopf. Ihre prächtigen Seidengewänder mit den Trompetenärmeln sind mit verschiedenen Ornamenten verziert. Gebannt beobachten die Zuschauer, wie diese wilden, Furcht erregend aussehenden Gestalten von einem Bein auf das andere tanzend sich der Mitte nähern. Sie halten verschiedenartige Attribute wie Stöcke, Schwerter, Sicheln und Glocken jeweils in einer Hand, während sie mit der zweiten Schutz- und Abwehrgebärden vollführen. Auf ihren leuchtenden Gewändern finden sich schreckliche Fratzen im Bereich des Brust- und Unterteils der Kleider. Zusätzlich tragen manche dieser Wesen Schürzen aus Knochen. Sie gehören allesamt zur Kategorie der Schutz- und Schreckensgötter und erfüllen im Cham ebenfalls eine sehr reale Funktion. Sie erinnern den Zuschauer an das Bardo, einen Zustand der Sinnestäuschungen, der dem Geist des Verstorbenen zum Verhängnis werden kann, wenn er nicht die ihm erscheinenden Wesen als Projektion seines eigenen Bewusstseins erkennt. Dann erst wird er den Tod ohne Angst als Mysterium erleben, das ihm das Schauen des »Klaren Lichtes« offenbart; und der stierköpfige Totengott Yama, der die Horde der Schreckgestalten anführt, die nur das geängstigte Bewusstsein peinigen können, kann das einzige Opfer vollziehen, das der Buddha anerkennt: das Opfer des eigenen Ich.

Die tibetischen Buddhisten haben die enorme Bedeutung des

Sterbeprozesses voll erkannt und betrachten den Tod als Möglichkeit zur spirituellen Reifung, in dem die Weichen für die Qualität der nächsten Wiedergeburt gestellt werden; ja, durch das Verharren im »Klaren Licht« kann sogar die Buddha-Natur erweckt werden, was freilich nur demjenigen gelingt, der zu Lebzeiten in der Meditation sein Bewusstsein gereinigt und die Nichtdualität allen Seins erkannt hat. Die tibetischen Erkenntnisse über das Sterben sind Ergebnisse der Beobachtungen, dass in den höchsten Stadien der Meditation die gleichen Prozesse ablaufen wie im Sterben. Auch in der tiefen Meditation werden die subtilen Bewusstseinskräfte in den verschiedenen Energiezentren des Körpers, den so genannten Chakras, zusammengezogen und durch das dabei entstehende höhere energetische Niveau aktiviert.

Beim Tod vereinigen sich diese feinstofflichen Bewusstseinskräfte sukzessive in einem einzigen Punkt, nämlich im Herzen. Dort befindet sich jene subtilste Bewusstseinsenergie, die als unzerstörbar gilt und als deren grobstoffliche Manifestation das Blut und die Samenflüssigkeit gelten. Diese allerhöchste Energiekonzentration, die dem menschlichen Körper innewohnt, ist es, die von Leben zu Leben wandert und die als Basis für das Buddha-Wesen dient. Das Ablösen des Bewusstseins vom grobstofflichen Körper geschieht in mehreren Stadien, dabei wird den Gliedern und Organen sukzessive die Lebenskraft entzogen, was sich äußerlich durch Erlahmen der Sinneswahrnehmungen, durch Verminderung der Körperwärme, Austrocknung der Körperflüssigkeiten usw. zeigt. Dies kann aber nur in geordneter Reihenfolge und ohne Irritation geschehen, wenn der Mensch nicht eines gewaltsamen Todes stirbt. Nach Ansicht des Dalai-Lama leidet ein gewaltsam Sterbender doppelt: »Er wird nicht nur seines Lebens beraubt, sondern ihm ist auch die Möglichkeit genommen, dass der Prozess des Sterbens Quelle spiritueller Reifung werden kann.« Die Tibeter legen großen Wert darauf, die äußeren Umstände des Sterbens friedvoll und harmonisch zu gestalten. Ein Lama, der dem Sterbenden beisteht, versucht, diesem zu helfen, damit er die einzelnen Phantasien bewusst und ohne Angst erlebt. Nun zeigt sich, wie wichtig zu Lebzeiten erworbene meditative Erfahrungen sind, denn dadurch steht er dem Sterbeprozess nicht unvorbereitet gegenüber. Viele der Bewusstseinsphänomene, die nun stattfinden, hat er bereits vorweg in der tiefen Meditation erlebt, sie sind ihm nicht fremd und erzeugen keine Angst. Der Unvorbereitete dagegen wird sich an zerfließende Formen klammern. Aber dieses Festhaltenwollen erzeugt Angst. Die Angst wiederum manifestiert sich in bestimmten Bewusstseinsphänomenen mit schrecklichen Wesenheiten, wodurch die Angst noch vergrößert wird. Angst aber ist Ursache für karmische Wirkung, die ungünstige Voraussetzungen für die bevorstehende Wiedergeburt schafft. Nur der gut vorbereitete und in der Meditation erfahrene Mensch wird die verschiedenen Erscheinungen, die den Prozess des Sterbens begleiten, erkennen und angstfrei erfahren können. Er wird auch im Zustand des »Klaren Lichts«, der dann eintritt, wenn sich alle subtilen Bewusstseinskräfte des Körpers mit der im Herzen ruhenden Kraftkonzentration vereinigt haben, länger verharren können als der unvorbereitete bzw. spirituell unerfahrene Mensch. Dieser Zwischenzustand dauert längstens 49 Tage. Dann läuft der umgekehrte Vorgang ab, und die feinstoffliche Energie verbindet sich wieder mit grobstofflicher Materie. Es ist beeindruckend, wie genau der tibetische Buddhist diese geistigen Vorgänge studiert hat, sie erkennt und auch praktisch selbst erfährt.

Ich habe hier nur äußerst oberflächlich dieses Wissen wiedergegeben, aber die genauen Beobachtungen und Erkenntnisse darüber sind so gründlich, dass es mich immer wieder in Erstaunen versetzt, wenn ich beispielsweise in ihrem »Totenbuch«, das ich Lebensbuch nennen will, darüber lese. Es ist Ausdruck der Kontinuität aller Bewusstseinsvorgänge während des Lebens und des Todes, und das Gesetz des Karma wirkt, solange nicht die Buddha-Natur erweckt ist. Lama Anagarika Govinda beschreibt die kausalen Zusammenhänge von Bardo und Wiedergeburt: »Wer das Höchste in sich gepflegt hat, wird vom Höchsten angezogen. Wer aber am Niedrigsten hängt, wird vom Niedrigsein angezogen. Und wer nicht während seiner Lebenszeit sich der Ausübung der Meditation gewidmet hat, ist nicht im Stande, lange in diesem Reich reinen Lichts zu verweilen. Er wird sich angezogen fühlen von den trüben, aber umso vertrauteren Ausstrahlungen und Reflexen niederer Bewusstseinszustände wie Gier, Haften, Neid, Stolz, Zorn, Selbstgefälligkeit, Trägheit, Stumpfheit und ähnlichen Folgen von Unwissenheit und Selbstsucht.«

Zurück zum Cham. Die einzelnen Schreckens- und Schutzgottheiten, deren einzelne Charakterisierung ich dem Leser ersparen will, haben ihre Aufgabe erfüllt und den Zuschauer einprägsam an das Bardo und damit an die einzige Gewissheit des Lebens – den Tod – erinnert. Nun wird ein Stuhl auf die Tanzfläche getragen und in der Nähe der Ehrenplätze aufgestellt. Eine seltsam gebeugte und unbeholfen wirkende Gestalt mit einer überproportional großen, lachenden Maske betritt den Platz. Die Gestalt wird von den Spaßmachern begleitet, die sie manchmal stützen, dann wieder vorwärts schieben und schließlich auf den Stuhl setzen. Die clownhaften Knaben umkreisen die sitzende Gestalt, wobei sie immer wieder Ehrerbietung und Verehrung andeuten, aber ihr ganzes Verhalten lässt keinen Zweifel, dass sie dies zum Spott tun. In der Gestalt des Sitzenden lebt ein geschichtliches Ereignis fort, das den Tibetern wohl bekannt ist und wegen des Gegenwartsbezugs die Zuschauer hier in Samye zu Begeisterungsstürmen hinreißt. Die sitzende Gestalt ist niemand anders als der chinesische Heshang, der Dickbauch-Buddha mit seinem Gefolge von Kindern. In seiner Person verbirgt sich die Geschichte von jenem religiösen Streit zwischen indischer und chinesischer Lehrauslegung. Demnach soll Heshang das Werk Padmasambhavas durch ketzerische Lehren bedroht haben, ehe er von diesem in einem Disput besiegt wurde. Zur Erinnerung an dieses Ereignis tritt der Dickbauch-Buddha in den Cham-Tänzern als komische Figur auf.

Nach dem Auftritt von Heshang gibt es eine kleine Pause. Die Tibeter stärken sich mit Tsampa, und Kanister voll Chang werden herumgereicht. Die Schwüle ist drückend und verstärkt sich noch, als von Süden her pechschwarze Gewitterwolken aufziehen. Leichte Windböen setzen ein und wirbeln kleine Staubfontänen am Tanzplatz auf. Der Cham erfährt nun seinen Höhepunkt. Sämtliche Instrumente steigern den Rhythmus. Am Klostereingang erscheint eine Gruppe Tänzer ohne Masken. Am Kopf trägt jeder einen schwarzen pyramidenartigen Hut aus Yakhaar. Von der Spitze des Hutes, die ein Totenkopf ziert, hängen bunte Schärpen. Das Symbol des Totenkopfes findet sich auch auf der Brust der Tänzer. Über den knöchellangen Röcken aus kostbarer Seide tragen manche Tänzer Schürzen aus Menschenknochen. In den Händen halten sie Ritualdolche mit farbigen Bändern. Es sind die »ngagpas«, »die den Spruch (Formel) haben«, besser bekannt unter dem Namen Schwarzhuttänzer. Ihre Bewegungen sind gemäßigt, fast feierlich, die Hände mit den trompetenartigen Ärmeln ausgestreckt, so bewegen sie sich im Kreis. Der »Schwarzhuttanz« ist ein Abwehrritus aus vorbuddhistischer Zeit. Seine Aufnahme in das buddhistische Tanzspiel ist wiederum mit einem historischen Ereignis verknüpft: Die Schwarzhuttänzer verkörpern heute jene Priester der alten Bön-Religion, die einst Padmasambhava überwunden hat.

Das Fest selbst wie auch das Kloster gehen auf das Wirken dieses indischen Yogi zurück, den König Trisongdetsen ins Land gerufen hatte, um die Lehre Buddhas trotz des Widerstandes der mächtigen Bön-Magier in Tibet zu etablieren, wie bereits ausgeführt. Doch König Langdarma, einer der Nachfolger Trisongdetsens, war der alten Bön-Religion zugetan und nahm an den Buddhisten blutige Rache. Er ließ alle buddhistischen Klöster zerstören und ihre Anhänger grausam verfolgen. Auch das Kloster Samye entging der

Verwüstung nicht. Nur drei Mönche sollen dieses Gemetzel überlebt haben, ein Eremit und zwei Flüchtlinge. Der Eremit Paldorje jedoch verkleidete sich als Bön-Tänzer und tötete König Langdarma mit einem Pfeil während eines großen Festes beim »Tanz der Schwarzhüte«. Der Mörder entkam auf seinem mit Ruß geschwärzten Schimmel, ritt durch den nächsten Fluss, und vergebens fahndete man nach einem Reiter auf einem schwarzen Ross. Diese kühne Tat rettete den Buddhismus im Augenblick höchster Bedrohung. Seitdem ist jener Kulttanz der Bönpo wichtiger Bestandteil jedes buddhistischen Cham-Festes. So auch in Samye. Aber mitten im Tanz der Schwarzhüte, dem die Menge gebannt folgt, verfinstert sich der Himmel, und als ob die buddhistischen Heiligen gegen die Adaption alter Bön-Magie rebellierten, bricht ein Unwetter los. Im ungehemmten Toben der Elemente erfährt das Fest sein Ende. Die Tibeter nehmen es gelassen hin; ist es doch jene andere Seite des »Schneelandes«, ihrer geliebten Heimat, die sie selbst »Böyül« – das Land derjenigen, die hier Zuflucht suchten – nennen.

Bedrohlich peitscht der Sturm das Wasser des Tsangpo auf, als ich an der Stelle ankomme, wo die Boote zur Überfahrt bereitstehen. Der Bootsverkehr muss vorübergehend eingestellt werden. Erst als sich das Wetter ein wenig beruhigt hat, kann der Fluss übersetzt werden. Mittlerweile hat sich eine so große Pilgermenge angesammelt, dass auch Unerfahrene die herumliegenden Boote in Betrieb nehmen. So kommt es, dass mein Boot bald hoffnungslos auf einer Sandbank festliegt. Alle Bemühungen, das mit Menschenleibern voll gestopfte Boot wieder in Gang zu bringen, scheitern. Die Tibeter versuchen, andere Boote, die in der Nähe vorbeikommen, zum Anhalten zu bewegen. Aber auch diese sind bis zum letzten Platz voll, und weder drohende Rufe noch ihr flehentliches »kutschi, kutschi …« (bitte, bitte), dem sie mit aneinander gepressten Daumen Nachdruck verleihen, finden Gehör. Es dauert Stunden, bis ein mit leerem Boot zurückfahrender

Fährmann sich unser erbarmt und uns schließlich ans jenseitige Ufer bringt. Hier warten bereits motorisierte Vehikel verschiedensten Typs und Alters, die die Pilger in Richtung Zedang oder Lhasa transportieren. Es ist kurz nach Mitternacht, als ich in Lhasa ankomme und müde in mein Bett im Snow-Land-Hotel sinke.

Zum heiligsten Berg der Welt

Das Geheimnis umwittert auch diese gerade Straße, die sich in der Ferne zwischen bläulichen Bergen verliert. Wir wissen, dass sie lang ist, endlos lang. Wir sehen im Geiste, wie sie in die Tschangthang, die »Großen Grassteppen« einmündet, an riesigen himmelblauen Seen vorbeiführt und weit hinter Lhasa eine der erhabensten Weihestätten der Menschheit erreicht, den schneebedeckten Berg Kaliash, den Wohnsitz Shivas und seiner Gattin Parvati.

Alexandra David-Neel

Seit den Erlebnissen in Samye ist ein Jahr vergangen, das ich vorwiegend in Europa verbracht habe. Nun bin ich wieder nach Asien heimgekehrt und habe den Weg von Katmandu hierher nach Lhasa in wenigen Tagen zurückgelegt.

Ich bin erstaunt, wie viel sich in diesem Jahr verändert hat. Das Verkehrsaufkommen entlang der Katmandu-Route ist enorm angestiegen; waren uns das Jahr zuvor nur selten andere Fahrzeuge begegnet, ist nun bereits eine ganze Flotte japanischer Luxusautos im Pendelverkehr unterwegs. In Gyantse wird ein großes Hotel errichtet, in Allerweltsarchitektur, als Antwort auf die Touristeninvasion aus aller Herren Länder. Auch in Lhasa werden neue Hotelprojekte verwirklicht. Das Snow-Land-Hotel wird dem neuen Standard aus Ermangelung an Duschen und dergleichen nicht mehr gerecht. Die wenigen Gäste, die sich hierher verirren und der enge Kontakt mit den tibetischen Gastgebern schaffen eine familiäre Atmosphäre. Ich fühle mich sehr wohl hier. In den ersten Tagen meines Aufenthaltes besuche ich einige der Plätze, die für mich erinnerungsbeladen sind. Dann wieder wandere ich ziellos umher, halte mich da und dort auf und übe die Kunst des Müßigganges. Ich warte auf Hans, der die Bergausrüstung für unsere Expedition zum Muztagh Ata mit einem Geländefahrzeug Marke »Puch Pinzgauer« nach Pakistan bringt und dann mit Robert Schauer, einem Teilnehmer der britischen Mount-Everest-Nordostgrat-Expedition, nach Katmandu weiterfährt. Wir verabredeten, uns Ende Juli in Lhasa zu treffen, um gemeinsam zum Kailash zu reisen. Meine Aufgabe hier ist es, alle notwendigen Vorbereitungen für diese Fahrt zu treffen. Allerdings stehen die Chancen, dieses Ziel zu erreichen, alles andere als günstig. Die einfachste Variante besteht darin, einen Landcruiser vom Lhasa-Hotel zu mieten, aber der Preis eines solchen Fahrzeugs – es kostet rund 5000 US-Dollar – würde unsere finanziellen Möglichkeiten übersteigen. Eine andere, weitaus billigere Möglichkeit wäre es, zu versuchen, auf einem der Lastwagen mitzukommen, die gelegentlich in diese Region fahren. Aber kurz vor meinem Eintreffen in Lhasa haben die chinesischen Behörden verfügt, dass die LKW-Fahrer keinen Fremden mehr mitnehmen dürfen. Der Grund für die behördliche Maßnahme ist der selbst verschuldete Tod einiger Touristen, die nur unzulänglich ausgerüstet buchstäblich auf der Ladefläche der fahrenden Fahrzeuge erfroren. Natürlich steht mir die Möglichkeit offen, einfach zu Fuß oder mit einem Yak oder Pferd loszuziehen und auf diese Weise die 2000 km von Lhasa zum Kailash zurückzulegen. Aber dafür fehlt mir vor allem die notwendige Zeit, denn ich muss rechtzeitig in Kashgar sein, um die Expeditionsfrist für die Besteigung des Muztagh Ata nicht zu versäumen. Hinzu kommt noch, dass ich mir vorgenommen habe, genau die Zeit um den 16. August 1987 am Kailash zu sein. Dies sollten ganz besondere Tage sein, die von den Hindus schon seit Jahrhunderten erwartet wurden. Doch auch in den Prophezeiungen der Hopi-Indianer Nordamerikas werden diese mystischen

Tage genannt, in diesen Tagen endet darüber hinaus der Azteken-Kalender …

In einer Legende der Hopi heißt es: »Am 16. August 1987 werden 144 000 beim Sonnentanz spirituell gereifte Lehrer helfen, die Menschheit zu erwecken.« Der Azteken-Kalender, der aus 13 Himmels- und neun Höllenzyklen besteht, endet am 16. August 1987. Mit dem Ende des 9. Höllenzyklus erwarten die Azteken das abermalige Kommen von Quetzalcoatl, des Gottes des Friedens.

Bloßer Zufall? Der rational denkende Mensch wird bejahen. Oder steckt hinter diesem merkwürdigen Zusammentreffen von Überlieferungen verschiedenster Kulturen eine Wahrheit? Grund genug für mich, meine Reise zum »Nabel der Welt« so anzulegen, dass ich an den angekündigten Tagen dort bin. Laut Prophezeiungen soll bei Menschen, die sich auf diesen Zeitpunkt vorbereitet haben, eine Art Kraftübertragung stattfinden, die der Bewusstseinserweiterung förderlich ist. Deshalb versammelten sich an den genannten Tagen meines Wissens tatsächlich dann auch Menschen auf allen Kontinenten an bestimmten »Akupunkturpunkten« der Erde, wie Machu Picchu, Sedona, Jerusalem, Fujiama …

Zum gegenwärtigen Zeitpunkt verfüge ich weder über ein geeignetes Transportmittel noch besitze ich die erforderliche Genehmigung, zum Kailash zu reisen. Wo finde ich in Lhasa eine Privatperson, die über ein Geländefahrzeug verfügt; eine Genehmigung besitzt, die zu Taxifahrten für Touristen berechtigt; eine polizeiliche Erlaubnis zur Fahrt in dieses sensible chinesisch-indische Grenzgebiet erwirken kann und den erforderlichen Treibstoff hat – in einem Land, wo es praktisch keinen freien Benzinmarkt gibt –, um die 4000 km hin und her zu bewältigen. Mir sind all die Probleme wohl bekannt, aber es kümmert mich wenig. Ich bin mir sicher, den Kailash zum richtigen Zeitpunkt zu erreichen, auch wenn es im Moment nicht sehr realistisch scheint.

Im Snow-Land-Hotel lerne ich Taishi kennen, einen Japaner, selbst gläubiger Buddhist und Förderer von exiltibetischen Thangka-Malern. Er kam hierher, um seinen Lebenstraum zu erfüllen, die Pilgerschaft zum Kailash erfolgreich durchzuführen. Auf Grund der widrigen Umstände hatte er jedoch sein hohes Ziel bereits aufgegeben und blieb nur deshalb noch in Lhasa, um eine Knöchelverletzung auszuheilen, die er sich bei einer Wanderung zugezogen hatte. Jeden Tag besucht ihn ein tibetischer Arzt aus dem nahe gelegenen Krankenhaus und massiert den dick geschwollenen Fuß. Als ich ihm von meinen Plänen erzähle, fasst er wieder neue Hoffnung, doch noch zum Kailash zu kommen, und bittet mich ihn mitzunehmen. Ich spüre, dass sich unsere Beweggründe für die Reise zum Kailash sehr ähneln und verspreche, ihn nach Möglichkeit mitzunehmen. Einmal am Tag treffen wir uns am Barkor, um gemeinsam ein paar Runden um den Jokhang zu drehen.

Taishi ist auf der Suche nach einer gzi-Perle – eine wie ich sie trage –, die bei den Tibetern als kraftvoller Glücksstein hoch geschätzt ist. Die Herkunft dieser besonders wirksamen Schutzamulette ist mehr als mysteriös. Ein großes Geheimnis liegt auf diesen seltsam gemusterten Steinen, von denen man weder weiß, wer sie gemacht hat, wie sie hergestellt werden und vor allem woher sie kommen. Ihre kleinen Kreise (Augen), Bänder und gewinkelten Linien haben besondere Bedeutung. Ein Sherpa aus Nepal erzählte mir einmal folgende Geschichte darüber: »Die gzi-Steine sind ursprünglich Würmer, die aus der Erde kriechen. Wenn es einem Menschen vergönnt ist, ein derartiges Tier zu erblicken, dann ist es ein großes Glück. Man muss nur seinen Hut oder Mantel darüber breiten, und die Würmer verwandeln sich augenblicklich zu Stein; und man braucht die gzi nurmehr vom Boden aufzulesen.« Er fügte hinzu, ein solcher Stein würde im Augenblick des Todes zerbrechen und seine Kraft verlieren. Deshalb ist die Schutzwirkung eines gebrochenen gzi-Steines gering. Auch sei die Kraft einer gzi-Perle mit einer ungeraden Anzahl »Augen« stärker als jene mit gerader Anzahl. Die größte gzi-Perle, die ich je sah – ein Khampa trug sie als Amulett – hatte neun »Augen« (Kreise).

Es ist Ende Juli, als ich darangehe, meine Kailash-Pläne in die Tat umzusetzen. Hans hat sich offensichtlich verspätet, und sollte er in den nächsten Tagen nicht auftauchen, werde ich nicht mehr länger auf ihn warten können. Taishi und ich machen uns auf die Suche nach einer Fahrgelegenheit. Aber ohne Erfolg. Außer den für uns unerschwinglichen Hoteltaxis scheint es keine Möglichkeit zu geben, ein Fahrzeug anzumieten. Unsere einzige Hoffnung konzentriert sich auf die Adresse eines Tibeters, die mir zugetragen wurde und der über einen LKW verfügen soll und als leitender Angestellter eines Transportunternehmens eventuell die bürokratischen Hürden überwinden könnte. Schon am nächsten Morgen sitze ich ihm in seinem Büro gegenüber. Mein Anliegen ist schnell vorgetragen, ebenso rasch fällt seine Antwort: »Ja, ich habe ein Fahrzeug frei. Hier steht es.« Dabei deutet er zum Hof hinaus, wo ein recht passabel aussehender chinesischer Lastwagen parkt. Der Zustand des Vehikels ist mir in diesem Augenblick ziemlich gleichgültig, bloß fahren muss es. Die brennende Frage ist: Was kostet es? Er überlegt ein paar Sekunden, meine Nerven sind zum Zerreißen angespannt, dann sagt er: »Ich überlasse euch das Fahrzeug für 10 000 Yuan. Gegen diese Summe steht euch der Lastwagen für insgesamt 25 Tage zur Verfügung. Fahrer, Beifahrer und Treibstoff für die Fahrt zum Kailash und zurück sind inbegriffen«, und er fügt hinzu: »Es ist Platz für 15 Personen.« Meine Freude ist unbeschreiblich, ich kann mich kaum beruhigen. Wir vereinbaren als Abfahrtstermin den 5. August und dass ich in drei Tagen die Hälfte des vereinbarten Mietpreises anzahle. Das Geschäft wird mit Handschlag besiegelt. Dann macht er mich mit Garzo bekannt und stellt ihn mir als erfahrenen Fahrer vor, der die Strecke schon einmal bewältigt hat. Ich bespreche mit Garzo gleich die Routenführung. Er schlägt die Nordroute vor; also über das Transhimalaja-Gebirge und durch den Tschangthang nach

Shiquanhe und von dort südwärts zum Kailash. Die Südroute entlang des Tsangpo-Tales zwischen Himalaja und Transhimalaja ist zwar kürzer, aber nun zur Monsunzeit zu riskant, weil viele Flüsse Hochwasser führen und die Gefahr besteht, irgendwo hängen zu bleiben. Garzo rechnet damit, dass wir den Kailash über die Nordroute in etwa sieben bis acht Tagen erreichen können. Wenn es keine größeren Probleme gibt, würden wir in jedem Fall am 16. August dort sein.

Bevor ich mich auf mein Fahrrad schwinge, verweile ich noch ein paar Minuten bei dem einsam parkenden Lastwagen. Ich glaube, ich habe noch nie einen einfachen LKW mit solchen Augen betrachtet – Augen wie die eines Kindes unter dem Weihnachtsbaum. Das ist also das Gefährt, das uns zum Kailash bringen soll. Es sieht gut aus, ein Lastwagen Marke »Ostwind« mit von Planen gedeckter Ladefläche. Glückstrahlend radle ich zurück ins Snow-Land-Hotel. Was wird Taishi sagen? Ich treffe ihn in seinem Zimmer an und überbringe die freudige Kunde. Er hüpft vor Freude hin und her und vergisst dabei ganz sein verletztes Bein, das vom tibetischen Arzt dick bandagiert wurde. Wir wollen noch andere »Kailash-Pilger« mitnehmen, aber nicht um jeden Preis, sondern nur, wenn die Interessenten eine spirituelle Beziehung dazu haben, dafür vorbereitet und gut ausgerüstet sind. Robert – ein gebürtiger Holländer –, der ebenfalls als Buddhist zum Kailash pilgern will, erfüllt diese Voraussetzung. Er wird nach Shigatse vorausreisen und dort mit drei Freunden zu uns stoßen – mit Dieter, einem Deutschen, der seit vielen Jahren in Katmandu Buddhismus studiert; Chris, dem zwölfjährigen Sohn eines hohen tibetischen Lamas, und seiner australischen Mutter. Noch am selben Tag treffen wir bei unseren täglichen Runden um den Jokhang Greg, einen Amerikaner, der mit seinen Freunden Tim, Gery und Pete eine Wanderung ins Makalu-Gebiet unternehmen will, weil sich ihre Kailash-Pläne nicht verwirklichen ließen. Taishi kennt sie und lädt sie ein, mit uns zu kommen. Noch am selben Abend treffen im

Snow-Land-Hotel zwei junge Finnen ein, Thure und Dode, die von unserer bevorstehenden Kailash-Fahrt hören und mich in meinem Zimmer aufsuchen. Ich spüre, dass sie gut zu uns passen, und entscheide mich spontan, sie mitzunehmen. Und ich habe mich in ihnen nicht getäuscht. Sie waren prächtige Reisegefährten, wir blieben bis Kashgar zusammen.

So fügte sich an einem einzigen Tag alles zusammen, Stück für Stück wie in einem Puzzle. Mit den beiden Finnen und Hans, dessen rechtzeitiges Erscheinen ich fest einkalkuliere, sind wir eine Gruppe von 13 Personen. Theoretisch wären zwar noch zwei Plätze zu vergeben, aber wegen des Treibstoffes und der Verpflegung und unseres Gepäcks wollen wir sie nach Möglichkeit nicht besetzen. Doch die Nachricht von unserer bevorstehenden Kailash-Fahrt verbreitet sich in Lhasa wie ein Lauffeuer, und wir können uns der Bewerber kaum erwehren. Schließlich entscheiden wir entgegen unserer anfänglichen Absicht, die zwei letzten Plätze zu besetzen. Wir bitten die Interessenten zu einer Versammlung ins Kirey-Hotel. Inmitten der Gruppe vorwiegend junger Rucksackreisender, die sich um Taishi und Greg scharen, steht ein älterer Inder, der meine Aufmerksamkeit erregt. Als ich ihn anspreche, weiß ich schon, dass ich mich entschieden habe. Er erzählt mir, dass er aus New York komme, mit einer Tibeterin verheiratet und selbst gläubiger Buddhist der Schule der Kagyüpa sei. Er und sein Freund Niven – ebenfalls Buddhist – seien hierher gekommen, um die Pilgerschaft zum Kailash durchzuführen. Als meine Entscheidung längst gefallen war, den beiden die »letzten« verfügbaren Plätze zu überlassen, erzählt mir Krishna folgende Geschichte: »Nach meiner Entscheidung, noch als alter Mann die beschwerliche Reise zum Kailash zu unternehmen, lernte ich den Hopi-Häuptling Weißer Bär kennen. Wir unterhielten uns über die vielen Gemeinsamkeiten, die zwischen dem Glauben der Hopi und meinem bestehen. Dabei erzählte ich dem Häuptling von meiner bevorstehenden Reise zum Kailash und der einzigartigen Bedeutung dieses heiligen Berges für Buddhisten wie auch für Hindus. Er aber erwiderte: ›Auch wir Hopi haben einen besonders heiligen Platz, der Sedona genannt wird. Dort wollen wir uns am 16. August zum Sonnentanz versammeln und Opfer darbieten.‹ Und er bat mich, auch am Kailash für die Hopi zu opfern. Gerne wollte ich seinen Wunsch erfüllen, sofern es mir vergönnt sei, den Kailash zu erreichen. Weißer Bär überreichte mir nun einen Maiskolben und ein paar kleine Gaben, und er sprach: ›Opfere dies für unser Volk und bete für den Frieden auf der Erde.‹ Nach diesen Worten gab er mir seinen Segen und bestärkte mich im Glauben, dass die bevorstehende Pilgerfahrt erfolgreich sein würde. Und nun bin ich hier, und alle meine Hoffnungen scheinen sich wunderbarerweise zu erfüllen.« Mich freut es besonders, dass ich dazu beitragen kann, damit Krishna seine eigene Mission und die der Hopi-Indianer erfüllen kann.

In den nächsten Tagen sind wir alle mit sehr profanen Dingen beschäftigt. Wir haben eine große Einkaufsliste erstellt, die alles enthält, was wir für ca. 30 Tage zum Leben brauchen. Jeder übernimmt einen Teil der Besorgungen, und bald stapeln sich in einem eigens dafür angemieteten Zimmer im Snow-Land-Hotel Säcke mit Kartoffeln, Reis und diversem Frischgemüse, Getränken und Konserven. Wir kaufen zwei große chinesische Koffer, Druckkochtöpfe und Geschirr. In Barkor finden wir mit Stroh gefüllte Matratzen, die auf der Ladefläche als Sitzgelegenheiten und Rückenlehnen dienen sollen. Greg ist einen halben Tag damit beschäftigt, am Markt Eier auszusuchen und 100 Stück davon einzeln in Stroh einzuwickeln und in einer Holzkiste bruchsicher zu verpacken. Zwei Tage vor der Abfahrt suche ich den Vermieter des Fahrzeuges auf, um den vereinbarten Preis zu bezahlen. Er macht ein recht betrübliches Gesicht, denn er hat in der Zwischenzeit erfahren, dass die Verhältnisse auf der Nordroute sehr schlecht sind und einige Fahrzeuge hängen geblieben sind. Gewiss fürchtet er um sein Fahrzeug, und ich bin sicher, hätte er mir die feste

Zusage nicht bereits gegeben, der Traum vom Kailash wäre zerplatzt wie eine Seifenblase. Am Tag vor der Abfahrt, als Hans noch immer nicht angekommen ist, nehmen wir Brigitta, eine Schweizerin, und den Briten Jeff in unser Team auf. Für Hans hinterlasse ich eine Nachricht, dass ich um den 25. August in Kashgar sein will. Er solle von Lhasa über Gormo (Golmud), Dunhuang und Urumqi nach Kashgar reisen, wo ich ihn zu treffen hoffe.

Am nächsten Mogen bin ich schon früh wach. Ich wecke Taishi, und wir beginnen, die Säcke, Kartons und persönliche Ausrüstungsgegenstände zum Hoteleingang zu schaffen. Es ist 7 Uhr früh, die verabredete Zeit. Das Morgengrauen kommt langsam, aber die Stadt ist noch nicht erwacht. Für Taishi und mich brechen quälende Minuten des Wartens an. Wir sind uns nicht sicher, ob das Fahrzeug wirklich kommen wird und haben deshalb die beiden Finnen noch nicht geweckt. Wir stehen am Fenster und horchen gespannt auf jedes Motorengeräusch. Endlich nähert sich ein Fahrzeug von Barkor her, ein lautes Hupen ertönt, und wir laufen hinaus zur Straße, damit der Fahrer uns sieht. Danach eile ich rasch zu den Finnen, um sie aus den Betten zu holen, während Taishi mit Garzo und seinem Beifahrer mit dem Beladen beginnt. Es wird vorerst einmal alles auf der Ladefläche deponiert. Und erst beim Kirey-Hotel, dem nächsten Stopp, wo auch die Mehrheit des Teams zusteigt, wird systematisch gepackt. Die gesamte Ladefläche wird nun mit den Matratzen ausgelegt, die Verpflegung und gemeinsame Ausrüstung werden hinter dem Führerhaus gestapelt und mit Seilen festgebunden, während die Rucksäcke entlang einer Seitenwand verstaut werden. Beim Lhasa-Hotel steigen noch Krishna und Niven zu. Bevor wir endgültig losfahren, befestigen wir weiße Glücksschleifen an verschiedenen Stellen des Fahrzeuges, und dann ist es so weit: Eine merkwürdige Gruppe von 17 Personen, die tibetischen Fahrer und die Zusteiger in Shigatse mit einbezogen, aus zehn verschiedenen Nationen und vier Kontinenten, die das Schicksal zusammengeführt hat, um einmalige Augenblicke ihres Lebens gemeinsam zu verbringen, setzt sich in Bewegung.

Wir verlassen Lhasa in südwestlicher Richtung auf einer zunächst noch gut befahrenen Straße. Das breite Tal des Kyichu-Flusses ist für tibetische Verhältnisse außerordentlich fruchtbar. Der gesamte Talboden wird landschaftlich genutzt, auf den Feldern wachsen Gerste und eigens für diese Hochregionen gezüchteter Bergweizen. Die kleinen Dörfer mit ihren weiß getünchten flachen Häusern schmiegen sich an die Berghänge. Die gesamte Landschaft ist sehr kontrastreich und die Leuchtkraft der Farben so stark, dass auch die einfachsten Naturerscheinungen überdimensional wirken und dem Betrachter das Gefühl vermitteln, dem Himmel näher zu sein. Da schwimmen Ebenen voll grüner Ähren, wenn der Wind sie bewegt, dahinter ragen bizarre Berggestalten in Grau- und Brauntönen in den unvorstellbar blauen Himmel, die im Hintergrund von Eisriesen überragt werden, deren weiße Gipfel den Wolken gleichen. An einer hoch aufragenden Felswand verabschiedet uns Buddha Sakyamuni – der historische Buddha – als kolossales Felsrelief, dessen Farbanstrich frisch erneuert ist. Er wird flankiert von der weißen Tara – der Schutzgöttin Tibets – und dem roten Amitayus, dem Buddha des »unermesslichen Lebens«, der das Gefäß mit dem Nektar der Todlosigkeit in den Händen hält. Unmittelbar nach der Mündung des Kyichu in den Tsangpo (Brahmaputra) überqueren wir Letzteren auf einer modernen Brücke. Hier teilt sich auch der Weg; eine Straße führt ostwärts weiter in Richtung Samye und Tsetang. Wir aber wenden uns nach Südwesten und folgen dem schmalen braunen Band der unbefestigten Piste, die in weiten Serpentinen zum 4800 m hohen Kampa-La hinaufzieht. Am Beginn des Aufstiegs zum Pass liegen die Ruinen eines ehemaligen Dzongs, einer burgähnlichen Festung, wie sie einst überall in Tibet zu finden waren. Sie dienten als Schutz- und Versorgungsstätten der Menschen in Notzeiten und waren meist an strategisch wichtigen Punkten errichtet. Die eindrucksvollste Festung dieser Art ist für mich Shekar Dzong, das alte Tingri, unweit des Mount Everest. Als Plätze des Widerstandes wurden die letzten erhaltenen Dzongs des Landes von den Chinesen fast ausnahmslos zerstört. Im ersten Gang müht sich das Fahrzeug die gewundene Passstraße hinauf, an den bewachsenen Hängen und Rücken grasen Yaks, Schafe und Ziegen. Hirten mit langen Mänteln und breitkrempigen Hüten winken uns zu. Auf der Passhöhe liegt ein riesiger Steinhaufen, in dem ein dickes Bündel bunter Gebetsfahnen steckt. Jeder von uns legt einen Stein dazu, und wir bringen einige mit Mani-Mantras bedruckte Papierstreifen an, die wir für die Fahrt zum Kailash in Lhasa gekauft haben.

Der Anblick von der Passhöhe ist überwältigend – in beide Richtungen. Dorthin, woher wir gekommen sind, und auch dahin, wohin wir fahren. Auf der einen Seite fällt der Blick hinunter ins Tsangpo-Tal, der Fluss glänzt als silbernes Band, das sich durch die dunklen Bergketten schlängelt. Auf der anderen Seite jedoch erstreckt sich tief unter uns ein türkisfarbener See, eingebettet zwischen den Bergen. Es ist der Yamdrok Tso. Ich erblicke diesen See bereits zum dritten Mal, aber jedes Mal sind die Farbschattierungen anders; sie wechseln zwischen Blau- und Grüntönen. Selbst wenn man nur für kurze Zeit den See betrachtet, kann man erkennen, wie sich die feinen Farbnuancen verschieben, je nach Lichteinfall und Wolkenspiel am Himmel. Ich kann mich kaum satt sehen an diesem Landschaftsbild von erhabener Schönheit. Die meisten Seen des Landes haben salzhaltiges Wasser und sind abflusslos. Denn so unglaublich es auch klingen mag, das Hochland von Tibet, das Dach der Welt, war einst vom Meer bedeckt. Und der Himalaja, das höchste Gebirge der Erde, ist zugleich ihr jüngstes. Das Wasser des Yamdrok Tso kann im Gegensatz zum salzhaltigen Wasser anderer Seen zur Bewässerung genutzt werden, hierin gibt es Fische, es ist trinkbar. Eine steil abfallende Straße führt zum Seeufer hinunter. In den Buchten und an den Hängen entlang der Ufer wird auf Terrassen Getreide gezogen. Die kleinen Dörfer sind von oben herab kaum auszumachen, da die flachen braunen Dächer, auf denen Yakmist getrocknet wird, der Farbe des Bodens gleichen. Am nördlichen Ende des Sees soll das legendäre Kloster Samding liegen. Die Äbtissin dieses Klosters galt als Wiedergeburt der weißen Tara (tib.: Dölma), in ihrer Erscheinungsform als Dorjee Phagmo. Die sechste und vorläufig letzte Dorjee Phagmo floh 1959 nach Indien, kehrte jedoch bald wieder nach Tibet zurück, wo sie sich offenbar auf die Seite der Chinesen stellte und eine politische Laufbahn einschlug.

Wir folgen nun dem lang gezogenen See, eine mächtige Staubfahne nachziehend. Wir auf der planengedeckten Ladefläche müssen ein Staubbad ohnegleichen ertragen, das das Erlebnis der Landschaft im wahrsten Sinn des Wortes trübt. Der feine Staub fällt in dicken Wolken ins Innere und durchdringt Kleidung wie Staubmasken. Wir halten in regelmäßigen Abständen an, und wenn sich der Staub verzogen hat, hüpfen höchst seltsame Gestalten von der Ladefläche. Sie sehen aus wie Max und Moritz, nachdem sie in die Mehltruhe gestürzt sind. Die Gesichter sind kaum zu erkennen, Mund, Nasen und Ohren mit Tüchern umwickelt. Wie benommen torkeln sie hustend und spuckend an den Straßenrand und legen sich erschöpft nieder. Aber wir können noch darüber lachen, ein bisschen Staub zu schlucken nehmen wir gerne in Kauf, wenn wir dafür am Kailash die reine Luft und die hohen Energien tanken dürfen. Wir wissen jedoch, dass dies erst der Auftakt ist und die Fahrt noch viel ruppiger wird. Wenn wir in zwei Tagen die Lhasa-Katmandu-Route verlassen, dann geht es erst richtig los. Diesen Pisten gegenüber wird uns das eben befahrene Stück als hervorragende Straße erscheinen. Die Relationen verschieben sich ständig auf dieser Fahrt. Allerdings stelle ich fest, dass ich diesen Abschnitt noch nie in so schlechtem Zustand erlebt habe. Die Monsunausläufer haben mehr Niederschlag als gewöhnlich gebracht, sodass sich Rinnsale in Sturzbäche verwandelten, die die Straße einfach wegspülten oder unter Geröll begruben. Solche Stellen sind die ersten Prüfsteine für die Geländetauglichkeit des Fahrzeuges und das Können des Fahrers. Garzo beherrscht seinen »Ostwind« meisterhaft. Am nordwestlichen Ende des Sees finden wir ein schönes Plätzchen für eine längere Mittagsrast. Ein paar Hirten kommen mit einer großen Yakherde des Weges, die zotteligen Tiere trotten gemächlich einher, und das feine Geklingel der Glöckchen, die manche Yaks tragen, ist ihre Marschmusik. Nach der Siedlung Nargartse windet sich die Straße hinauf zum Karo-La, einem 5200 m hohen Pass. Wild zerklüftete Gletscher ziehen in breiten Bahnen bis unmittelbar an die Straße hinab. Auch hier flattern bunte Gebetsfahnen im Wind. Jenseits des Karo-La breitet sich ein weites Hochplateau aus, das fast menschenleer ist. Nur wenige Nomaden leben hier, ihre schwarzen rechteckigen Yakhaarzelte stehen spinnengleich in der Landschaft. Je tiefer wir wieder kommen, umso fruchtbarer wird das Land. Bald treten an Stelle der schwarzen Zelte kleine Siedlungen, und der Boden lässt wieder den Anbau von Gerste und Weizen zu. Immer häufiger begegnen uns Karawanen von Esels- und Pferdefuhrwerken, die Töpferwaren transportieren. Sie kommen aus Gyantse, wo die Herstellung von Tonwaren nebst anderen Erzeugnissen tibetischer Handwerkskunst eine lange Tradition hat. Neu hingegen am Dach der Welt ist der elektrische Strom. Wegen des eklatanten Holzmangels in Tibet werden die Leitungen über lehmgemauerte Säulen geführt, die in regelmäßigen Abständen entlang der Straße stehen. Die Berge treten zurück. Es öffnet sich ein weites, fruchtbares Tal, das landwirtschaftlich genutzt wird. In der Mitte des Tales ragt ein markanter Felsrücken auf, dessen Spitze mit einer eindrucksvollen Festung gekrönt ist. Das ist Gyantse Tzong, die unzerstörte Burg der viertgrößten Stadt Tibets.

Gyantse ist ein Marktflecken und war einst Zentrum des Handels mit Yakwolle. Händler aus Sikkim, Bhutan, Nepal und Indien gaben sich hier ein Stelldichein, selbst die Briten installierten in

Gyantse eine Handelsmission, nachdem sie unter Oberst Younghusband 1904 die Stadt erobert hatten. Das händlerische Element ist auch heute noch lebendig. Kleine Läden und offene Marktstände säumen die breite Hauptstraße, die am Eingang zum größten Heiligtum der Stadt – dem Kloster mit dem riesigen Chörten – endet. Von allen größeren Orten Tibets hat Gyantse am meisten seinen tibetischen Charakter bewahrt. In der Altstadt drängen sich die einstöckigen Häuser mit den flachen Dächern eng an den Burgberg und den geschwungenen Bergrücken, an dem das Kloster liegt. Die Fenster und Türen bestehen aus dunklem Holz, umrahmt mit roter, blauer, gelber und schwarzer Farbe, die die vier Elemente symbolisieren – Feuer, Wasser, Luft und Erde. Auf den weiß bemalten Türen sind mit roter Farbe Zeichen gemalt. Ein Kreis, darunter ein liegender Halbmond und ein Hakenkreuz; die Ziele unserer Reise! Der Kreis bedeutet den Manasarovar-See, der Halbmond den Rakastal, die heiligen Seen zu Füßen des Kailash.

Eine Bäuerin treibt ihr Yakgespann die Marktstraße von Gyantse entlang. Die Tiere dienen zum Pflügen der Felder. Hier sind sie prächtig mit Troddeln und Quasten geschmückt.

Das Hakenkreuz aber steht für den Kailash selbst, an dem das Swastika-Zeichen in Form von Felsbändern sichtbar ist.

Im Gegensatz zur gut erhaltenen Altstadt von Gyantse bietet das Kloster ein trauriges Bild. Die mächtigen Außenmauern, die das Kloster umschließen, stehen noch da. Sie zeigen, wie groß das einstige Kloster war: Innerhalb seiner Mauern standen exakt 108 Gebäude, bevor die Chinesen darin wüteten. Insgesamt sind nur drei Gebäude stehen geblieben, alle anderen wurden so gründlich zerstört, dass nicht einmal die Grundmauern übrig sind. Wie durch ein Wunder allerdings ist der monumentale Chörten erhalten geblieben, den der italienische Tibet-Forscher Giuseppe Tucci als das »bedeutendste Denkmal tibetischer Kunst« bezeichnet. In den Farben Weiß und Gold erhebt sich das neunstöckige, nach oben hin immer spitzer werdende Bauwerk, das auf dem Grundriss des heiligen Kreises – des Mandalas – errichtet ist. Nichts ist hier zufällig, nichts fehlt, es ist ein perfektes Abbild des Kosmos. In seiner Konzeption ähnlich dem Borobudur in Java, wandert der Gläubige von unten nach oben und vollzieht dabei den Weg aus dem irdischen Dasein bis zur Erleuchtung nach. Der gesamte tantrische Pantheon ist hier versammelt, Tucci zählte 18 886 Figuren! Doch die Bilder sind nicht Objekte der Anbetung, sondern dienen der Selbsterkenntnis, indem sie den Aufstieg des Bewusstseins bis zur höchsten Vollkommenheit – zur Erleuchtung – symbolisieren. Sie spiegeln unser Dasein wider und zeigen den Weg, der zu gehen ist, um den Kreislauf der Wiedergeburten zu beenden und zur Buddhaschaft zu gelangen. So ist der Aufstieg von einem Stockwerk des Chörten zum Nächsten zu verstehen. Deshalb ist die oberste Kapelle dem Ur-Buddha Vajradhara geweiht, der die Buddha-Idee verkörpert – Symbol des Absoluten. Von der Spitze des Chörten blicken seine Augenpaare in alle vier Himmelsrichtungen. Darüber reckt sich nurmehr das goldene Flammenjuwel in den Himmel, Symbol für »Bodhicitta«, den uneigennützigen Erleuchtungsgeist.

Wir setzen die Fahrt fort. Nach der Beijing-Zeit, die hier – 3000 km von der Hauptstadt entfernt – gilt, ist es bereits Abend, obwohl die Sonne noch hoch am Himmel steht.

Farbflecken von gelbem Raps und grüner Gerste werden umgeben von ockerfarbenem Sand. Seltsam gezackte Bergkämme mit rostroten Gesteinsbändern und schwarzem Konglomerat, Wolken wie weiße Plüschtiere: Wir sind in Shigatse.

Hoch über der Stadt steht die mächtige Ruine der geschleiften Burg. Aber das Kloster Tashilunpo zeigt keinerlei Spuren der Verwüstung, es ist völlig restauriert und erstrahlt in neuem Glanz. Der Rest von Shigatse ist chinesisch. Inmitten dieser Neustadt liegt ein Hotelklotz mit riesigem Fuhrpark von japanischen Luxusautos. Dorthin lenkt Garzo den »Ostwind« und stellt das über und über mit Staub bedeckte Gefährt protzig vor dem Eingang ab. Unsere Ankunft wird zum viel bestaunten Ereignis. Wir vertreten uns kurz die Beine, klopfen notdürftig den Staub von der Kleidung und fragen nach einem »Dormitory«. »Einen Massenschlafsaal gibt es nicht!«, erfährt Pete an der Rezeption, der sich in seiner Muttersprache mit dem chinesischen Personal verständigen kann. Die Antwort ist uns wohl vertraut, aber wir wissen nur zu gut, dass jedes Hotel über »Dormitories« verfügt. Wir beginnen einfach, unsere Schlafsäcke in der Hotelhalle auszubreiten, mit der festen Absicht, auf diese Weise zu nächtigen. Siehe da, die Tür zu einem Schlafsaal wird uns aufgetan. Nur die Duschen bleiben uns verschlossen, so sehr wir uns auch darum bemühen und so offensichtlich es ist, wie nötig wir ein reinigendes Bad hätten.

Am nächsten Morgen fahren wir die staubige Straße zum Kloster hinauf. Gegenüber dem Haupteingang liegt ein einfaches tibetisches Gästehaus, wo die Zusteiger – Robert, Dieter, Carol und Chris – bereits auf uns warten. Nun wird endgültig gepackt. Die Verpflegung, in Säcken und Kartons eingepackt, muss mit Seilen am vorderen Ende der Ladefläche verschnürt werden. Auf einer Längsseite des hölzernen Aufbaus stellen wir die Rucksäcke in einer Reihe aneinander, sodass jeder während der Fahrt an sein persönliches Gepäck herankommt, und sichern sie ebenfalls mit Seilen. Die zweiteiligen Matratzen werden nun so gelegt, dass die eine Hälfte als Sitz und die andere als Rückenlehne dient. Jeder versucht seinen Sitzplatz komfortabel zu gestalten, mit dem Bestreben, die bevorstehende Geländefahrt möglichst ohne Bandscheibenschäden und Prellungen zu überstehen.

Als das Gepäck verstaut ist, wollen diejenigen, welche zum ersten Mal in Shigatse sind, das Kloster Tashilunpo besuchen. Ich selbst kenne das Kloster bereits von zwei vergangenen Aufenthalten und nehme die Gelegenheit wahr, eine Runde entlang des Pilgerweges zu drehen, der die weiß gekalkten Außenmauern umschließt. Das Stammkloster der Panchen-Lamas, Inkarnationen des Buddha Amitabha, ist eine riesige Klosterstadt, ein Labyrinth von Gebäuden, worin man sich verlieren kann. Die gesamte Anlage breitet sich am südwestlichen Ende eines Bergmassivs aus, das im Osten als weit vorstehender Erker in die Tsangpo-Ebene hineinragt. Die überwiegend weißen Mauern und Gebäude mit den goldenen Dächern heben sich leuchtend vom dunklen, gezackten Felsrücken ab. Im rechten Klostertrakt steht eine auffallend große, trapezförmige weiße Wand. Sie ist innen begehbar und dient dazu, bei festlichen Anlässen mit überdimensionalen Thangkas geschmückt zu werden. Noch monumentaler aber ist der rote Maitreya-Tempel, in dem eine riesige, 26 m hohe Figur des zukünftigen Buddha thront. Sven Hedin, der im Winter 1906/1907 nach härtesten Strapazen hier ankam und dem Neujahrsfest beiwohnte, konnte dieses Bauwerk noch nicht bewundern, da es erst im Jahre 1916 fertig gestellt wurde. Stattdessen sah er die Grabchörten der Panchen-Lamas, von denen heute nur ein Einziger erhalten ist, und natürlich die eindrucksvolle Burg von Shigatse – ein Potale in klein.

Der Weg Sven Hedins im Winter über den Tschangthang und Transhimalaja nach Shigatse musste teuer erkauft werden.

Von den 36 Mauleseln und 58 Pferden, mit denen er im August 1906 in Leh, der Hauptstadt Ladakhs, loszog, erreichten nur ein einziger Maulesel und fünf Pferde Shigatse. Alle anderen Lasttiere fielen den eisigen Temperaturen und Stürmen während des Marsches im tibetischen Winter über den Tschangthang zum Opfer. Zuletzt starb auch noch sein Karawanenführer Muhamed Isa in Saka-Dzong auf dem Weg zurück nach Ladakh.

Der Andrang der Pilger auf dem Rundweg ist groß, trotz der sengenden Sonne, der man dabei ausgesetzt ist. Sie gehen langsam, legen Steine zu den Haufen, verweilen, beten und wandern weiter. Überall an den schattigen Plätzen entlang der Umfriedungsmauer rasten die Pilger und zahlreiche Hunde, die zusammengerollt neben dem Weg oder in Felsnischen liegen.

Nach dem Rundgang schlendere ich durch den Markt am Fuße des Burgberges, der längst seine frühere Bedeutung eingebüßt hat. Es ist Mittag, als wir uns wieder vor dem Eingang des Klosters versammeln. Die Mannschaft ist vollzählig, der Lastwagen fahrbereit. 15 Personen nehmen auf der Ladefläche Platz, während die beiden Fahrer und ich uns das kleine Führerhaus teilen. Der Weg führt im Tsangpo-Tal nach Westen. Die Dörfer schmiegen sich an die Berghänge, damit keine landwirtschaftliche Nutzfläche verloren geht. Denn die Fruchtbarkeit hat in Tibet überall ihre Grenzen; die fruchtbaren Stellen sind nicht mehr als Oasen, Inseln inmitten einer von Unfruchtbarkeit und in hohen Lagen von Gletschern bestimmten Gebirgswelt.

Bis zu unserem Tagesziel – Lhatse – sind es zwar nur 150 km, aber wir kommen nur langsam voran, weil die Straße an vielen Stellen durch Erdrutsche verlegt ist. Noch befinden wir uns auf der Route nach Katmandu, und das Verkehrsaufkommen ist deshalb für tibetische Verhältnisse beträchtlich. Wir gewinnen an Höhe. Die Straße führt hinauf zum Po-La (4500 m), dem einzigen Pass, den wir an diesem Tag überwinden müssen. Gleich nach der Passhöhe biegt eine schmale Piste nach Süden ab, zum Rotmützen-Kloster Sakya. Sakya ist eine Welt für sich und unterscheidet sich schon rein äußerlich von den anderen Klöstern. Die Dörfer, an denen man auf dem Weg zum Kloster vorbeifährt, haben grau getünchte Häuser mit charakteristischen rot-weißen Längsstreifen. Grau ist auch das Kloster selbst, das äußerlich mehr einer Festung als einem Sakralbau gleicht. Von den einst 24 Klöstern des Sakya-Gebietes steht heute nurmehr das Südkloster, das nur wenige Mönche beherbergt. Aber auch hierher kommen wieder die Pilger. Die Sakyapa-Schule freilich ist weit verbreitet, aber ihre bedeutendsten Klöster findet man heute in Indien, Nepal und Bhutan. Im indischen Rajpur befindet sich auch der Sitz des Sakya-Oberhauptes.

Auf einen indischen Gelehrten – nämlich Atisha – soll auch die Gründung des Klosters zurückgehen. In der Gründungsgeschichte von Sakya – das wörtlich »Graue Erde« bedeutet – heißt es, dass dem indischen Gelehrten auf einer neben dem Kloster liegenden Felswand siebenmal die heilige Silbe Dhi erschienen sein soll, die den Bodhisattva Manjushri symbolisiert. Deshalb werden die Äbte von Sakya als Wiedergeburten dieses Bodhisattva der Weisheit erkannt. Den größten Einfluss in Tibet gewann Sakya in der Zeit höchster Gefahr, als die Unabhängigkeit des Landes durch die Mongolen bedroht wurde. Dschingis Khan verschonte mit seinem Reiterheer zunächst das Land, aber sein Sohn Ögödei fiel in Tibet plündernd ein. Der Abt von Sakya – Sakya Pandita – führte mit den Mongolen Verhandlungen und erwirkte durch diplomatisches Geschick und seine Überzeugungskraft, dass die Mongolen ihm die Herrschaft über Tibet – natürlich von ihren Gnaden – übertrugen. Mehr noch, die Gelehrsamkeit des Rotmützen-Abtes machte auf die Mongolenführer einen solchen Eindruck, dass Ögödei ihn an seinen Hof holte. Schließlich nahmen die Mongolen den Buddhismus an und aus den Feinden der Tibeter wurden Beschützer der Religion, und sie begründeten den Aufstieg der Klöster und deren künftige Macht im Lande.

Wir fahren wieder zurück zum Tal des Tsangpo und erreichen nach kurzer Fahrt unser Tagesziel Lhatse. Ein paar staubige, würfelförmige Gebäude scharen sich um eine Straßenkreuzung. Jedoch gibt es ein Kino, einen Truckstopp und ein Treibstoffdepot der Roten Armee. Hier teilt sich die Straße. Die Hauptroute führt weiter in Richtung Südwesten, verläuft quer über die Tingri-Hochebene zur chinesisch-nepalesischen Grenze. Die andere Piste folgt weiter dem Tsangpo nach Westen, bis zu seinem Ursprung am Kailash. Wir sind die einzigen Gäste im Truckstopp, dessen einzelne Schlafzellen den Parkplatz ringförmig umschließen. Hier bauen wir unsere Feldküche auf. Dieter versucht, die neuen Kocher in Gang zu bringen, Thure und Dode übernehmen die Kartoffelzubereitung, außerdem steht ein Gemüseeintopf auf dem Speiseplan. Bald hat sich eine Menge gaffender Tibeter eingefunden, die unser internationales Menü bestaunen. Ungewollt tragen wir zur Volksbelustigung bei: Zuerst muss Dieter resigniert feststellen, dass wir für die Kocher den falschen Brennstoff gekauft haben, aber wir haben noch insofern Glück, als uns Garzo seinen Brenner zur Verfügung stellt, der mit dem Treibstoff des Lastwagens betrieben wird. Dann will Greg ein paar jener Eier zubereiten, die er selbst sorgfältig in Lhasa ausgesucht und aufwändig verpackt hat. Aber ein Ei nach dem anderen, das er aufmacht, ist schlecht. Er kann es nicht glauben, haben ihm doch die Händler und auch die Tibeter, die er beim Kauf zurate zog, versichert, die Eier seien ganz frisch. Ei für Ei wird aufgeschlagen, und fast alle müssen weggeworfen werden. Die Tibeter amüsieren sich köstlich dabei, obwohl es nicht sehr spannend ist, denn von 100 Eiern sind nur fünf Stück gut. Greg macht ein beschämtes Gesicht, und um diesen Fehler auszubessern, begibt er sich mit Pete auf die Suche nach ein paar Ersatzeiern. Tatsächlich gelingt es ihnen, ein gutes dutzend zu erstehen, aber unter johlendem Gelächter der Tibeter stellt sich heraus, dass alle schlecht sind. Sogar das Pferd daneben hebt kurz den Kopf und wiehert mit, bevor es sich wieder seinem

Heu zuwendet. Das Kapital »Eier« ist nun abgeschlossen, das Essen schmeckt uns auch ohne diese. Alle werden satt.

Ein stimmungsvoller Sonnenuntergang kündigt sich an. Auf einem der umliegenden flachen Dächer bietet sich dem Auge ein grandioses Naturschauspiel. Im flachen Licht der Abendsonne strahlt die ganze Ebene in Grün und Gelb. Kaum sah ich zuvor eine solche Farbintensität. Die umliegenden Kulissenberge sind violett, darüber erglüht der Himmel im Westen dunkelrot. Im Osten dagegen hängen schwarze Gewitterwolken, die noch in der Sonne glänzen. Sie scheinen die gezackten Bergkämme zu berühren. Und als die Sonne im Westen hinter den Bergen verschwunden ist, erscheinen im Osten am Himmel seltsame Lichtbahnen, wie die Arme eines vielstrahligen Sterns, die nach unten an einem Punkt zusammenlaufen, der hinter den Bergkämmen verborgen ist.

Ich laufe hinaus in die Ebene. Ich will in dieses unglaubliche Grün eintauchen und laufe entlang eines kleinen Saumpfades, der durch die Felder führt. Heimkehrende Bauern mit ihren Yaks und Dzomos kommen mir entgegen, aber ich laufe weiter, bis ich so außer Atem gerate, dass ich erschöpft zu Boden sinke. Ich prüfe den Puls und achte auf die Zeit, die vergeht, bis er sich wieder beruhigt. Dann wandere ich langsam zurück. Eine Gruppe Tibeter, die lachend und schwatzend am Rande ihrer Felder sitzt, bietet mir köstlichen Chang an. Ich trinke mit vollen Zügen und merke, wie mir der Alkohol zu Kopfe steigt. Es ist bereits dunkel, als ich zu unserem Quartier zurückkomme.

Am nächsten Morgen verlassen wir Lhatse in Richtung Westen. Unmittelbar nach dem Ort wird der Tsangpo auf einer Fähre überquert. Nur wenige Kilometer folgen wir dem Fluss, der im indischen Assam »Sohn des Brahma« – Brahmaputra – genannt wird. Dann biegt die Piste in nordwestlicher Richtung ab, einem Nebenfluss des Tsangpo folgend, der sich in kleinen Schluchten durch die Berge zwängt. Die Straße ist über weite Strecken völlig zerstört und zwingt uns, ins Flussbett selbst auszuweichen. Nach vielen Stunden erreichen wir den Raga-tsangpo, einen großen Nebenfluss des Tsangpo, der von der Südseite des Transhimalaja abfließt. Hier treffen wir wieder auf den Weg, den Sven Hedins Karawane nahm, als er das Transhimalaja-Gebirge entdeckte. Von Sven Hedin besuchte Orte wie Raga-tasam und Saka-Dzong, wo er sich mit den tibetischen Behörden herumschlug, liegen bereits hinter uns, als wir die Südroute, die direkt in westlicher Richtung zum Kailash zieht, verlassen und nach Norden abbiegen, wo die eisbedeckte Bergkette des Transhimalaja uns entgegenfunkelt und den Zugang zum Tschangthang versperrt.

Langsam müht sich das Fahrzeug den ersten hohen Transhimalaja-Pass, den Gjägong-La (5490 m), hinauf. Es dauert Stunden, bis wir die Passhöhe erreichen. Wir befinden uns in der Kantschung-Kangri-Kette. Dahinter verlieren wir nicht viel an Höhe. Vereinzelt stehen schwarze Nomadenzelte auf der bemoosten, baumlosen Hochfläche. Vor uns dampft es aus der Erde, und die hohe Fontäne eines Geysirs spritzt aus dem Boden. Der Ort heißt Memo-chutsän, und als Sven Hedin hier vorbeikam, badeten noch Kranke in den Bassins. Wir finden eine Nomadenfamilie, die sich mit einer ansehnlichen Horde von Schafen und Yaks hier niedergelassen hat. Es wird auch unser Lagerplatz. Da die Hunde uns als Nachbarn offenbar akzeptieren und Garzo die Erlaubnis beim Zeltherrn eingeholt hat, schlagen wir unsere Zelte rings um den Lastwagen auf. Während ein Teil der Mannschaft die Essenszubereitung übernimmt, laufe ich einen der nahe gelegenen Aussichtsberge hoch. Es kostet Kraft und Überwindung, in einer Höhe von rund 5000 m bergauf zu laufen. Ich spüre aber, dass ich mich schon gut akklimatisiert habe und eine beträchtliche Strecke nonstop laufen kann. Diesmal schaffe ich es, in einer Stunde von 4900 m auf 5500 m Höhe zu kommen und noch dazu über kraftraubende steile Geröllhalden. Zurück wandere ich ganz gemächlich. Unter mir liegen die dampfenden und sprudelnden Erdlöcher, rund um den Geysir haben sich Kalkablagerungen und Terrassen gebildet. Gleich oberhalb steht unser Lager auf einer grünen Wiese. Die kleinen bunten Zelte sehen gegenüber dem großen schwarzen Yakhaarzelt der Nomaden wie Spielzeug aus. Als ich zurückkomme, ist das Essen gerade fertig. Vor dem Essen aber laufe ich noch schnell zum Geysir hinunter und bade in einem der Bassins, wo das kochende Wasser sich bereits abgekühlt hat.

Am nächsten Morgen drängt Garzo schon früh zum Aufbrechen. Er will an diesem Tag die Hauptkette des Transhimalaja überqueren und den Tschangthang erreichen. Das Auf- und Abbauen des Lagers geht nun schon viel zügiger. Jeder weiß, wo er seine Habseligkeiten findet, die einzelnen Handgriffe sind Routine geworden. Bald sind wir wieder unterwegs. Durchschnittsgeschwindigkeit ist 30 km pro Stunde. Die »Straße« besteht aus fünf parallel nebeneinander laufenden Spuren. Jedes Fahrzeug sucht sich seinen eigenen Weg. Wir überqueren eine weite Hochebene in 5000 m Höhe, auf der nur spärlich und büschelweise Gras wächst, das sich gegen Wind und Wetter behauptet. In einiger Entfernung grasen zwei Antilopen. Als wir auf gleicher Höhe mit ihnen sind, hält Garzo an, der Beifahrer ergreift sein Gewehr, zielt durch das offene Fenster und drückt ab. Zum Glück ist die Entfernung zu groß, sodass die Kugel weit vor dem Ziel in den Boden fällt. Die Tiere grasen friedlich weiter. Überall entlang des Weges laufen Murmeltiere und Pfeifhasen von Loch zu Loch. Sie bleiben ohne Scheu draußen und blicken uns neugierig entgegen. Erst wenn das Fahrzeug in unmittelbarer Nähe ist, tauchen sie kurz unter, um gleich darauf wieder an der Oberfläche zu erscheinen. Sie sind so zutraulich, dass es ein Leichtes wäre, ein Tier zu erlegen. Tatsächlich hält Garzo wieder an und der Beifahrer richtet den Lauf des Gewehres durch das Fenster auf meiner Seite. Einige Murmeltiere stehen in unmittelbarer Entfernung vor ihren Erdlöchern und blicken uns frech an. Sie geben ein so leichtes Ziel ab, dass es kaum möglich ist, es zu verfehlen. Aber in dem Augenblick, als er abdrückt, kurble ich ein wenig das Autofenster hoch, auf dem der Gewehrlauf ruht. Der Schuss geht daneben, und alle Murmeltiere verschwinden in den Erdlöchern. Mit derselben Methode verhindere ich einen gezielten Schuss auf ein Entenpärchen, das am Ufer eines Sees vergnüglich schwimmt. Bei der nächsten Rast gibt es eine heftige Diskussion darüber. Auch Taishi und Krishna sind außerordentlich empört, dass die beiden Tibeter auf der Pilgerfahrt zum Kailash Tiere töten wollen. Pete erklärt ihnen in chinesischer Sprache, dass wir nicht dulden, dass während dieser Fahrt Lebewesen zum »Spaß« abgeknallt werden. Wir würden es nur in einer Notsituation tolerieren, aber eine solche besteht zurzeit nicht, da wir genügend Verpflegung dabeihaben. Als Ersatz und zur Befriedigung ihrer Schießleidenschaft schlagen wir vor, ein Wettschießen auf eine Coca-Cola-Dose zu veranstalten. Natürlich gewinnen die beiden Tibeter die Konkurrenz, womit ihre Ehre wiederhergestellt ist und das Ärgernis sich in Wohlgefallen auflöst.

Wir nähern uns dem nördlichen Ende der Hochfläche, die zwischen dem Kantschung-Kangri-Gebirge und der Hauptkette des Transhimalaja liegt. Die Piste ist kaum mehr zu erkennen, das Gelände so unwegsam, dass der Beifahrer oft zu Fuß vorausgeht, um das Fahrzeug durch ein Gewirr von Steinblöcken, morastigen Stellen und immer wieder Flüssen zu lotsen. Seit Stunden haben wir keine Menschenseele mehr gesehen, keine feste menschliche Ansiedlung, ja nicht einmal ein Nomadenzelt findet man in dieser Einöde. Ein eisiger Wind weht von den Höhen herab, die vor uns aufragen. Schwarze, zerfressene Bergrücken, gekrönt von blendend weißen Gletschern – die Hauptkette des Transhimalaja. Unendlich langsam bewegt sich das Fahrzeug in die eisigen Höhen hinauf. An jeder Schwelle vermutet man, oben zu sein, aber stets erscheint dahinter eine neue, noch höhere. Dann, bei 5500 m, ist der Transhimalaja-Pass erreicht.

Wir stehen auf der großen Wasserscheide. Nach Süden fließen

die Gewässer dem Tsangpo zu und damit zum Meer. Nach Norden hingegen enden alle Flüsse in den großen abflusslosen Salzseen des Tschangthang. Der Ausblick nach allen Seiten enthüllt einen unermesslichen Raum, menschenleer unter dem tiefblauen Himmel liegt er da. Ein Meer von Schwellen, Hügeln, Hochflächen und schneebedeckten Gebirgen. Unfassbar, dass man dieses Land zu Fuß beschreiten kann. Die legendären tibetischen Tranceläufer, die Lung-gom-pa, haben es vermocht. Ihre Ausbildungsstätte war das Kloster Shalu unweit von Shigatse, wo sie durch besondere Übungen ihre Geisteskräfte so schulten, dass sie, offenbar den physischen Körper voll beherrschend, große Strecken in schnellem Tempo und ohne Nahrung zu sich zu nehmen bewältigen konnten. Alexandra David-Neél, die ungewöhnliche Französin, ist selbst einmal einem Tranceläufer begegnet, und zwar in einer Gegend, in der sie seit zehn Tagen keinen Menschen mehr getroffen hatte. »Er war nun nicht mehr weit von uns entfernt. Ich konnte deutlich sein unbewegliches Gesicht und seine weit aufgerissenen Augen unterscheiden, mit denen er fest auf irgendeinen hoch in der leeren Luft befindlichen Punkt zu blicken schien. Der Lama lief nicht. Er hob sich scheinbar bei jedem Schritt von der Erde und flog wie eine elastische Kugel sprungweise in die Höhe...«

Nicht allein, sondern mit einer Karawane und auch nicht in Trance war Sven Hedin hier unterwegs. Ganz im Gegenteil: Er verrichtete penibel genaue geografische Pionierarbeit. Sieben Mal hat er den Transhimalaja überquert – mehrmals davon im Winter – illegal und mit ungeheurer Ausdauer. Jetzt, da ich diese Landschaft selbst sehe, zolle ich seinen Leistungen den allergrößten Respekt. Noch während der siebten Transhimalaja-Überquerung schreibt er: »Könnte ich mir noch zwei Transhimalaja-Übergänge erkämpfen, so würde ich nachher seine gewaltigen Ketten gern ihrer wilden tausendjährigen Ruhe und den eilenden Wolken unter den glänzenden Schneefeldern überlassen...«

Bei der Fahrt vom Pass hinunter gibt Garzo mächtig Gas, obwohl in diesem Gelände eher das Schritttempo angemessen wäre. Die Folge: Auf der Ladefläche lösen sich die Seile, Mensch und Material werden hin- und hergeschleudert, Aluminiumtraggestelle der Rucksäcke zerbersten wie Zündholz. Die Leute können sich kaum auf ihren Plätzen halten und geben durch kräftiges Klopfen auf das Dach des Führerhauses ihrem Unmut Ausdruck. Wir halten an, um das Chaos einigermaßen zu ordnen. Ich fürchte um meine 16-mm-Filmkamera und mein Stativ, die keineswegs stoßsicher verpackt sind und daher obenauf liegen. Das Stativ ist verbeult, aber die Kamera scheint heil geblieben zu sein, so auch mein Carrier, der beste Traggestellrucksack, den ich kenne.

Unser Weg führt nun an den Soma-tsangpo, einen der größten Flüsse des Tschangthang. Sein Wasser ergießt sich in den »himmlischen See«, den Teri-nam-tso. Ein türkisgrüner See, eingefasst von dunklen Berggestalten, die ihn eifersüchtig bewachen. Teri-nam-tso interpretierte Sven Hedin so: »ti ist der Thronsessel eines Lamas im Tempelsaal, ri bedeutet Berg, nam Himmel und tso See.« Poetisch ausgedrückt: »Der himmlische See der Thronberge.«

Am westlichen Randbereich des Sees liegt Coâen. Beim Vorbeifahren richte ich meinen Blick fragend auf Garzo und mache dabei das Zeichen für Schlafen. Seine Antwort fällt eindeutig aus: Er wendet den Kopf zur Seite und spuckt verächtlich aus dem Fenster. Am Ufer des Soma-tsangpo, den wir nun verlassen, fand Sven Hedin das Kloster Mendong. Seine abfälligen Bemerkungen gelten der »Schönheit« der Nonnen: »Ein Steinhaus und zur Rechten und Linken je ein Zeltdorf, das obere von 60 Mönchen, das untere von 40 Nonnen bewohnt. Eigentümlich ist, dass die Brüder und Schwestern in schwarzen Zelten wohnen und jedes Zelt eine Zelle ist. Die Zelte sahen ganz wohnlich aus, aber die Schwestern, von denen ich einige abkonterfeite, waren grässlich anzusehen, alte ungewaschene Hexen, ungepflegt und verwildert. Der Reiz, der in dem Begriff ›Nonnenkloster in der Wildnis‹ liegt, ist eine Illusion, die beim Anblick dieser alten Meerkatzen spurlos verschwindet.«

Am Teri-nam-tso verlassen wir Sven Hedins Spur, die direkt nach Westen verläuft. Wir fahren in Richtung Norden weiter und kommen nun durch die farbenprächtigste Landschaft, die man sich vorstellen kann. Hier gibt es keine Vegetation mehr, außer einzelnen Grasbüscheln und gelbem oder rotem Moos. Aber die Gesteinsformationen wetteifern in ihrer Farbenpracht. Grüner Porphyr, roter Kies, violette Bergkegel mit Längsstreifen aus schwarzem Gestein, und dazwischen immer wieder Seen wie geschliffene Türkise. An einem dieser namenlosen Seen schlagen wir unser Nachtlager auf. Ich bin Garzo dankbar, denn er hat uns an einen Platz geführt, der nicht schöner hätte sein können. Ein kleiner runder See, dessen Wasser im letzten Abendlicht tiefblau schimmert, eingefasst von schneebedeckten Bergketten. Wir lagern auf einer saftigen Wiese, durch die ein Bächlein fließt, eiskalt und glasklar, das in den See mündet. Auf einer Anhöhe in geringer Entfernung stehen zwei Nomadenzelte; ein schwarzes und ein weißes. Von dort nähern sich zwei Kinder, barfuß und in lange Fellmäntel gehüllt. Staunend gehen sie zwischen unseren Zelten umher, ich gäbe etwas darum, ihre Gedanken zu erraten. Nachdem sie sich umgesehen haben, entscheiden sich die zwei Mädchen für Greg und laufen den ganzen Abend wie zwei Entlein hinter ihm her.

Mit funkelnden Sternen überzogen, spannt der Abendhimmel sein Zelt über unser einsames Lager auf. Der leuchtende, volle Mond aber überstrahlt alles und durchdringt die Schwärze der Nacht.

Am nächsten Tag lernen wir den Tschangthang als extremste Landschaft Tibets richtig kennen. Wir überqueren weite Hochflächen, ständig in einer Höhe von rund 5000 m. Hier gibt es nirgendwo einen einzigen Baum, der schützt, weder vor der Hitze noch vor den Stürmen. Es ist eine Landschaft, die ständig ihr Gesicht wechselt. Auch im Sommer gibt es häufig Wetterstürze. Binnen Minuten verdunkelt sich der Himmel, und die Temperatur fällt. Hat man vorher unter der Hitze gestöhnt, wird es plötzlich eiskalt, und es fällt Schnee. Heute erleben wir dieses klimatische Wechselbad mehrmals; zweimal geraten wir in einen Blizzard, zuerst donnert und hagelt es, dann versinkt das Land unter einem Flockenwirbel. Kurze Zeit später sendet die Sonne wieder unerbittlich ihre Strahlen durch die dünne Luft und erwärmt die Erde.

Garzo muss all seine Fahrkünste aufbieten, um zu verhindern, dass wir im tückischen Morast oder in einem Fluss stecken bleiben. Auf einer weitläufigen, mit gelben und grünen Grasbüscheln bewachsenen Hochfläche begegnen wir einer Herde Kynags, wilde Esel, die früher in großer Zahl im Tschangthang zu finden waren. Als sie uns bemerken, kehren sie um und laufen mehrmals unseren Weg kreuzend vor uns her. Schließlich drehen sie ab, laufen aber noch ein Stück parallel zu uns einher.

Vor uns türmt sich himmelhoch ein Gebirge mit gewaltigen Gletschern auf. Wieder nähern wir uns einem hohen Pass. Der Weg ist infam: Mannshohe Steinblöcke versperren die Piste und müssen im halsbrecherischen Gelände umfahren werden. Garzo überwindet mit seinem Lastwagen Passagen, in welche sich die meisten nicht einmal mit einem Geländefahrzeug wagen würden. Bei der nächsten Rast steigen die Kameraden kreidebleich und taumelnd von der Ladefläche. Tim ist übel geworden, und er muss sich übergeben. Nur Greg hat noch seinen Humor bewahrt, aber seine Worte gehen in einem Stakkato von Verbalinjurien unter.

Endlich ist die Passhöhe erreicht. Dahinter breitet sich eine vegetationslose steinige Hochfläche aus. Links des Weges stehen bizarre Berggestalten, eisgepanzert und gewaltige Gletscher zu Tal sendend, an deren Ausläufern wir unmittelbar vorbeimüssen. Es ist kalt und windig, und alles liegt unter einer Schneedecke. Die Gipfel aber bleiben unsichtbar, sie scheinen die einzelnen weißen Wolken, die am Himmel entlangsegeln, abzufangen, bis sie sich verdichten und ihre Ladung preisgeben, die die Gletscher beständig nährt. Wir fahren an dieser mächtigen Bergkette entlang, die möglicherweise mit den Schakangscham Sven Hedins identisch ist. Einige hundert Höhenmeter tiefer gibt es bereits wieder grüne Grasflecken, auf denen Yaks und Schafe weiden. An vier schwarzen Nomadenzelten, die unmittelbar am Wegesrand stehen, machen wir Halt, um wieder einmal tibetischen Buttertee zu schlürfen.

In verwegener Fahrt steuert Garzo sein Fahrzeug die grasbewachsenen Berghänge hinunter. Vor uns erstreckt sich eine weitläufige Ebene, und in der Ferne leuchten zwei Seen mit blendend weißen Ufern. Hier treffen wir auf jene Piste, die von Ost nach West den Tschangthang überquert und Amdo mit Shiquanhe verbindet. Die beiden Seen, die der indische Pundit Nain Sing kartografierte, heißen Tashi-bup-tso und Tong-tso. An ihren Ufern wird von den Nomaden Salz gewonnen. Weiße kegelförmige Haufen, die wie bizarre arktische Eistürme aussehen, stehen entlang der Südufer. Wir fahren aber in Respektabstand zum Ufer westwärts, denn ringsum ist der Boden aufgeweicht und das schwere Fahrzeug würde hier unausweichlich stecken bleiben.

Westlich dieser Seenplatte ist das Gelände recht gut befahrbar. Aber Garzo ist müde und möchte das Nachtlager aufschlagen. Ich bedränge ihn, noch weiterzufahren, um so weit zu kommen, dass wir morgen eine reelle Chance haben, Shiquanhe zu erreichen. Oma, ein kleiner Marktflecken mit steinerner Umfriedungsmauer, wird umfahren. Erst bei anbrechender Dunkelheit erreichen wir unser Nachtquartier. Ein Ort namens Yaho; das trostloseste, ödeste, dreckigste und verkommenste Nest, das mir auf meinen Reisen je begegnet ist. Es besteht aus einem halben dutzend staubiger Lehmhütten, ein paar Nomadenzelten und einem Heer von abgemagerten Hunden, die uns wie Hyänen umschleichen. Der Truckstopp ist eine Aneinanderreihung einzelner

Schlafkojen, ohne Türen und mit zertrümmerten Fensterscheiben. Das Bettzeug, oftmals gebraucht, aber nie gereinigt, ist ein Biotop für Kleintiere. Beim Anblick dieser wildromantischen Unterkunft ziehen es die meisten von uns vor, auf der staubigen Ladefläche zu nächtigen. Wegen der Hunde wagen wir nicht, die Zelte außerhalb des Dorfes aufzuschlagen, und so breiten wir widerwillig unsere Schlafsäcke auf den Betten aus. Wir sind müde, und als wir hören, dass in der »Hotelküche« ein warmes Essen zu bekommen ist, nehmen wir dankbar an. Das Essen schmeckt gut – oder sind wir schon so bescheiden geworden –, aber es hat Folgen. Am nächsten Morgen herrscht in der »Toilette« großes Gedränge. Das Wort Toilette wird jedoch dem Charakter der Örtlichkeit nicht gerecht. Es ist eine in China recht typische Latrine, sehr kommunikationsfördernd und mit Öffentlichkeitscharakter. Innerhalb einer rechteckigen Umfassungsmauer sind ein gutes dutzend schmaler Schlitze in den Boden eingelassen, die eng nebeneinander liegen. Aber seltsamerweise fehlt der penetrante Gestank, der einem sonst fast die Besinnung raubt. Der Grund dafür ist eine Beschreibung wert!

Statt des üblichen tiefen Erdlochs darunter, befindet sich unter jedem Schlitz ein leicht fallender Kanal, der durch die Mauer ins Freie führt. Dort balgen sich die Hunde um die vordersten Positionen. Die Ersten kriechen sogar an den Kanälen entlang in das Innere, sodass nahezu unter jedem Schlitz ein Hund liegt, der den herabfallenden Kot gierig verschlingt. Carol kann den Anblick nicht ertragen, kreidebleich kommt sie aus der Latrine und muss sich übergeben. Auch ihre Exkremente werden sofort Beute der Hunde. Daraufhin versammeln sich die Tiere uneingeladen um unseren Frühstücksplatz und »erfreuen« uns dort mit ihrem Anblick. Der Aufbruch gleicht deshalb mehr einer Flucht, er geht unter dem Motto: »Die Letzten beißen die Hunde« vonstatten. Der überwiegende Teil der Kameraden wird das zweifelhafte Vergnügen haben, Yaho auf der Rückfahrt wieder zu sehen. Ich beneide sie nicht darum, wohl aber wegen der landschaftlichen Schönheiten des Tschangthang.

Roter Porphyrkies, dazwischen grünes und gelbes Yakmoos und darüber ziehen weiße Wolkentiere. Die Straße jedoch ist eine Zumutung. Zwar sind keine spektakulären Pässe mehr zu überwinden, auch keine größeren Hindernisse stehen uns im Wege, aber die Piste ist ein Knüppelrost, und es gibt jede Menge Staub. Mittags rasten wir auf einer saftigen Wiese, auf der eine große Herde Yaks weidet. Thure und Dode pirschen sich an einzelne Tiere heran, um sie zu porträtieren, während Greg und Taishi sich vorsichtig einem Kranich nähern, der auf der Wiese stolz einherspaziert. Am Nachmittag kommen wir an den Indus. Die Begeisterung kennt keine Grenzen; wir wähnen uns dem Ziel nahe. In ihm erblicken wir den Kailash, denn sein Wasser stammt von den Gletschern des heiligen Berges. Und ein Stück weiter westwärts – ebenfalls am Ufer des Indus – liegt Shiquanhe, unser Tagesziel. Stunde um Stunde folgen wir diesem bedeutenden Fluss nach Westen, dessen Wasser Millionen Menschen ernährt und der sich hier den Weg durch ein Gebirgsmassiv erzwingt. Die Schlucht ist einmal breit, dann wieder eng, manchmal kann der Boden beiderseits der Ufer landwirtschaftlich genutzt werden. Weiß gekalkte Häuserwürfel aus Lehm liegen am Rande der Felder. Mehrmals begegnen wir Handels- oder Pilgerkarawanen, die den Saumpfad am linken Indusufer entlangziehen. Unvermittelt löst sich die Umklammerung der Berge, sie treten zur Seite und geben den Blick auf eine weite Ebene frei. Im Westen wird die Ebene von gewaltigen eisgekrönten Bergen begrenzt, die nördliche Fortsetzung des Himalaja-Bogens, der später ins Karakorum übergeht. Die Gebirgskette markiert die Grenze zu Indien, genauer gesagt zum alten Königreich Ladakh. Genau dort, wo der von Norden nach Süden verlaufende Karawanenweg den Indus kreuzt, liegt Ali (Shiquanhe). Gleich am Ortseingang steht rechter Hand ein neues Hotel. Das unfreundliche chinesische Personal stört uns wenig, auch dass man die Duschräume bei unserem Anblick versperrt, nehmen wir gelassen hin. Wir finden ein viel besseres Bad! Mit Seife, Bürsten und Handtüchern »bewaffnet« ziehen wir zum Indus hinaus. Was kann es Schöneres geben, als in diesem Fluss zu schwimmen, hier oben, wo das Wasser rein und klar ist? Das Wasser ist überraschend warm, jedenfalls viel wärmer, als wir es auf Grund der Meereshöhe und der Nähe zu den Quellen vermutet haben. Wir fühlen uns wie neu geboren, als wir den Staub des Tschangthang weggewaschen haben und uns auf die saftige Wiese legen, damit die Sonne den Körper trocknet. Erst als die wärmende Sonne hinter den Himalaja-Bergen im Westen verschwunden ist, sinkt die Temperatur rasch, wir kehren ins Hotel zurück.

Shiquanhe ist eine neu gegründete chinesische Garnisonsstadt. Die einzelnen Gebäude gruppieren sich entlang einer staubigen Hauptstraße. Im Zentrum stehen das »Kaufhaus Nummer eins« und das Kino. Es gibt einige schmuddelige Restaurants und Saufschuppen und natürlich jede Menge Uniformierte, die ihren Frust regelmäßig im Alkohol ertränken. Entlang der Hauptstraße sind an den Strommasten große Lautsprecher befestigt, aus denen zweimal am Tag Nachrichten verbreitet werden. Überbleibsel aus der Kulturrevolution, genauso wie jene mit Steinen geschriebenen Parolen an den Berghängen, von denen sich die Natur selbst befreit. Sie zerfließen durch Wind und Wetter wie Make-up im Regen.

Tibeter sind in Ali (Shiquanhe) rar. Nur tagsüber kommen einige in die Stadt, um einzukaufen. Dagegen gibt es eine größere Kolonie von turkstämmigen Uiguren aus Xinjiang. Der Markt in Shiquanhe ist ihre Domäne, hier lebt ihre angestammte Passion – das Händlertum. Der Bazar ist auch unser bevorzugter Aufenthaltsort am nächsten Tag. In einem Zelt, das als Wohnung, Restaurant und Küche gleichzeitig dient, gibt es Nang, das flache Weizenbrot der ostturkischen Völker, das Vater und Sohn abwechselnd in einem chinesischen Druckkochtopf backen, der mit einem Benzinkocher erhitzt wird. Die beiden verstehen es auch, hervorragende Lamen zuzubereiten, das sind frisch gemachte lange Nudeln aus Weizenmehl mit Gemüse und Schaffleischstückchen. Unseren beiden tibetischen Chauffeuren gefällt es ebenfalls sehr gut hier, so gut, dass sie wenig Lust verspüren, weiterzufahren und lieber mit anderen Fahrern auf Zechtour gehen. Sie erklären uns lapidar, in der Stadt sei das Benzin ausgegangen und wir müssten so lange warten, bis Nachschub eintreffe. Wir verstehen zwar ihre Wünsche, können aber kein Verständnis dafür aufbringen. Denn unser Ziel ist der Kailash, und wir haben nicht 2000 km zurückgelegt, um in einem Nest wie Shiquanhe über Gebühr lange zu bleiben. Wir setzen alle Hebel in Bewegung, um selbst den Treibstoff aufzutreiben. Bald stellt sich heraus, dass die Armee genügend Vorrat besitzt und mit Pete, dessen chinesische Sprachkenntnisse ungemein nützlich sind, bekommen wir von einem Offizier die schriftliche Erlaubnis zum Kauf von Treibstoff aus dem Vorratslager der Armee. Nun gibt es keine Ausrede mehr, die Abfahrt um einen weiteren Tag zu verzögern. Die Fahrer sind sauer und revanchieren sich, indem sie sich weigern, wie geplant einen Abstecher nach Toling zu machen, der Hauptstadt des alten Königreiches Guge mit dem bedeutenden Kloster Tsaparang. In der lokalen Polizeibehörde finden sie Unterstützung. Ein Beamter des Büros für öffentliche Sicherheit verbietet uns die Fahrt nach Toling, obwohl unsere »Aliens Permits« die genannten Orte zweifelsfrei ausweisen. Wir wollen die Fahrer nicht weiter verärgern, obwohl wir die Exkursion zum Kloster Tsaparang in Lhasa vereinbart hatten, und beschließen einvernehmlich, am nächsten Morgen zum Kailash aufzubrechen.

Es wird beinahe Mittag, bis wir tatsächlich fortkommen. Im Bazar werden noch 90 Stück Fladenbrot aufgeladen, die die beiden Uiguren in einer bemerkenswerten Nachtschicht mit nur einem einzigen Druckkochtopf für uns zubereitet haben. Zu unserer Überraschung führt die Straße zunächst nach Norden, sie umgeht eine Bergkette und wendet sich erst danach in Richtung Süden. Wir folgen dem Gartok-Fluss aufwärts, stets am Fuße mächtiger Bergketten entlang, aus deren Schluchten Flüsse heraustreten, die wir an Furten durchfahren. Auf halbem Weg zum Kailash biegt nach Westen eine schmale Piste ab und zieht sich – als hellbraunes Band zu erkennen – in großen Schleifen ein dunkles Bergmassiv hoch. Das ist der Weg nach Guge. Dahinter liegt das canyonartige Tal des Sutlej, und am Fuße des Shipki-La, dem historisch bedeutsamen Pass nach Ladakh, liegt Tsaparang, das vereinsamte Wunder tibetischer Kultur.

Wie gern wäre ich diesem Weg gefolgt. Vom Königreich von Guge ging im 11. Jahrhundert die Erneuerung tibetischer Kultur aus. Hier fand im Jahre 1076 das »siebte« buddhistische Konzil statt und brachte indische und tibetische Gelehrte zusammen. Hier lebte auf Einladung des Königs von 1040 bis 1042 Atisha, der bedeutendste buddhistische Gelehrte seiner Zeit. Im 17. Jahrhundert aber verfällt Guge, die Menschen wandern ab, das Land verödet und die großen Kulturstätten fallen in einen Dornröschenschlaf, aus dem sie erst die Roten Garden auf der Suche nach Gold brutal erwecken sollten.

1908 kam Sven Hedin hier vorbei, aber er verriet nichts von Tsaparang und seinen Kunstwerken. Erst der italienische Tibetforscher Giuseppe Tucci widmet sich der einmaligen indo-tibetischen Kunst Guges. Er dokumentiert erstmals die Kunstwerke in Schwarzweißfotos. 1948 kommen Lama Anagarika Govinda und seine Frau Li Gotami hierher. Bedrängt von den Behörden und im Angesicht des hereinbrechenden Winters kopieren sie mit bewundernswerter Ausdauer die Kunstwerke, von der düsteren Vorahnung getrieben, dass unheilvolle Ereignisse bevorstehen.

Weitere Stunden der Fahrt vergehen. Im Süden hängen dunkle Wolkenmassen. Das Wetter wird zunehmend unfreundlicher, es ist kalt und stürmisch. Garzo befürchtet, dass uns die Flüsse den

Aus regenschweren Monsunwolken tauchen die Umrisse des Kailash auf. Überirdisch entrückt, als würde er frei schweben, ist er von einer Aura aus milchweißem Nebel umhüllt.

Weg zum Kailash versperren, aber wir kommen überall durch. Zuletzt wird ein Quellfluss des Sutlej auf einer Brücke überquert.

Wir sind nun gute acht Stunden unterwegs, als wir eine endlose sanft geneigte Hochfläche befahren, absolut baumlos und mit Gras bedeckt. Nur kleine, schneebedeckte Gipfel sind entlang des Weges zu sehen. Aber sie alle zeigen dieselben eigentümlichen Felsbänder, wie sie auch für den Kailash charakteristisch sind. Die Spannung erreicht den Höhepunkt. Einige von uns sind bereits auf das Planendach geklettert und halten nach allen Richtungen hin Ausschau. Vor uns hängen pechschwarze Wolkenbänke, die Hochfläche fällt nun leicht nach Süden hin ab. Plötzlich entsteht links von uns ein gigantischer Regenbogen, der direkt aus dem Boden zu wachsen scheint und in einem Bogen in die Wolken ragt, wo er sich verliert. Ich bitte Garzo, sofort anzuhalten, nehme meine Fototasche und laufe ein Stück voraus. Gerade als ich bereit bin, den Regenbogen abzulichten, löst er sich langsam auf, aber gleichzeitig öffnet sich daneben der Wolkenvorhang und ein blendend weißer Fleck wird sichtbar. Von Minute zu Minute vergrößert er sich, die Form des Kailash wird sichtbar. Es ist der Anblick, der alles verblassen lässt. Auf keinem einzigen Bild habe ich das »Schneejuwel« mit einer solchen Aura umgeben gesehen. Der heilige Berg steht ohne Sockel da, dem Irdischen enthoben, als ob sein Eisdom, der wie ein Diamant funkelt, schwerelos in der Luft schwebte, getragen von den Wolken, die ihn gänzlich einrahmen.

Der Kailash heißt uns willkommen. Es sind keine Worte notwendig. Als ich in die Gesichter der Kameraden blicke, kann ich es herauslesen: Sie sind tief bewegt. So unvermittelt wie er aufgetaucht ist – scheinbar aus dem Nichts kommend –, verschwindet der heilige Berg wieder hinter einem dicken Wolkenvorhang. Für uns ist es das Zeichen, den Weg fortzusetzen, die leicht fallende Grasfläche hinab. Weit vorne ist ein langer dunkelblauer Streifen sichtbar. Die heiligen Seen Manasarovar und Rakastal. Nach der Überquerung weiterer Flüsse erreichen wir Tarchen, das Pilgerlager am Fuße des Kailash, den Ausgangspunkt für die Umrundung. Voll Freude schlagen wir unsere Zelte auf einer Wiese auf und beobachten die Pilger, die zumeist in Gruppen eintreffen und somit den Kreis um den Kailash schließen. Sie beginnen dann wieder einen neuen und wandern weiter auf dem diamantenen Weg, dessen Symbol der Dorje – als der unzerstörbare Diamant interpretiert – ist, der in seiner makellosen Durchsichtigkeit, die trotzdem eine Fülle von Erscheinungen zulässt, den Zustand der Leere, also die Aufhebung aller Dualität, versinnbildlicht.

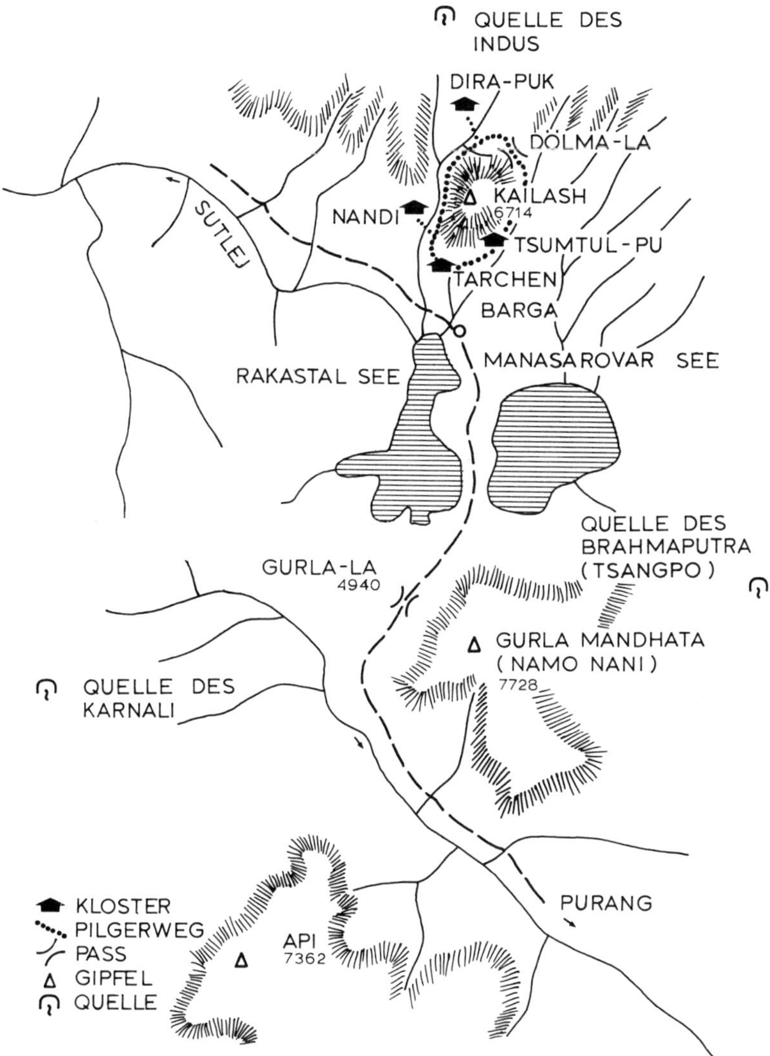

QUELLE DES INDUS
DIRA-PUK
DÖLMA-LA
KAILASH 6714
NANDI
TSUMTUL-PU
SUTLEJ
TARCHEN
BARGA
MANASAROVAR SEE
RAKASTAL SEE
QUELLE DES BRAHMAPUTRA (TSANGPO)
GURLA-LA 4940
GURLA MANDHATA (NAMO NANI) 7728
QUELLE DES KARNALI
PURANG
API 7362
KLOSTER
PILGERWEG
PASS
GIPFEL
QUELLE

Kailash – Schneejuwel auf dem Dach der Welt

> Der Adler bin ich, der über den Bergen kreist, befreit bin ich und ledig jeglicher Fessel.
>
> *Milarepa*

Am Morgen geht es geschäftig her im Pilgerlager. Es herrscht allgemeiner Aufbruch. Die meisten Tibeter verlassen schon in aller Frühe Tarchen und ziehen in kleinen Gruppen los. Auch Dieter, Carol, Chris, Robert und die beiden Finnen sind bereits sehr früh losmarschiert, da sie in vier Tagen den Kailash dreimal umrunden wollen. Ich habe mich entschlossen, zusammen mit Krishna, Niven und Taishi zu gehen, und da ich das Geschehen auf dem Pilgerweg auf Film festhalten will, werde ich nur zwei Runden drehen und pro Runde zwei Tage einkalkulieren.

Die Eispyramide des Kailash ist an diesem Morgen von Wolken eingehüllt, die von Südosten kommend am heiligen Berg hängen bleiben. Die zweite mächtige Berggestalt, die das Kailash-Manasarovar-Gebiet beherrscht, befreit sich allmählich aus der Umklammerung der Wolken und zeigt sich in ihrer eigentümlichen Form, die sich so krass von der Gestalt des Kailash unterscheidet. Die Gurla Mandhata oder Namo Nani (Sohn des Siegers), wie die Tibeter diesen Berg nennen, ist zwar höher als der Kailash, aber er besitzt nicht dessen kühne Formen. Die Gurla Mandhata ist ein gewaltiger Bergklotz, rund und massig, mit breiten Eiswülsten und langen Gletscherströmen, die in einem Sockel aus braunen Hügeln auslaufen. Auch dieser Berg ist den Tibetern heilig; er gilt als weibliches Gegenstück zum Kailash und hat seinen Platz in diesem gigantischen Mandala, dessen Mittelpunkt der Kailash ist und wozu die beiden Seen Manasarovar und Rakastal ebenso gehören wie die Flüsse Indus, Brahmaputra, Sutlej und Karnali, die hier entspringen und gleich den Speichen eines Rades in alle vier Himmelsrichtungen wegfließen. Obwohl der Kailash für viele 100 Millionen Menschen, für Buddhisten, Hindu und Bön höchstes Pilgerziel ist, hält sich deren Zahl gegenwärtig in Grenzen. Vor allem der Zustrom indischer Pilger ist blockiert durch politische Grenzen, insbesondere durch das gespannte Verhältnis Chinas zu Indien. Momentan dürfen nur 2000 Inder pro Jahr die Grenze überschreiten und offiziell zum Kailash pilgern. Ich treffe einige in Tarchen, und sie erzählen mir, wie schwierig und langwierig es ist, die Möglichkeit zur Pilgerschaft zum heiligen Berg zu erhalten.

Noch am Vormittag erreicht eine ganz andere Gesellschaft Tarchen, die meine größte Aufmerksamkeit erregt. Es sind vier spindeldürre magere Gestalten, die sich von Südwesten her nähern. Barfuß und nur mit ein paar Baumwolltüchern bekleidet, kommen sie langsamen Schrittes und auf Stöcke gestützt in das Pilgerlager. Alle tragen Bärte, und ihr Haar ist so lang, dass sie es zu einem Zopf gedreht mehrmals wie einen Turban ums Haupt geschlungen haben. Es sind Sadhus – Heilige oder Wanderasketen, die der Welt entsagt haben. Sie haben keinerlei Ausrüstung bei sich, keine warme Kleidung und keine Nahrung. Ganz anders die Tibeter, die, eingehüllt in dicke Fellmäntel, ausgerüstet sind mit Zelten, mit den zähen Yaks als Tragtieren und mit viel Butter und Gerstenmehl, womit sie ihren Tee zubereiten, den sie unausgesetzt trinken, um der Dehydration des Körpers in dieser Höhe entgegenzuwirken. Ich frage mich: »Wie können diese Sadhus hier in 5000 m Höhe überleben?« Ich bitte Krishna, ihnen diese Frage in Hindi zu stellen. Die Antwort versetzt mich in noch größeres Erstaunen, denn nun erfahre ich, dass sie aus Katmandu hierher gekommen sind, genauer gesagt, aus Pashupatinath, das Himalaja-Gebirge überquert haben, um hier am Kailash den 16. August 1987 zu verbringen. Sie wollen den Thron Sivas – der der Kailash für die Hindu ist – einmal umrunden, ein rituelles Bad im See Manasarovar nehmen und dann wieder nach Nepal zurückkehren, erzählt mir der Wortführer mit dem seltsamen Namen Dadudaribaba. Ein Name, den er sich selbst gegeben hat und der sinngemäß bedeutet: »Der von Milch lebt«, und dies auch seit zehn Jahren tut. Er gibt auch auf der Pilgerschaft zum Kailash sein Gelübde nicht auf, obwohl hier keine Milch verfügbar ist und er deshalb tagelang ohne Nahrung auskommen muss. Als Krishna für seine Begleiter einige Weizenbrote aus unserem Vorrat spendet, teilt er sie unter diesen auf, ohne selbst ein Stück zu nehmen. Über welche geheimen Kräfte müssen diese Sadhus verfügen, um barfuß und fast nackt das höchste Gebirge der Erde zu überqueren und den Pilgerweg um den Kailash mit dem 5600 m hohen Dölma-La zu wagen, wo jederzeit ein Schneesturm losbrechen kann, dem sie »nur« ihre psychischen Kräfte und ihren Glauben entgegenzusetzen haben. Ein Glaube freilich, der Berge versetzen kann. Sie wollen nur kurz in Tarchen rasten und noch heute ihre rituelle Umwanderung beginnen.

Auch für uns ist es Zeit, an den Abmarsch zu denken. Taishi erscheint mit vier jungen Tibetern, die sich anbieten, unsere Rucksäcke zu tragen. Sie wollen die Möglichkeit nutzen, um Gelderwerb mit Seelenheil zu verbinden. Ihre Runde um den Kailash bringt ihnen somit nicht nur religiöse Verdienste ein, sondern auch materielle. Auch ich entscheide mich, einen Träger zu nehmen, damit ich ungehindert meine Filmarbeit betreiben kann. Außerdem bin ich mit dem Tragen meiner 16-mm-Kameraausrüstung, den Filmrollen und dem großen Stativ voll ausgelastet. Wir sind noch mit dem Abbau der Zelte und dem Packen beschäftigt, als die vier Sadhus zu ihrer Umrundung aufbrechen.

Erst um die Mittagszeit machen wir uns auf den Weg. Bevor wir den ausgetretenen Pilgerpfad betreten und den Spuren Tausender und Abertausender folgen, die seit urdenklichen Zeiten hier entlangziehen, begeben wir uns in das kleine Kloster vor Tarchen. Krishna, Niven und Taishi lassen sich für kurze Zeit in Versenkung nieder, wobei der Gebetskranz durch ihre Finger gleitet, dann ist es so weit. Wir verlassen Tarchen in Richtung Nordosten und folgen dem Fußpfad durch leicht hügeliges Gelände. Von Anbeginn des Weges säumen zahllose kleine Steinhaufen den Pfad, aufgeschichtet von den Händen der Pilger, und kein Gläubiger geht an einem der Haufen vorbei, ohne einen Stein hinzuzufügen. Zusätzlich umkreisen sie die Steinhaufen ein- oder mehrmals. Jeder von uns geht sein eigenes Tempo und beschäftigt sich mit seinen eigenen Gedanken, trotzdem gehören wir zusammen wie eine einzige Familie. Das gemeinsame Erlebnis am Kailash verbindet uns stärker als jedes Dogma, Ordensregeln und Gesetze, die von Menschen gemacht wurden.

Allmählich hole ich die Gruppe der Sadhus ein, die weit auseinander gezogen und jeder für sich schweigend einherwandern. Sie gehen langsam und lassen sich immer wieder zur Meditation nieder. Wir grüßen uns mit vor der Brust zusammengefalteten Händen, und sie lächeln gütig und warm, als ich an ihnen vorüberziehe. Vor mir marschiert eine tibetische Familie mit einer Herde von Ziegen und Schafen, die zwei Hunde vor sich hertreiben, alle Tiere tragen Lasten, die in kleinen Taschen am Körper befestigt sind. Die Frau trägt ein Kind auf dem Rücken, während zwei ältere Knaben bereits zu Fuß neben dem Vater laufen. Alle halten ihre Gebetszylinder unentwegt in Rotation und murmeln das »Om mani padme hum«, während sie in der Hand mechanisch den Gebetskranz durch die Finger gleiten lassen. Als ich zu ihnen aufschließe und sie mich als Fremden erkennen, kommt gleich das »Yishi Norbu« von ihren Lippen. Sie betteln um Dalai-Lama-Bilder. Ich bin froh, dass ich noch genügend dabeihabe und erfülle ihnen gern diesen Wunsch. Sofort wird das Bild ehrfurchtsvoll an die

Der Kailash ist das höchste Pilgerziel für jeden Tibeter. Frauen tragen ihre Kleinkinder auf dem Rücken, wenn sie den über 50 km langen Pfad um das Bergheiligtum beschreiten.

Stirn geführt, ehe es unter einem Hut oder im Mantel verschwindet. In einem riesigen Haufen aufgeschichteter, mit Mani-Mantras verzierter Steine stecken hölzerne Stangen, die mit unzähligen Gebetsfahnen gespickt sind, sie markieren einen Übergang. Die tibetischen Pilger, mit denen ich diesen Punkt gleichzeitig erreiche, werfen sich sofort wiederholt zu Boden. Danach bringen sie weitere Gebetsfahnen an und legen ein paar Knochen auf den Steinhaufen.

Der Kailash, der von dieser Stelle aus zu sehen sein müsste, liegt hinter dicken Wolken verborgen. Ich warte auf Taishi, Niven und Krishna, der als Letzter aus der Gruppe schwer atmend hier ankommt. Der Weg führt nun hinunter in ein breites Flusstal, das jedoch nach oben hin immer enger wird und in eine Schlucht von dunklen, bedrohlich aussehenden Granitwänden übergeht. Wir lassen nun die gelbe Prärie hinter uns, durch die wir am Fuß der Südabhänge gewandert waren und die in der Sonne wie Gold glänzt, die Farbe des Dhyani-Buddha Ratnasambhava – »des im Juwel Geborenen« –, dem dieser Abschnitt des Mandala zugeordnet ist. Und wir bewegen uns tatsächlich durch ein gigantisches Mandala, das die Natur in Farben und Formen auf wunderbare Weise hier entstehen ließ, denn nun ändert sich schlagartig die Gestalt der Landschaft wie auch ihre Farben. An einem kleinen Chörten, der einen Durchgang besitzt, betreten wir das enge Tal an der Westseite des Kailash. Es ist das Tal des Buddha Amitabha, des Herrn des »Westlichen Paradieses« Sukhavati, dessen Farbe rot ist, rot wie die Granitwände, die beiderseits des Tales himmelhoch aufragen. Das Paradies ist hier aber nicht als Lokalität zu verstehen, sondern als Bewusstseinszustand.

Ein schmaler Pfad zweigt nach links ab und führt zu einer hölzernen Brücke, die den Fluss überspannt. An der steilen Felswand des gegenüberliegenden Ufers klebt ein kleines Kloster namens Nandi-Gompa, benannt nach einem aus dem Tal aufragenden Felsmonument, das in seiner Form an Shivas heiligen Nandi-Stier erinnert. Wir wollen das Kloster bei der zweiten Umrundung aufsuchen und wandern weiter. Die Granitwände zu beiden Seiten sind steil und glatt, und an manchen Stellen fallen Wasserfälle von oben herab, zerstäuben zu zarten Schleiern. Oft sind die Wände gekrönt mit seltsam geformten Gestalten, die wie versteinerte mythische Wesen aussehen. Das Tal wird immer enger und steigt allmählich an. Wie aus dem Nichts kommend, ballen sich schwarze Wolken über uns zusammen. Ein kalter Wind fährt durch das Tal, und es beginnt leicht zu regnen. Ich überhole zwei Lamas, deren ehemals rote Gewänder nun gelb vor Staub sind. Sie tragen Halbschuhe, Schürzen und bewegen sich durch ständiges Niederwerfen fort. Ihr Ziel ist es, den Weg um den Kailash mit dem eigenen Körper auszumessen. Für diese Strecke von rund 55 km werden sie etwa zwölf Tage benötigen. Die physische Anstrengung ist so groß, dass sie in regelmäßigen Abständen rasten müssen. Taishi erkannte einen der beiden als Exiltibeter aus Dharamsala, dem er dort schon öfter begegnet war, wie er mir später

Ein aus Lehm gemauerter Chörten markiert den Eingang zum Inneren Kreis, jenem Weg, der durch das Innerste des Natur-Mandalas führt.

erzählt. Ein einziges Mal noch erscheint der Kailash an diesem Tag und zeigt sich kurz als weiße Eispyramide von ebenmäßiger Schönheit, die die dunklen Granitwände krönt.

Die enge Schlucht macht wieder einem breiten Tal Platz. Weiter oben, dort wo drei Täler aufeinander stoßen, stehen einige schwarze und weiße Nomadenzelte. Manche sind unbewohnt und dienen den Pilgern als Nachtlager. Kurz bevor der Weg scharf nach rechts biegt und an der Nordwand des Kailash vorbei zum Dölma-La hinaufführt, lasse ich mich zu einer längeren Rast nieder, um auf die anderen zu warten. Taishi kommt bald, aber von Krishna und Niven ist noch keine Spur zu sehen. Wieder verschlechtert sich plötzlich das Wetter, und heftiger Regen setzt ein, der zunehmend in Schnee übergeht. In Windeseile stellen wir unsere Zelte auf, und gerade als wir damit fertig sind, kommen Krishna und Niven an. Wir helfen den beiden, die völlig erschöpft sind, ihre kleinen Zelte zu errichten, während die tibetischen Träger in einem der Nomadenzelte Schutz suchen. Später bringen sie uns heißes Wasser, womit wir uns einen guten Tee zubereiten. Dann setzt der Schneesturm mit voller Wucht ein, und alles versinkt in kürzester Zeit unter einer Schneedecke. Mitten im tiefsten Schneetreiben kommen Greg und Tim dahergestapft, werfen die Rucksäcke ab und stellen ihr Zelt neben den unseren auf. Später, als die Dunkelheit hereinbricht, öffne ich noch einmal den Zelteingang, um nach dem Wetter zu sehen. Noch immer fallen dicke Schneeflocken vom Himmel. Ringsum ist alles weiß, die Yaks stehen stumm da wie Steine und rühren sich nicht. Aber da, ich traue meinen Augen nicht, sitzt ein Tibeter im Freien. Er hat ein Feuer gemacht, darauf steht ein Wasserkessel, und er schlürft aus einer Schale seelenruhig seinen Tee, als ob es sich um ein Picknickvergnügen handle. Das ist eine so eindrucksvolle Szene, dass ich schnell den Fotoapparat ergreife und sie im Bild festhalte. Am nächsten Morgen ist es eisig kalt, der Himmel wolkenverhangen, aber es schneit nicht mehr. Die Tibeter bringen uns abermals heißes Teewasser, und nachdem ich einige Tassen Tee getrunken und auch etwas in die Thermosflasche gefüllt habe, beginne ich mit dem Abbau des Lagers. Gleich darauf ziehe ich allein los, während die anderen noch mit dem Packen ihrer Rucksäcke beschäftigt sind.

Ich folge einer Gruppe Tibetern, die in unmittelbarer Nähe unseres Lagerplatzes unter freiem Himmel nächtigten und nun ein Tempo einschlagen, das ich nur mit Mühe halten kann. Der Weg wird zunehmend steiler, zur Linken, jenseits des Flusses, der parallel zu meiner Marschrichtung fließt, liegt am Fuße einer Bergflanke das Kloster Dira-puk. Von dort aus muss sich die eindrucksvolle Nordseite des Kailash zeigen, wie ich sie von einem Bild Herbert Tichys in Erinnerung habe. Aber vom Kailash ist heute nichts zu sehen. Dort, wo der Kailash das Tal ausfüllen soll, zeigt sich nur eine graue Wolkenmasse. Über mehrere Stufen windet sich der Pfad zum Dölma-La hinauf, der höchsten Stelle bei der Umrundung des Kailash. Eine dieser Geländestufen ist gespickt mit einem wahren Wald von Steinpyramiden, die an rituelle Steinsetzungen der Megalithkultur erinnern. Dahinter liegt ein flaches Plateau, auf dem ebenfalls Steine herumliegen, diesmal mächtige Felsblöcke, die die Kräfte der Natur hier hingestreut haben. Die Steine liegen manchmal eng nebeneinander oder übereinander und bilden bizarre Formen. An mehreren Stellen halten die Tibeter an und versuchen, durch kleine offene Tunnel zwischen und unter den Blöcken hindurchzukriechen. Es sind »Schliefsteine«, abgewetzt von den zahllosen Pilgern, die sich hier täglich durchzwängen. Die glauben nämlich, diese seien Prüfsteine der Seele, und nur der gute Mensch könne durchkommen, während der böse unweigerlich darin stecken bleibe. Allerdings scheinen es diese Tibeter mehr als Spiel zu betrachten; sie scherzen und lachen. Derjenige, der stecken bleibt, wird zum Gespött der anderen. Mein Höhenmesser zeigt 5400 m, als ich vor einer weiteren Steilstufe stehe, über die sich der Pfad hinaufwindet. Es ist eisig kalt. Der Pass der Göttin Dölma kann nicht mehr weit

Golog-Nomadenfrau mit Kind vor ihrem Zelt am Fuße des heiligen Berges Amnye-Machen. Sie sind in dicke Schafsfelle eingepackt, um sich gegen die extreme Winterkälte zu schützen.

Eine Golog-Familie reitet auf ihren Yaks durch das winterliche Amnye-Machen-Gebiet. Mensch und Tier wirken wie verloren in der Weite dieser Landschaft.

Manche Gebiete in Kham haben einen alpenländisch anmutenden Charakter. Es gibt Wälder bis in knapp 4000 m Höhe – so weit diese nicht schon abgeholzt wurden – Bergseen und tibetische Bauernhöfe, in deren Umgebung Gerste und Bergweizen gezogen werden.

Bäuerinnen aus Kham (Osttibet) bei der Getreideernte.

Rechte Seite:
Oben: Kirgisische Yurten baden im Licht der Abendsonne vor dem Hintergrund des Kongur Shan (7719 m), dem höchsten Berg des Kunlun-Gebirges, dessen mächtige Gletscherzungen bis in die Hochtäler hinabreichen.

Unten: Bauernmädchen aus Ü-Tsang (Zentraltibet) beim Heimweg von der Feldarbeit. Die wenigen fruchtbaren Stellen wirken hier wie Oasen inmitten einer weitgehend von Unfruchtbarkeit bestimmten Gebirgswelt.

Hoch über dem Manasarovar-See, wie auf Wolken schwebend, thronen die Gipfel des Gurla Mandhata (7728 m). Der Berg gilt als weiblicher Gegenpol zum Kailash.

Abflusslose Salzseen sind letzte Reste jenes Urmeeres, das Tibet einst vor vierzig Millionen Jahren bedeckte. Hier wird ein begehrtes Salz gewonnen, das in früheren Zeiten zu den wichtigsten Gütern im Transhimalaja-Karawanenhandel gehörte.

Auf der Fahrt vom Kailash nach Kashgar glaubt man, den Himmel berühren zu können. Allmählich beginnen sich die Berge in Sand aufzulösen, leiten über in die Flugsandwüste Takla Makan.

Lager auf dem Weg über den Transhimalaja zum Kailash. Diese Piste entlang der Nordroute besteht oft nur aus nebeneinander liegenden Spuren und wird viel weniger benutzt als die Südroute entlang der Talfurche des Yarlung Tsangpo.

Im untersten Teil führt die Aufstiegsroute zum Gipfel des Muztagh Ata über einen mit Steintrümmern bedeckten Geländerücken. Tief unten drängen die Ausläufer des Quadumak-Gletschers weit in die Hochsteppe vor.

Tibetisches Dorf in Westtibet. Die Bergketten im Hintergrund bilden bereits die Grenze zu Indien. Doch alle Pässe sind seit der chinesischen Annexion Tibets verschlossen.

sein, aber ich wage mich nicht weiter hinauf, da ich nur eine Windbluse als Wetterschutz dabeihabe und mein dicker Anorak sich im Rucksack meines Trägers befindet, von dem noch keine Spur zu sehen ist. Mehr als eine Stunde harre ich aus, geduckt hinter einem Felsblock, frierend, bis endlich Taishi mit zwei Tibetern erscheint. Ihm setzt die Höhe schwer zu, er ringt nach Atem und kommt nur sehr langsam weiter. Ich nehme mir den Anorak und laufe den gewundenen Pfad hinauf, so schnell ich kann, damit es mir wieder warm wird. Ich spüre, dass meine Höhenanpassung immer besser wird und einen schnellen Gehrhythmus zulässt. Das letzte Stück zum Dölma-La hinauf ist relativ flach, und schon aus einiger Entfernung lässt sich ein riesiger allein stehender Felsblock erkennen, von dessen Spitze strahlenförmig lange Seile zur Erde führen, die dicht mit Gebetsfahnen, Kleiderfetzen, Knochen und allerlei seltsamen Reliquien behängt sind.

Der gewaltige Felsen steht am Sattel des Dölma-La und markiert nicht nur die höchste Stelle des Pilgerweges, von dem der Abstieg aus eisiger Höhe in lebensfreundliche Regionen folgt, sondern der Pilger vollzieht hier auch einen wichtigen Durchgang im Rhythmus des Lebens. Mit dem Aufstieg des Dölma-La durchschreitet er die Pforte des Todes, und am Pass der allbarmherzigen Dölma tritt er als neues Wesen heraus. Viele Pilger haben sich auf der Passhöhe versammelt. Sie umkreisen den Felsblock, verrichten davor Niederwerfungen. Manche von ihnen steigen hinauf, um dort Gebetsfahnen, Kleidungsstücke oder Haarlocken anzubringen. Der Felsen ist voll mit eingemeißelten Mantras, aber auch heilige Silben der Bön befinden sich darunter – sie sind mit gelber Farbe frisch erneuert. Auf einer Seite des glatten Steins kleben Münzen und Fotografien, die die Pilger angebracht haben. Ich lasse mich inmitten der Pilgerschar nieder, um auf Taishi zu warten, und beobachte einen Lama, der sich im Lotossitz niedergelassen hat und Gesänge herunterleiert, die er mit Trommel und Glocke begleitet. Das Wetter ist schlecht. Es sieht aus, als ob jeden

Ein riesiger Felsfindling am Dölma-La markiert jene Stelle, an der die Göttin selbst in den Fels eingegangen sein soll, nachdem sie den ersten Kailash-Pilger erfolgreich bis dorthin lotste.

Augenblick ein Sturm losbrechen wollte. Deshalb beginnen wir bald mit dem Abstieg, der steil ist und im oberen Teil über weite Schneefelder führt. Wir kommen an einem winzigen See vorbei, ehe wir in eine Schlucht eintauchen, die uns hinunterbringt in ein breites grünes Tal.

Mit jedem Schritt wird es wärmer, auch das Wetter bessert sich zusehends, und der helle blaue Streifen vor uns am Himmel kommt von Minute zu Minute näher. Das Tal unter uns sieht sehr einladend aus, beiderseits des Flusses gibt es grüne saftige Wiesen, auf denen ein paar Nomadenzelte stehen und Yaks grasen. Von allen Seiten strömen kristallklare Bäche herab, die silbern glänzend die grünen Matten durchziehen. Es ist das östliche Tal des Dhyai-Buddha Aksobhya, eines der fünf transzendenten Buddhas, die die verschiedenen Aspekte des erleuchteten Bewusstseins symbolisieren, obwohl sie nichts anderes als Manifestationen des einen Buddha-Prinzips sind.

Wir überqueren jenen Fluss, den Sven Hedin Lamtschyker nannte und folgen ihm bis hinaus in die weite Ebene auf der Südseite des Kailash. Überall längs des Weges haben sich Pilger zur Rast niedergelassen. Sie sitzen in Gruppen beisammen, in fröhlicher Stimmung und laben sich nach den Strapazen mit Chang und Klößen aus Gerstenmehl und Butter. An einen freistehenden Felsblock schmiegt sich ein winziges Zelt. Hier hat sich ein Lama zur Meditation zurückgezogen. Eine Frau sitzt davor und nimmt die Almosen der vorbeiziehenden Pilger in Empfang, ab und zu schiebt sie dem frommen Mann Speise und Trank unter der Zeltwand ins Innere.

In diesem Tal lebte und meditierte einst Tibets größter Mystiker und Dichter Milarepa, der völlig der Welt entsagte, um in einem einzigen Leben die Buddhaschaft zu erlangen. In den »Hunderttausend Liedern« hat er ein Vermächtnis seiner Erkenntnisse hinterlassen, aber auch seiner uneingeschränkten Liebe, die er allen Wesen entgegenbrachte. Als Kind seiner Zeit, hineingeboren in die Phase der Auseinandersetzung zwischen der angestammten Bön-Religion und der aus Indien kommenden Lehre des Buddhismus, praktizierte er zunächst die Bön-Magie, doch er wandte sich später der Lehre Buddhas zu und wurde Schüler des Marpa. Bei allen späteren Begegnungen mit Bön-Priestern verstand er es, ihre Lehren in buddhistisches Gedankengut zu transformieren. Auch hier am Kailash, so wird berichtet, traf Milarepa einen Bön-Magier, der ihn zum Wettstreit herausforderte. Der Bönpo behauptete, dass er den Gipfel des Kailash kraft seiner magischen Fähigkeiten erreichen könne. Milarepa antwortete, dass er dazu ebenfalls im Stande sei. Der Bön-Zauberer wollte dies nicht glauben und forderte den Beweis. Er selbst machte sich sogleich auf den Weg, um als Erster oben zu sein. Es war noch früh am Morgen und Milarepa verharrte unten seelenruhig, während der Magier bereits hoch oben seinem Ziel zustrebte. Milarepas Anhänger bedrängten ihn, dem Bönpo nachzueilen und nicht seinen Ruf aufs Spiel zu setzen. Aber Milarepa

Senkrechte Granitwände säumen den Weg durch das Tal des Buddha Amitabha, dem dieser Abschnitt der Pilgerroute gewidmet ist.

blieb regungslos sitzen, während der Bönpo bereits unmittelbar vor dem Gipfel stand und frohlockte, weil er sich schon als sicheren Sieger wähnte. Doch in diesem Augenblick ging die Sonne auf, und die ersten Strahlen trafen den Gipfel des heiligen Berges. Auf diesen Moment hatte Milarepa gewartet, er wurde mittels seiner Geisteskraft eins mit dem Lichtstrahl, und seine Gestalt erschien am Gipfel des Kailash, ehe der Bön-Magier diesen erreichte.

Milarepas psychische Gipfelbezwingung ist bis heute Vorbild für die Pilger geblieben, und niemand würde auf die Idee kommen, den Berg physisch zu besteigen. Es ist ein Hochgebirge des Geistes, zu dem viele Routen gemäß den unzähligen Gedanken der Pilger hinaufführen. Was sie dort oben erkennen, ist individuell verschieden, gemäß der Entwicklungsstufe des spirituellen Bewusstseins jedes Einzelnen.

Abermals überschreiten wir die Grenze zweier Gesteinsformen. An Stelle des Granits tritt wieder Konglomerat. Zur Rechten, am Fuß einer Bergflanke, liegt das Kloster Tsumtul-pu. Etwas unterhalb des grauen steinernen Gebäudes werden neue Mönchs- oder Pilgerunterkünfte gebaut. Ich bin den anderen weit voraus, auch mein tibetischer Träger konnte meinem Tempo nicht mehr folgen. In gleich bleibendem Rhythmus, der mich kaum anstrengt, wandere ich das Tal hinaus, das nun nach Süden abbiegt. Weit draußen in der Ebene sind die beiden heiligen Seen als blaue Streifen zu erkennen, die sich deutlich von den Gelb-Grün-Schattierungen ringsum abheben. Der Fluss, dem ich nun am rechten Ufer folge, ist beträchtlich angewachsen und bricht durch eine letzte Schlucht, ehe er in die weite Ebene hinausfließt, wo er sein Wasser dem heiligen See Manasarovar übergibt. Die Gurla Mandhata erstrahlt im flachen Licht der untergehenden Sonne, ihre Gletscher durchlaufen die Farbskala vom zarten Rosa bis zum dunklen Rot. Dahinter stehen wie die Zacken einer Krone aufgereiht Sechs- und Siebentausender des Himalaja, überragt von der Nanda Devi, die ganz rechts außen allein dasteht und sich in Schwindel erregende Höhe emporreckt. Fast 8000 m hoch ist dieser Berg, in dessen Umgebung der Ganges entspringt und die berühmten indischen Pilgerorte Badrinath und Kedarnath liegen. Die ungeheure Nordwand der Nanda Devi ragt weit über den Wolkenschleier empor, der den Berg umschmiegt. Alles ist in die warmen Farben des zu Ende gehenden Tages getaucht, als ich an den Südhängen des Kailash-Massivs entlangziehe, mich an der Schönheit dieser erhabenen Landschaft erfreue und die reine Luft einziehe.

Selbst der eher nüchterne Forscher Sven Hedin, mehr an geografischen als an spirituellen Entdeckungen interessiert, gerät beim Anblick des Kailash-Gebietes ins Schwärmen und fragt sich: »Wie würden wohl zwei so verschiedene Religionen, wie der Hinduismus und Lamaismus, dem Manasarovar und dem Kailash göttliche Anbetung schenken, wenn diese nicht durch ihre machtvolle Schönheit das menschliche Gemüt ansprächen und tief beeindrucken würden, wenn diese nicht wirklich eher dem Himmel als der Erde anzugehören schienen?«

Beim Anblick von Tarchen zeigt sich abermals der Kailash, der oberste Teil seiner ebenmäßigen Eispyramide überragt wie ein Juwel die grasbewachsenen Hügelrücken oberhalb des Pilgerlagers. Der Himmel färbt sich glühend rot, und ein dunkler Schatten legt sich auf die Eisfläche der Gurla Mandhata und kriecht langsam nach oben. Da mein tibetischer Träger, der mein Zelt bei sich hat, noch nicht zu sehen ist, spaziere ich zwischen den Zelten der Pilger umher. Zwei Tibeter – Mann und Frau – halten mich an und zeigen mir ihre wunden Füße. Sie sind mit vielen unangenehm eiternden Wunden bedeckt, und ich kann es kaum glauben, dass sie damit den beschwerlichen Weg um den Kailash bewältigen konnten. Schnell laufe ich zu unserem Lastwagen, um Verbandszeug und Medizin zu holen, und versuche, die eiternden Geschwülste so gut ich kann zu versorgen. Zuletzt schenke ich ihnen noch Wollstrümpfe, die sie dankbar annehmen.

In der Zwischenzeit sind Taishi und Niven mit drei Tibetern eingetroffen, nur Krishna ist noch unterwegs, aber auch er erreicht noch vor Einbruch der Dunkelheit mit seinem Träger zusammen Tarchen und zieht sich, müde aber glücklich, in sein Zelt zurück.

Am nächsten Morgen – es ist der 15. August – bricht ein klarer wunderschöner Tag an. Dieter ist schon frühmorgens losgezogen, denn er will seine zweite Runde an einem einzigen Tag absolvieren, auch Greg und seine Freunde sind noch unterwegs und werden heute zurückerwartet. Wir haben beschlossen, einen Ruhetag einzulegen und verbringen ihn mit Faulenzen am Bach, der gleich neben unseren Zelten vorbeifließt.

Gegen Mittag beobachten wir die vier Sadhus, wie sie sich Tarchen nähern, langsamen Schrittes und gestützt auf ihre Pilgerstäbe. Barfuß, mit ihren knielangen Tüchern durchwaten sie den Fluss und lassen sich in unserer Nähe nieder. Sie scheinen wie in

Trance und beachten uns kaum. Einer nach dem anderen legen sie die Kleidung ab und nehmen die Tücher vom Kopf. Dann beginnt die rituelle Waschung im eiskalten Wasser des Baches, der direkt von der Südseite des Kailash herabkommt und oberhalb des Pilgerlagers aus einer tiefen Schlucht tritt. Während des Bades verspritzen sie in regelmäßigen Abständen Wasser in alle vier Himmelsrichtungen und sprechen Gebete dazu. »Der nur von Milch lebt«, beendet als Erster die Waschung, lässt sich im Lotussitz am Ufer nieder und löst den Knoten seines Haares. In dicken Strähnen fällt es ihm vom Scheitel, fließt über den Rücken hinunter bis zum Boden. Noch nie zuvor sah ich längeres Haar, die Länge übersteigt bei weitem seine eigene Körpergröße. In den Boden werden Räucherstäbchen gesteckt und entzündet, daneben liegen kleine Dosen mit Farben, die er mit einem hölzernen Stäbchen auf die Stirn aufträgt. Er zieht einen langen roten Strich vom Scheitel über die ganze Stirn bis zur Nase und beiderseits der roten Linie parallel je eine weiße Linie. Das gesamte Ritual wird mit Gebeten an Shiva, den höchsten Hindu-Gott, begleitet. Denn in den Überlieferungen der Hindu ist der Kailash der Sitz Shivas, das irdische Abbild des Weltenberges Meru, des Nabels der Welt. Und so wie jeder indische Tempel seinen Teich hat, so liegen auch dem Kailash vorgelagert zwei Seen, Manasarovar und Rakastal. Als alle vier Sadhus ihre Zeremonien am Thron Shivas beendet haben, erklären sie mir, dass um die Tage des 16. August 1987 die Stellung der Planeten eine besondere sei, die nur alle zwölf Jahre wiederkehre und dass das Bewusstsein spiritueller Menschen, die sich durch Meditation vorbereitet hätten, angehoben würde. Wer sich zu jenen Tagen an einem Ort befindet, wo starke geistige Schwingungen ausgehen wie hier am Kailash, würde erleben, dass sich diese vervielfachen und dem geistigen Wachstum förderlich sind.

Unglaublich mag der Umstand für einen rational denkenden Abendländer sein, dass diesen Asketen offenbar die eisigen Temperaturen des Himalaja nichts anzuhaben vermögen und sie – wie ich es selbst beobachten konnte – Nächte bei Minustemperaturen im Freien verbringen, ohne zu erfrieren, und scheinbar durch Konzentration eigene Körperwärme aktivieren und aufrechterhalten. Es handelt sich dabei um eine Yogatechnik, deren Beherrschung äußerst nützlich ist, wenn der Asket längere Zeit in der Einsamkeit der Bergwelt in Meditation verbringen will. Eine Technik, die auch in Tibet wohl bekannt ist und dort in den verschiedenen Schulen unter dem Namen Tummo gelehrt wird. Dieter erzählt mir viel über Tummo-Praktik, die er selbst bei seinem tibetischen Lehrer in Dharamsala lernte. Die innere Wärme wird durch Visualisieren und Konzentration auf das Feuerelement im untersten Chakra aktiviert, jenem feinstofflichen Energiezentrum im Körper, das in der Nähe der Geschlechtsorgane liegt, und über die feinstofflichen Energiebahnen, die so genannten Meridiane, bis zum Kopf emporgezogen. Derselbe Vorgang tritt auch im Sterbeprozess ein, nämlich dann, wenn die feinstofflichen Energien sich aus dem untersten Charka in das Geist-Zentrum zurückziehen. Allerdings werden Tummo-Praktiken nicht zur Wärmeerzeugung gelehrt, sondern zur vollkommenen Beherrschung geistiger Kräfte, was zur Erleuchtung führt. Dass Tummo den Yogi gegen die eisige Kälte schützt, ist ein nützlicher Nebeneffekt.

Einen hohen Lama und Lehrer, der Tummo selbstverständlich beherrscht, lerne ich am Abend kennen. Carol kennt ihn aus der Zeit, als sie in Bodh Gaya lebte, und nun trifft sie ihn hier am Kailash wieder. Ein merkwürdiger Zufall. Nach Einbruch der Dunkelheit dürfen wir den hohen Lama besuchen. Wir werden in einen kleinen dunklen Raum geführt. Der Lama sitzt neben einem kleinen Altar, vor dem zwei Butterlampen brennen, umgeben von einigen Lamas. Einer von ihnen, Lama Asi, der gutes Englisch spricht, stellt uns vor. Wir überreichen Geschenke in Form von Kerzen, Nahrungsmitteln und Geld und lassen uns ihm gegenüber im Halbkreis nieder. Der Raum ist so klein, dass wir kaum

Platz finden. Krishna gibt ihm seinen Gebetskranz, den er nimmt und flink durch die Finger gleiten lässt. Seine Augen sind seltsam hohl, es scheint, als würden sie auf uns alle zugleich gerichtet sein. Carol hat mir erzählt, dass er sich seit vielen Jahren nicht mehr zum Schlaf niederlegen würde, sondern während der Nacht, in tiefer Meditation versunken, im Lotossitz verharre. Ab und zu flüstern ihm die Tibeter Worte zu, und dann erschallt ein seltsames Lachen, abgrundtief, aus dem Innersten seines Wesens kommend. Es mag vielleicht eine gute Viertelstunde vergangen sein, als er den Gebetskranz wieder an Krishna zurückgibt, der sich ehrfurchtsvoll vor ihm verneigt und sich bedankt. Beim Abschied geschieht noch etwas Merkwürdiges: Als ich aufstehe, um den anderen hinauszufolgen, lässt er mir ausrichten, dass wir uns in Bodh Gaya wiedersehen werden. Ich konnte mein Staunen über diese Worte nicht verbergen; kurz zuvor hatte ich an mein Filmprojekt über die chinesischen Pilgermönche gedacht und dass ich deshalb bald nach Bodh Gaya gehen müsse!

Am nächsten Morgen herrscht prachtvolles Wetter, kein Lüftchen regt sich, und der Himmel ist ohne Wolken. Es ist der 16. August 1987. Wir haben beschlossen, getrennt zu gehen, jeder für sich und nach seinem eigenen Rhythmus, aber abends wollen wir uns am Kloster Dira-puk treffen und gegenüber der Nordwand des Kailash unsere Zelte aufschlagen. Die ganze Landschaft ist von klarem Licht durchflutet, die Farben leuchten in einer Intensität, die alles bisher Gesehene vergessen lässt. Ich fühle mich seltsam leicht und könnte in diesem Rhythmus immer weitergehen. Anfangs folgt mir noch Niven, der gleich den Pilgern unentwegt das »Om mani padme hum« murmelt, aber nach einer halben Stunde setzt er sich zur Rast nieder. Vor mir liegt der Übergang vom goldfarbenen Hügelland des Dhyani-Buddha Ratnasambhava in die von roten Granitwänden gesäumte Schlucht des Buddha Amitabha. Der Übergang ist mit unzähligen Gebetsfahnen geschmückt, und dahinter steht der Eisdom des »Schneejuwels«, der sich über die umgebenden Granitwände erhebt, die ihn wie eine Festungsmauer umfassen.

Eine tibetische Familie kommt des Weges. Stumm schreitet die Frau voran und hält in einer Hand den rotierenden Gebetszylinder, während sie mit der anderen ein Pferd hinterherzieht, das zwei Körbe aus Yakhaut trägt. Darin sitzen zwei kleine Kinder, die mich mit großen Kulleraugen anschauen. Der Mann führt ein weiteres Pferd am Strick, das die Ausrüstung trägt, und ein halbwüchsiger Junge beschließt den Zug. Wir gehen ein Stück des Weges gemeinsam, und sie erlauben mir, die Familienidylle im Film festzuhalten.

Am Eingang und am Ende des Amitaba-Buddha-Tales eröffnen sich atemberaubende Ausblicke auf das »Schneejuwel«. Ich kenne keinen Berg, der es mit der Schönheit des Kailash und seiner Umgebung aufnehmen könnte, der von allen Seiten gleichermaßen faszinierend wäre. Aber der Kailash ist ja viel mehr als nur eine besondere Zusammensetzung von Fels und Eis: Was man wahrnimmt, ist lediglich der physische Sockel für den Aufenthaltsort der Buddhas und Bodhisattvas, die nur vom geistigen Auge spirituell enwickelter Menschen wahrnehmbar sind, aber die mit ihrer Kraft die Atmosphäre erfüllen.

Nach alter Sanskrittradition wird die Achse des Universums als Berg Meru bezeichnet, auf der die metaphysische Welt liegt. Das irdische Gegenstück des Meru-Berges ist der Kailash. Und da der menschliche Organismus ein mikrokosmisches Abbild des Universums ist, entspricht Meru der Wirbelsäule unseres Körpers, und so wie sich von der Wirbelsäule die Energiezentren (Chakras) gleich Lotosblüten abzweigen, ist auch der Kailash als irdisches Abbild des Meru von hohen Geistwesen umgeben.

Berge haben seit jeher eine magnetische Anziehungskraft auf den Menschen ausgeübt. An ihnen entstehen Wind und Wetter, entspringen Flüsse, die Fruchtbarkeit bringen. Dies trifft natürlich auch auf den Kailash zu. Aber zudem hat der Kang Rimpotsche –

das »Schneejuwel« – wie ihn die Tibeter nennen, eine einzigartige geo-historische Lage. Hier entspringen vier der größten Flüsse Asiens; der Sutlej und Karnali unmittelbar am Kailash, der Indus und Brahmaputra in seiner Umgebung, selbst wenn man die Quelle des Ganges weiterverfolgen würde, käme man zum Kailash. Zwei der ältesten Kulturkreise der Erde treffen hier aufeinander, der indische und der chinesische.

Das Tal wird nun wieder breiter. Noch bevor der Pfad in weitem Bogen nach rechts zieht, vorbei an unserem Lagerplatz der ersten Umrundung, überhole ich eine große Pilgergesellschaft mit einem guten dutzend Yaks, die schwer bepackt nebenhertrotten. Am linken Ufer des Flusses, an dem ich entlangmarschiere, liegt Dira-puk, das Kloster gegenüber der Nordwand des Kailash. Unscheinbar schmiegt es sich an die zerklüftete Bergflanke. Aber mein Augenmerk richte ich nun auf die rechte Seite, dort, wo vor mir ein kleiner Bach aus einem Seitental fließt. Plötzlich treten die Vorberge auseinander und geben den Blick auf die Nordwand des Kailash frei, der das Tal abschließt. Mir verschlägt es fast den Atem, als ich zum ersten Mal diese ungeheure Wand erblicke, gut 2000 m hoch und so steil, dass sich kaum Eis daran halten kann. Die Form ist einmalig, und ganz oben funkelt wie ein Diamant der Gipfel. Es ist ein so atemberaubender Anblick, dass ich es mit Worten kaum zu beschreiben vermag, man muss es selbst gesehen haben. Mit seiner Größe und seiner ausgewogenen Symmetrie beherrscht er die Landschaft, auch die dunklen Berggestalten, die das »Schneejuwel« flankieren, unterstreichen nur diesen Eindruck. Ich überquere den Fluss, der direkt am Fuße der Nordwand herabkommt, und wandere am linken Ufer aufwärts. Am Beginn einer kleinen Geländestufe liegt eine gewaltige Mauer mit Mani-Steinen, umgeben von einer Ansammlung aufgeschichteter Steine und einem kleinen Chörten. Ich setze mich in den Schatten der Mani-Mauer und versenke mich in stille Betrachtung. Die beiden Vorberge, zwischen denen der Kailash erscheint und die wie Wächter dastehen, gelten als die Thronsitze Vajrapanis und Manjushris. Der Erstere ist ein »Diamant-Wesen«, das die Fähigkeit verkörpert, geistige Verunreinigungen aller Art zu beseitigen, und das als Symbol der Unzerstörbarkeit einen Dorje (Diamant) in der Hand hält, während Manjushri als Bodhisattva der Weisheit gilt, der mit seinem flammenden Schwert das Dunkel der Unwissenheit zerteilt.

Neben dem Berg Manjushris steht der Sitz Avalokitesvaras, des Schutzpatrons Tibets, und neben dem Thronsitz Vajrapanis liegt jener der Dölma, der »Retterin«, die aus den Tränen Avalokitesvaras entstanden sein soll.

Ein Hirte kommt mit seiner Schafherde an mir vorbei und reißt mich aus meinen Gedanken. Auch er lässt ständig einen kleinen Gebetszylinder rotieren, während er die heilige Mani-Formel murmelt. Ich beneide den Glücklichen ob seines Weidegrundes und seines Lebens, das er hier am Fuße des Kailash führt. Dann steige ich weiter bergauf, über Geröllhalden am Rande des Flussbettes. Auf der anderen Seite entdecke ich Niven, der ebenfalls hochsteigt und sich immer wieder bückt, um Kieselsteine aufzusammeln. Er ist so auf seine Sache konzentriert, dass er mich nicht bemerkt. Oberhalb des Geländeabsatzes stehen die letzten Steinhaufen, die fromme Pilger aufgeschichtet haben. Ich gehe noch ein Stück weiter und stehe nun fast unmittelbar unterhalb der Nordwand. Ein paar bizarre Eistürme ragen aus dem Geröll und gebären den Fluss, an dessen Ufer ich hochgestiegen bin. Als ich nach einer Weile wieder absteige, ist Niven verschwunden. Vielleicht ist er schon in Dira-puk Gompa angekommen. Ich wähle einen direkten Weg zum gegenüberliegenden Kloster und muss deshalb zwei größere Flüsse überqueren. Über den Ersten gelange ich trockenen Fußes, indem ich von Stein zu Stein springe. Beim Zweiten bleibt mir nichts anderes übrig, als durch knietiefes Wasser zu waten. Auf einer Wiese unterhalb des Klosters lasse ich mich nieder, um die nassen Sachen in der Sonne zu trocknen.

Dann erscheinen Niven, Taishi und zwei tibetische Träger und

Lagerplatz am Fuße der Nordwand des Kailash. Die beiden Vorberge, zwischen denen das »Schneejuwel« zu erkennen ist, gelten als Thronsitze der Bodhisattvas Manjushri and Vajrapani.

zuletzt Krishna. Nachdem die Zelte aufgeschlagen sind, begeben wir uns hinauf zum Kloster. Zwei Mönche begrüßen uns freundlich und führen uns auf das Dach der Gompa. Die Aussicht ist großartig. Auf einen kleinen Altar, den die beiden Mönche im Nu errichten, legt Krishna die Opfergaben der Hopi-Indianer, bestehend aus Maiskolben und Getreidekörnern. Taishi legt sein Thangka hinzu, das er dem Kloster spendet, dazu kommt noch ein Dalai-Lama-Bild und eine Butterlampe, die die tibetischen Mönche des Klosters beisteuern. Niven und Taishi lassen sich zur Meditation im Lotossitz nieder, während Krishna ein paar Räucherstäbchen entzündet, vor den kleinen Altar tritt und zum Kailash gewandt Gebete flüstert. Als dies geschehen ist, lassen wir uns alle im Kreis auf dem Klosterdach nieder, reichen uns die Hände, während Krishna mit ergreifenden Worten, alle Menschen unserer Erde einbeziehend, für den Frieden bittet.

Wir – zwei Lamas, ein Japaner, ein Amerikaner, ein Inder und ich – sitzen noch lange schweigend da, den Geist in die vollkommene Stille der Landschaft getaucht, den Kailash vor uns, dessen Gipfel noch im Licht erstrahlt, als alles ringsum bereits in dunklen Schatten liegt.

Die beiden Lamas reichen uns noch süße Kekse, bevor wir uns in die Zelte zurückziehen. In dieser Nacht finde ich kaum Schlaf, und schon früh treibt es mich aus dem Zelt hinaus. Blutrot, wie ich es nur von Sonnenuntergängen her kenne, leuchtet der Himmel, als die Sonne aufgeht. Taishi und Krishna waren noch früher wach als ich. Sie sind noch bei Dunkelheit zur Nordwand hinaufgestiegen, um dort kleine Kieselsteine zu sammeln. Als die ersten Sonnenstrahlen den Gipfel des »Schneejuwels« treffen und das Licht wie ein Mantel allmählich herabgleitet, mache ich mich auf den Weg. Jenen Fluss, den ich gestern durchwaten musste, überquere ich nun auf einer hölzernen Brücke östlich des Klosters und stoße bald auf den bereits bekannten Weg zum Dölma-La hinauf. Im Gegensatz zur ersten Umrundung ist der Kailash nun stets zu sehen. Ich halte immer wieder an, um den Berg von jedem neuen Blickwinkel aus zu betrachten. An einem meiner Aussichtsplätze überholt mich die tibetische Familie mit den kleinen Kindern, die in ihren Körben am Rücken des Pferdes sitzen und hin- und herschaukeln. Ich folge ihnen in gleichmäßigem Tempo zum Pass der »Retterin«. Auch die Yakkarawane, die ich gestern überholt habe, ist bereits hier angekommen. Aber ich halte mich nicht lange auf, ein kalter Wind weht von Süden her, und mit ihm nähern sich wieder einmal schwarze Gewitterwolken. Als ich ein paar Gebetsfahnen angebracht habe und die letzte Rolle Film verbraucht ist, schlage ich ein schnelles Tempo an, um möglichst rasch – jedenfalls bevor das Unwetter losbricht – in das tief unter mir liegende Tal zu kommen.

Kaum bin ich unten angekommen und habe den Lamtschyker überquert, bricht das Gewitter mit aller Gewalt los. Es blitzt und donnert, der Wind peitscht mir die Graupelkörner entgegen. Binnen Minuten ist es dunkel geworden, die Landschaft ist schneebedeckt. Das Gewitter zieht rasch über mich hinweg und ich frohlocke bereits, im Glauben, dass alles überstanden sei, als der Wind dreht und das Unwetter mich neuerlich einzuholen droht. Ich steigere noch einmal meinen Gehrhythmus, der Wind schiebt mich zwar vorwärts, aber peitscht mir auch die graupelähnlichen Eiskristalle in den Nacken. Ich ziehe die Kapuze über und setze den Weg unbeirrt fort. Ich bin plötzlich ganz allein, nirgendwo ist auch nur ein einziger Pilger zu sehen, sie scheinen alle wie vom Erdboden verschluckt. Die Orientierung ist problemlos, da ich mir bei der ersten Umrundung den Weg gut eingeprägt habe. Ein paar Yaks stehen unbeweglich da wie Steine, sie haben zu grasen aufgehört und sich mit dem Hinterteil gegen die Windrichtung gestellt. Das Gewitter folgt mir weiterhin, bei jedem Blitz zucke ich zusammen, so gehe ich Stunde um Stunde, ohne ein einziges Mal zu rasten. Allmählich finde ich Gefallen an dieser dunklen, düsteren Stimmung und auch an dem absoluten Alleinsein. Das Gehen ist längst zur mechanischen Bewegung geworden, aus der sich der Geist befreit hat. Weit im Süden, draußen in der Ebene, wo die beiden heiligen Seen liegen, zeichnet sich ein heller Fleck am Himmel ab. Mit jedem Schritt scheint er sich zu vergrößern, während das Gewitter zurückbleibt. Und als ich am Rande dieser großen Ebene entlangwandere, trifft mich wieder das volle Sonnenlicht. Kurz vor Tarchen begegne ich zwei Bön-Mönchen, die in umgekehrter Richtung den Kailash durch Niederwerfungen umrunden. Im Pilgerlager angekommen, wartet Garzo mit einem ausgezeichneten Essen auf, er zaubert sogar frischen Jogurt hervor, den er irgendwo bei den Yaknomaden der Umgebung aufgetrieben hat. Einen Teil unserer Gruppe hat er bereits heute an den Manasarovar-See gebracht, wird sollen morgen zu ihnen stoßen. Noch vor Einbruch der Dunkelheit kommen Taishi und Niven zurück, nur Krishna schafft es an diesem Tag nicht mehr.

Am nächsten Morgen wird eifrig gepackt, es heißt Abschied nehmen vom Kailash. Aber erst als Krishna mit seinem tibetischen Begleiter eintrifft, kann die Fahrt losgehen. Es ist uns eine große Ehre, den Lama aus Bodh Gaya mit seinem Begleiter zum Manasarovar-See mitzunehmen, an dessen Ufer er eine Höhle beziehen wird, in der er mehrere Monate in tiefer Meditation verbringen will. Die Fahrt ist kurz und führt über die weite Ebene zum Ufer des heiligen Sees. Kurz vor dem Erreichen des Sees verlässt uns der Lama und begibt sich zu seiner Meditationsklause, zusammen mit seinem Gehilfen, der auf dem Rücken die gesamte Habe und Verpflegung für die Zeit der Klausur trägt.

Vor uns breitet sich der Manasarovar-See aus. Er gleicht einem Türkis, über dem sich der »Sohn des Sieges« in eine Höhe von 70 000 m erhebt. Aber die oberen Regionen der Gurla Mandhata sind hinter Wolken verborgen, nur die mächtigen Gletscherzungen sind sichtbar, die sich in den braunen Hügeln verlieren. Am Ufer des Manasarovar-Sees stehen die bunten Zelte unserer Kame-

Tso Mapham nennen die Tibeter den Manasarovar-See und verehren ihn als Heiligtum. An seinem Ufer entlang verläuft ein uralter Pilgerweg, der von Klöstern, Chörten und Lhatses – Pyramiden aus Gebetsfahnen – gesäumt wird.

raden. Nach unserer Ankunft ist es sogar ein kleines Zeltdorf, das den Lastwagen umgibt. Ich entledige mich gleich der verschmutzten Kleidung und nehme ein reinigendes, aber kurzes Bad im eisigen Wasser des Sees. Wie neu geboren lege ich mich daraufhin auf meine Matte nieder und lasse mich durch die Sonnenstrahlen erwärmen. So liege ich den ganzen Tag am Ufer, lese, schreibe mein Tagebuch, und hin und wieder blicke ich über den See zur Gurla Mandhata hinüber.

Einmal kommt ein Lastwagen voll tibetischer Pilger ans Ufer gefahren. Sie hüpfen von der Ladefläche herunter, laufen ein paar Schritte, und wie von einer unsichtbaren Kraft gezwungen, werfen sie sich zu Boden. Sie sammeln Kieselsteine auf, denen man heilende Kräfte zuschreibt, und nehmen ein rituelles Bad im See. Den Buddhisten wie den Hindu sind der Manasarovar und der Rakastal heilig.

Die Form des Manasarovar ist rund wie die Sonne und symbolisiert die Kräfte des Lichtes, während der Rakastal einer Mondsichel ähnlich ist und die dunklen Kräfte der Nacht versinnbildlicht. Der Manasarovar-See liegt tatsächlich etwas höher als der Rakastal, wie auch die Lichtkräfte höher sind als die dunklen, dämonischen.

Das Herabkommen des historischen Buddha Gautama ist mit dem Manasarovar-See verbunden. Der Geschichte zufolge soll Königin Maya geträumt haben, dass die Schutzgottheiten sie auf ihrem Bett zum Manasarovar-See getragen hätten, sodass alle irdischen Unreinheiten und Unvollkommenheiten von ihr wichen, damit der Buddha in ihren Leib eingehen konnte. Die bevorstehende Geburt des Buddha erschien ihr im Traum als ein weißer Elefant, der vom Kailash herabkommend in ihren Leib einging.

Die Hindu glauben, dass Brahma, der Weltenschöpfer, den Manasarovar erschuf und in seiner Mitte den »Baum des Lebens« setzte, der jedoch dem menschlichen Auge verborgen bleibt. Auf den Menschen bezogen entspricht der Manasarovar dem höchsten

Kraftzentrum, während der Rakastal für das unterste feinstoffliche Zentrum im menschlichen Körper steht.

Am späten Nachmittag wandere ich am Ufer entlang in Richtung Gurla Mandhata. Von einem Hügel aus erhasche ich einen wunderbaren Blick auf den davor liegenden See mit den goldfarbenen Hügeln, und dahinter ragt die weiße Pyramide des Kailash hervor. Er zeigt die mächtige Südseite mit der swastikaähnlichen Zeichnung.

Thure erzählt mir vom berauschenden Sonnenuntergang, den er letzten Abend miterlebt hat, als die Gurla Mandhata von Wolken frei war. In der Hoffnung, dies würde auch heute geschehen, steige ich mit den beiden Finnen den Hügel nördlich unseres Lagers hinauf. Die Gurla Mandhata jedoch bleibt hinter dichten Wolkenmassen verborgen. Aber der Kailash steht frei da, zwar nicht von der untergehenden Sonne beschienen, aber deshalb nicht weniger imposant. Eine Pilgerkarawane zieht mit ihren Yaks durch die gelbe Prärie. Ich richte meine Kamera auf den Kailash und drücke ab, als sie ins Bild ziehen. Es sollen die letzten Aufnahmen vom Kailash werden, denn in der Nacht bricht ein fürchterlicher Sturm los, reißt an den Zelten und peitscht das Wasser des heiligen Sees auf. Auch am Morgen hat sich der Sturm nicht gelegt. Wir packen in aller Eile unsere Sachen und fahren los. Der Abschied fällt uns nicht so schwer, denn die Schönheit der »harmonischsten Landschaft« der Welt liegt hinter dunklen Wolken verborgen. Wir aber haben sie geschaut, und sie leuchtet nun in uns.

Abschied von Tibet

> Ich werde oft gefragt, was der Westen vom Osten lernen kann, und umgekehrt. Darauf habe ich keine bestimmte oder endgültige Antwort parat, allenfalls ein paar Gedanken. Die Menschen im Westen bemühen sich über alle Maßen, die äußere Welt zu erforschen – die Materie –, während die östlichen Philosophen sich äußerst intensiv um die Erforschung der inneren Welt bemühen – den Geist. Wenn man beides, materiell ebenso wie spirituell, gleichermaßen entwickeln will, dann können gemeinsam äußerst wichtige und nützliche Beiträge geleistet werden.
>
> *Tenzin Gyatso, 14. Dalai-Lama*

Ich bin wieder in Shiquanhe, jener chinesischen Neugründung, die beinahe vergessen macht, dass man in Tibet ist. Nach zähen Verhandlungen hat man für uns den Massenschlafsaal im Hotel geöffnet – zum ersten Mal überhaupt, wie es den Anschein hat. Ich verbringe den Abend mit Greg und den Finnen im Bazar bei Nudeln und Tee, im Wohn-Küchen-Zelt der beiden Uiguren, die uns für die Kailash-Fahrt mit Brot versorgten. Taishi hat die Aufgabe übernommen, eine Mitfahrgelegenheit nach Kashgar zu suchen. Greg, Thure und Dode wollen ebenfalls nach Kashgar weiter und nicht mehr zurück nach Lhasa, wie der Rest unserer Gruppe, aber ihre Suche nach einer Fahrgelegenheit blieb bislang erfolglos.

Später im Hotel berichtet mir Taishi freudestrahlend, dass ein Fahrzeug gefunden ist, mit dem wir beide mitkämen, nicht auf der Ladefläche oben, sondern gewissermaßen erster Klasse, vorne im Führerhaus. Es sei ebenfalls ein »Ostwind«, höre ich, aber ein etwas älteres Modell als unser bisheriges. Alledings dürfte auch die Fahrt nach Kashgar nicht so schwierig sein wie die von Lhasa hierher. Morgen oder spätestens übermorgen soll es losgehen, je nachdem, wann der Lastwagen beladen und Treibstoff organisiert ist. Deshalb stehen wir den ganzen nächsten Tag auf Abruf bereit. Es ist längst Abend geworden, und wir haben uns bereits auf einen weiteren Tag des Wartens eingestellt, da fährt der Lastwagen vor dem Hotel vor. Nun geht alles unheimlich schnell. Mithilfe der Kameraden ist unser Gepäck in einigen Minuten auf der ungedeckten Ladefläche verpackt, meine Filmkamera und das Stativ kommen obenauf, dann wird noch eine Plane darüber gelegt und mit Seilen verschnürt. Alle haben sich zu unserer Verabschiedung eingefunden. Von Greg erfahre ich, dass auch er und die beiden Finnen eine Mitfahrgelegenheit für morgen gefunden haben. Ein letztes Lebewohl, und wir rollen die staubige Straße in Richtung Norden hinaus. Ich merke, wie sehr ich mich in dieser Gruppe wohl gefühlt habe, und bis heute ist nichts von meiner Erinnerung an diese lieb gewonnenen Freunde verblasst. Sie ist so lebendig, als hätten wir uns eben verabschiedet. Die gemeinsamen Erlebnisse am Kailash sind ein unsichtbares Band, das uns über alle Grenzen hinweg verbindet.

Am Ortseingang wartet ein weiterer Passagier, ein Uigure namens Abskar, er ist auf dieser Fahrt der Mechaniker, Pfadfinder, Koch – kurzum Mädchen für alles. Er hat immer gute Laune, selbst in den unmöglichsten Situationen. Der Fahrer weist ihm zunächst einen Platz auf der Ladefläche zu, dort hüllt er sich in einen dicken Mantel, denn als die Nacht hereinbricht, wird es bitterkalt. Aber Abskar besitzt keine yogischen Fähigkeiten, und das vor Kälte zitternde Bündel Mensch macht einen so erbarmungswürdigen Eindruck, dass wir nicht länger tatenlos zusehen können und den Fahrer auffordern, ihn ins Führerhaus zu holen. So sitzen wir nun zu viert in der engen Kabine, die gerade zwei Personen bequem Platz bietet. Abskar unterbricht sein Zähneklappern nur, um uns hin

Garküche für Fernfahrer auf der Route von Tibet nach Ost-Turkestan (Xinjiang). Neben einfacher chinesischer Küche gibt es ein Überangebot an billigen alkoholischen Getränken.

und wieder einen dankbaren Blick zuzuwerfen. Entgegen den Gewohnheiten chinesischer Lastwagenchauffeure scheint unser Lenker die Nacht durchfahren zu wollen, wohl wegen des Schneckentempos seines »Ostlüftchens«, das bei voller Fahrt bergab nicht mehr als 50 km pro Stunde schafft. Wie sonst sollten wir die 1500 km nach Kashgar in fünf Tagen schaffen? Um Mitternacht erreichen wir einen größeren Ort. Ist es Rutok oder Wüjang? Ich bin zu müde, um danach zu fragen. Der Truckstopp, in dem wir halten, erinnert mich an jene auf der Fahrt von Lhasa nach Shiquanhe. In einem kleinen Kaufladen mit integrierter Garküche brennt noch Licht. Einige Uiguren sitzen an einem Tisch und unterhalten sich lebhaft. Wir bekommen Nudelsuppe und Tee. Danach stelle ich neben dem Lastwagen mein Innenzelt auf, lege mich in den warmen Schlafsack und schlafe bald ein. Taishi und Abskar strecken sich auf der Ladefläche oben aus, während der Fahrer sich im Führerhaus aufs Ohr legt. Nach drei Stunden reißt er mich aus dem

Schlaf. Es geht weiter. Noch weiß ich nicht, dass die drei Stunden Schlaf die Einzigen während der fünftägigen Fahrt bleiben sollten.

Die Piste ist schlecht, wir werden gehörig durchgerüttelt. Einige Male bleibt das Fahrzeug hängen und bewältigt die betreffende Stelle nur nach mehreren Versuchen. Noch bevor die Sonne aufgeht, kommen wir zu einer Siedlung aus braunen Lehmbauten. Am Rande des Dorfes lagern ein paar Nomadenfamilien mit ihren Herden. Sie unterscheiden sich nicht von jenen auf dem Tschangthang. Der Fahrer eilt von Zelt zu Zelt, um ein paar Ziegen zu kaufen. Es dauert Stunden, bis er mit den Tibetern handelseinig ist und die sich sträubenden Tiere heranschleppt. Wir müssen unser Gebäck abladen, dann wird eine kleine Fläche unmittelbar hinter dem Führerhaus freigemacht, und die zwölf Ziegen werden auf engstem Raum verladen. Die Nomaden scheinen hier auf ihn gewartet zu haben und beginnen gleich nach dem Geschäft ihre Zelte wieder abzubauen. Sie sind die letzten tibetischen Nomaden, die wir unterwegs treffen. An diesem Tag überqueren wir das Hochplateau von Aksai-Chin, ein sensibles Grenzgebiet, das die Chinesen gegen den Anspruch der Inder besetzt halten. Besetzt halten ist etwas übertrieben, denn wir sehen den ganzen Tag über keine Menschenseele. Es ist eine karge, unwirtliche Öde, ständig um 5000 m hoch, so kalt und windig, dass Abskar den ganzen Tag über im Führerhaus bleibt. Auf der Ladefläche verendet die erste Ziege. Irgendwo verlassen wir hier Tibet und betreten die Provinz Xinjiang. Wir merken es daran, dass die Gebetsfahnen und Steinhaufen fehlen, die an die Allgegenwart höherer Wesen erinnern. Die Nacht wird bitterkalt, und wir sitzen frierend nebeneinander, halb benommen, geplagt vom Schlafdefizit und von der Müdigkeit in quälender Enge. Nur der Fahrer ist erstaunlich frisch, er trällert ein Lied vor sich hin und scheint nie müde zu werden. Irgendwo halten wir für zwei bis drei Stunden. Der Fahrer beugt sich über das Lenkrad und schläft. Ich kann es nicht. Die beißende Kälte und das klägliche Geschrei der Ziegen halten mich davon ab. Am Morgen liegt ein weiteres Tier steif gefroren auf der Ladefläche. Endlich geht es hinunter in tiefe Lagen. Taishi sitzt nurmehr apathisch neben mir und ist stumm wie ein Fisch. Auch ich versuche, mich in mich selbst zurückzuziehen, um die qualvolle Untätigkeit zu ertragen. Eine Panne bringt erfreuliche Abwechslung. Taishi und ich laufen zu einem nahe gelegenen Fluss, stürzen wie verdurstend ins Wasser und strecken uns am Ufer für eine halbe Stunde aus. Für Abskar ist es aber kein erfreuliches Ereignis; er muss die Dreckarbeit beim Ausbau der Radachse verrichten und sieht aus, als hätte er eine Woche lang unter dem Auto geschlafen. Der Schaden kann nicht behoben werden, aber es geht trotzdem weiter, noch langsamer als vorher. Wir fahren nun entlang des Karakorum, parallel zur alten Karawanenstraße, die Leh über den Karakorum-Pass mit den wichtigsten Oasenorten der alten Seidenstraße verband: mit Kashgar, Khotan, Aksu und anderen mehr. Vom Karakorum ist jedoch nichts zu sehen, denn die Piste

Auf der Fahrt vom Kailash nach Kashgar begegnen wir abenteuerlich aussehenden Gefährten. Die Fahrzeuge sind schwer beladen und obenauf sitzen die Passagiere – dick vermummt und in warme Pelzmäntel gehüllt, um nicht zu erfrieren.

führt zumeist entlang an Flüssen und durch Schluchten. Selbst auf den Pässen, die wir überqueren, verdecken stets Vorberge die Sicht auf die Eisriesen des Karakorum. Bei Xaidulla vereinigt sich die Straße mit dem alten Karawanenweg, der vom Karakorum-Pass herabkommt.

Es ist wieder einmal Abend, und wir halten in einem armseligen Nest und essen in einer Armeekantine. Wir tun dies abwechselnd, denn der Fahrer befiehlt, dass einer von uns stets den Lastwagen bewachen muss. Auch die dritte Nacht wird durchgefahren, bis auf die menschlich notwendigen Stopps. »Wenn alles gut geht, erreichen wir heute Yecheng«, malt der Fahrer in chinesischen Schriftzeichen auf ein Papier, und Taishi liest es mir vor.

In steilen Serpentinen kriecht der »Ostwind« einen hohen Pass hinauf, auf der anderen Seite werden die Schleifen durch eine Geländefahrt abgekürzt. Irgendwo muss der Fahrer eine falsche Abkürzung genommen haben, und nun reißt uns sein hysterisches Geschrei aus dem Halbschlaf. Die Situation entbehrt nicht einer gewissen Komik. Wir stehen vor einer senkrechten Wand, über die ein Wasserfall herabstürzt und als Bach an uns vorbeifließt. Aber die Schlucht ist zu eng, um das Fahrzeug wenden zu können. Er schilt den armen Abskar, weil er seiner Ansicht nach nicht aufgepasst hat, und schickt ihn hinaus, um den Weg zu erkunden. Halb im Schlaf taumelnd lotst Abskar das Fahrzeug zurück und nach links hinaus, knapp am Rande einer weiteren Felsstufe vorbei, über die der Fluss hinabstürzt.

Noch am Vormittag erreichen wir Mazar, einen Ort, der sich in seiner Trostlosigkeit nahtlos in die Reihe »wildromantischer« Truckstopps einreiht, von denen ich bereits hin und wieder berichtete. Ein Ort, den man schneller wieder vergisst, als die Durchfahrt dauert. Ich erwähne ihn nur deshalb, weil es der Ausgangspunkt für den Anmarsch zum K2 ist, dessen Nordseite man in sechs bis sieben Tagen erreichen kann.

Der letzte Pass liegt vor uns, bevor wir an den Rand des Sandmeeres, der Wüste Takla Makan kommen. Es ist eine atemberaubende Passstraße, und etwas ängstlich blickt der Fahrer die steile Bergflanke hinauf, wo sich die Straße in kilometerlangen Windungen hin- und herzieht. Sie ist einspurig, unübersichtlich und in regelmäßigen Abständen mit Ausweichstellen versehen. Vor uns fahren drei chinesische Armeelaster. Die Passhöhe ist erreicht, und wir wähnen uns bereits in Yecheng. Doch an der nächsten Kurve ist die Fahrt plötzlich zu Ende. Das erste der chinesischen Armeefahrzeuge hat einen entgegenkommenden Lastwagen frontal gerammt, der gerade um eine enge Kurve bog. Obwohl die Fahrzeuge leicht auseinander gezogen werden könnten, weigern sich die Militärs, dies zu tun. Sie müssen erst den Befehl dafür einholen! Aber die nächste Kaserne liegt immerhin fünf bis sechs Fahrstunden zurück. Ein Armeelastwagen macht sich auf den Weg dorthin. Haben wir die Nächte zuvor an der Kälte gelitten, stöhnen wir nun unter der Hitze. Es bleibt uns keine andere Möglichkeit, als unter das Auto zu kriechen. Wir sind stocksauer, hatten wir doch schon an die Weintrauben, die wohlschmeckenden Hami-Melonen, das frische Weizenbrot und an ein Bett zum Schlafen in der Oase Yecheng gedacht, und nun sitzen wir hier fest. Unser Zorn richtet sich gegen die Uniformierten, die mit ihren Stöckelschuhen und Sonnenbrillen wie stolze Gockel umherspazieren. Taishi gerät außer sich vor Wut, als unser Fahrer diese eingebildeten Laffen mit dem letzten Rest unserer Verpflegung verwöhnt. Das Geschrei der Ziegen ist kaum mehr auszuhalten, wir sammeln auf den umliegenden Berghängen etwas Nahrung für sie und werfen sie ihnen hinauf. Zwei weitere Tiere haben die letzte Nacht nicht überlebt. Es wird Abend, und alles wartet. In beiden Richtungen stehen die Fahrzeuge in einer langen Schlange. Doch die Order zur Räumung der Unfallstelle kommt nicht. Zum Glück befindet sich unter den Wartenden ein weiterer Armeekonvoi mit einem hohen Offizier, der die Kompetenz hat, den erlösenden Befehl zu erteilen.

Um Mitternacht, nach mehr als zwölf Stunden, werden die Fahrzeuge auseinander gezogen und auf der Seite abgestellt. Wir rollen die Passstraße hinunter, die durch die vielen wartenden Autos hell beleuchtet ist. Im nächsten Ort halten wir auf einer pappelgesäumten Staubstraße. Eine offene, mit Weinreben überdachte Laube ist hell beleuchtet. In der Mitte steht ein steinerner Ofen, in den zwei große metallene Bottiche eingelassen sind. Rundherum stehen Betten mit bunten Teppichen und kleinen Esstischchen. Ein alter Uigure mit langem Bart und pelzgefüttertem Hut knetet den Teig, indem er ihn kunstvoll durch die Luft schwingt und dann zu einem Zopf dreht. Mit bloßen Fingern zieht er gekonnt die dünnen langen Nudeln, während seine Frau in einer Pfanne gekochtes Lammfleisch mit Gemüse schmort. Beides zusammen ergibt Lamen, eine Hauptspeise der Uiguren. Die besten Nudeln, die ich je aß. Ein Lastwagen nach dem anderen hält hier an, und bald füllt sich die Laube mit hungrigen Gästen. Unser Fahrer hat für Taishi und mich eine neue Mitfahrgelegenheit nach Kashgar aus dem Kreis seiner Kollegen gefunden, da er selbst nur bis Yecheng fährt. Wir steigen auf einen schnelleren russischen Lastwagen um, dessen Motor genau unter unserem Sitz liegt und uns mächtig einheizt. Wir fahren entlang des Yarkand He, der in den Tarim-Fluss mündet, der wiederum den berühmten wandernden See Lop Nor speist – speiste muss man sagen, denn der Lop Nor ist ausgetrocknet. Die Berge treten zurück, vor uns liegt die Wüste Takla Makan, die »schrecklichste Wüste der Welt«, wie sie Sven Hedin bezeichnete. In den ersten Morgenstunden fahren wir die staubige Hauptstraße in die Oase Yecheng (Kargilik) hinein. Hier treffen wir auf die legendäre Südroute der Seidenstraße, die von Dunhuang aus die Wüste Takla Makan im Süden umging und sich in Kashgar wieder mit der Nordroute vereinigte.

Die Frauen tragen Hosen und darüber bunte Röcke, die Männer haben lange Bärte und als Zeichen ihrer Glaubenszugehörigkeit –

sie sind Moslems – bunte Kappen. Am Straßenrand verkaufen Bauern Melonen und Weintrauben von ihren Eselskarren herunter. Der Bazar ist Mittelpunkt des Geschehens. Wir halten kurz und verschlingen zwei weitere Portionen Lamen und kaufen das flache Weizenbrot mit Sesam und Zwiebeln noch warm vom Ofen. Die nächste Oase, die wir erreichen, ist Yarkand. Rundherum, so weit das Auge reicht, nur Sand und Steinwüste. Takla Makan nennen die Uiguren diese Wüste, was so viel bedeutet wie »Wüste des unwiderruflichen Todes« oder »Wer in sie hineingeht, wird nie wieder zurückkehren«. Sven Hedin hat die Härten dieser Wüste bitter erfahren. Seine gesamte Karawane ging zu Grunde, als er unweit von hier loszog, um den Khotan-Fluss zu erreichen. Er selbst entging nur mit knapper Not dem Verderben und erreichte halb verdurstet einen Tümpel des nur zeitweilig wasserführenden Flusses.

In Yengisar (ehemals Yang-issar) machen wir Mittagsrast. Das Staubschlucken ist zu Ende, als wir die asphaltierte Straße erreichen. Am frühen Nachmittag setzen uns die Uiguren am Rande von Kashgar ab, und wir heuern einen Eselskarren an – das ortsübliche Taxi –, das uns zum Seman-Hotel bringt. Man bietet uns nur ein Bett im prall gefüllten Dormitory, deshalb versuchen wir es im gegenüberliegenden Oasis-Hotel. Nach beharrlichem Verhandeln überlässt man uns eine Dreizimmersuite mit Fernsehapparat, die vom Personal als Fernsehraum benutzt und nur widerwillig geräumt wird. Wir haben nur ein Bedürfnis: zu schlafen, bis die Müdigkeit aus unseren Körpern gewichen ist.

Muztagh Ata – zum »Vater der Eisberge«

Mir war, als stünde ich an der Grenze des unermesslichen Raumes, in dem rätselhafte Welten von Ewigkeit zu Ewigkeit kreisen. Nur ein Schritt trennte mich von den Sternen, und unter meinen Füßen fühlte ich, wie der Erdball, sich um seine Achse drehend, durch die Nacht des Weltenraumes rollt.

Sven Hedin

Kashgar, 26. August 1987

Der erste Tag in Kashgar und der neue Abschnitt meiner »Reise« beginnt mit einem ausgedehnten Frühstück im Oasis-Café. Wir glauben zu träumen: Es gibt heiße Schokolade, mit Honig und Rosinen gefüllte Omeletts, Apfelkuchen und aus den Lautsprechern der Stereoanlage erklingt Mozarts Kleine Nachtmusik. Niemand spuckt auf den Boden, und die freundlichen und hübschen Uiguren-Mädchen hinter der Theke erscheinen uns wie Feen einer Märchenwelt. Innerhalb der Oasenstadt Kashgar ist es unsere eigene Oase.

Meine erste Tätigkeit im Hinblick auf die bevorstehende Muztagh-Ata-Besteigung ist der Gang zum Büro der Chinese Mountaineering Association (CMA). Ich bin etwas beunruhigt und frage mich, ob die Überweisung des Geldes für die Serviceleistungen der CMA geklappt hat. Denn ich hatte keinerlei Bestätigung über den rechtzeitigen Empfang der Gelder, wodurch der Vertrag erst in Kraft tritt. Aber es ist alles in Ordnung, und man hatte mich bereits erwartet. Wir vereinbarten, am 30. August zum Karakul-See zu fahren, und einen Tag später sollen Horst, Thomas und Manfred am Khunjerab-Pass abgeholt werden und zu uns stoßen. Ein LKW wird unsere Ausrüstung und Verpflegung von Kashgar zur Jambulak-Steppe am Fuße des Berges bringen, wo alles auf Kamele umgeladen wird, die die Lasten zum Basislager hinauftransportieren. Es werden noch einige Details vereinbart, und es wird beschlossen, den Lastwagen bereits am 29. August zu beladen. Alles ist hervorragend organisiert, und Taishi freut sich mit mir, dass es so reibungslos funktioniert. Jetzt fehlt nur noch Hans. Aber wo bleibt er? Hoffentlich ist nichts Unvorhergesehenes passiert! Innerhalb der nächsten drei Tage muss er kommen, will er den Zug zum Muztagh Ata nicht versäumen. Unter den Briefen, die ich im Postamt in Empfang nehme, ist jedenfalls keine Nachricht von ihm dabei. Ein Umstand, der mich beruhigt. Denn würde etwas passiert sein, hätte er mir bestimmt geschrieben.

Im Bazar treffen wir Greg und die Finnen. Sie sitzen auf einer hölzernen Bank und essen Eiscreme aus Trinkgläsern, die ein bärtiger, zahnloser Uigure immer wieder aus einer Waschschüssel nachfüllt. In der Hitze schmilzt das Milcheis rasch, aber das flüssig gewordene Eis ist kein Verlust, denn er führt es regelmäßig aufs Neue der »Eismaschine« zu, indem er die gelbe Flüssigkeit in den Kupferkessel gießt. Diese »Eismaschine« ist ein höchst bestaunenswertes Gerät und in ihrer Art bestimmt einmalig auf der Welt. Allein der Anblick und die hygienischen Begleitumstände würden die meisten Touristen in die Flucht schlagen. Aber Greg lässt sich sein Glas bereits zum fünften Mal nachfüllen. Der rotierende Kupferkessel steht in einem großen hölzernen Behälter, und der Zwischenraum der beiden ungleichen Gefäße ist mit Klumpen aus Wassereis gefüllt, das so schmutzig ist, dass es wie Erdballen aussieht. Ein zweiter Uigure dreht an einer großen Kurbel und hält mit Muskelkraft die Eismaschine in Rotation. Mit einem breiten Grinsen bietet er mir eine Kostprobe an. Es ist gut und schmeckt nach Milch. Ich will es nicht übertreiben und höre nach drei Portionen auf. Selbst Taishi überwindet die anfängliche Skepsis und langt kräftig zu. Die Folgen bleiben freilich nicht aus. Das Gemisch aus Weintrauben, Eis und Shish Kebabs (Lammspieße) beschert uns einen Tag mit beschränkter Reichweite.

Ein buntes Völkergemisch bestehend aus Uiguren, Kirgisen, Kasachen, Usbeken und Chinesen gibt sich am Abend vor der Id-Kah-Moschee ihr Stelldichein. Auch im Bazar geht es nach Sonnenuntergang hoch her. Die Garküchen haben Hochbetrieb. Überall stehen Stände, an denen Shish Kebabs und Nang, das flache Weizenbrot, angeboten werden. Greg führt uns zu den besten Kebabplätzen. Er erweist sich überhaupt als sehr kundiger Führer, denn er kennt Kashgar bereits von früheren Aufenthalten her. Eine ganze Straße lang werden verschiedenste pelzgefütterte Kopfbedeckungen der Turkvölker angeboten. Die Hüte haben es den beiden Finnen angetan. Es vergeht kein Tag, an dem sie nicht mehrere kaufen, bei ihrer Abreise haben sie mehr als 20 Stück in ihrem Gepäck.

Eselskarren und Pferdefuhrwerke ersetzen Taxis und Stadtbusse in Kashgar. Um den Fahrpreis wird erbittert gefeilscht. Natürlich versucht man wie überall, uns Fremde zu übertölpeln, aber wir kennen bald den wahren Preis, jedenfalls für die Strecke vom Bazar zurück zu unserem Hotel.

27. August

Am Morgen holt mich das Zimmermädchen ans Telefon. In der Leitung knackt und dröhnt es, und dann höre ich wie aus weiter Ferne eine bekannte Stimme. Es ist Hans. Die Verbindung ist so schlecht, dass ich fürchte, sie bricht jeden Augenblick ab. »Wo bist du?«, frage ich aufgeregt. Wieder knackt es bedrohlich in der Leitung. »Ich bin hier in Kashgar, im Büro der CMA«, kommt es vom anderen Ende der Leitung. Wir verabreden uns gleich zum gemeinsamen Frühstück, wo sonst als im Oasis-Café?

Schon eine halbe Stunde später sitzen wir uns am Tisch gegenüber. Die Freude über das geglückte Zusammentreffen ist groß, und natürlich haben wir uns viel zu erzählen. Taishi tut mir Leid, er versteht kein Deutsch und bekommt daher vom ersten Redeschwall nichts mit. Später wird die Unterhaltung in englischer Sprache geführt.

Hans hat eine unglaubliche Reise hinter sich. Allein die Fahrt mit dem Geländeauto von Europa nach Nepal mit dem Ziel Katmandu war ein Kapitel für sich. Die Abfahrt in Graz verzögerte sich um etliche Tage, sodass nonstop durchgefahren werden musste, um rechtzeitig an der pakistanisch-indischen Grenze zu sein, die nur an wenigen Tagen im Monat geöffnet ist. Auf der Fahrt durch den Iran kam Hans von der Transitroute ab, und ehe er seinen Irrtum bemerkte, stand er mit dem sehr militärisch aussehenden Puch-Pinzgauer inmitten eines Kasernenhofes. Als er gerade wenden wollte, um sich schleunigst aus dem Staub zu machen, erwachten die Revolutionswächter, die ihn ungehindert – weil schlafend – so weit hineingelassen hatten. Nun aber kamen sie mit Gewehren auf das Fahrzeug zugelaufen und zerrten Hans ins Freie. Die Hände im Nacken musste er sich flach auf den Boden legen. Robert, der im Hinterteil des Fahrzeugs schlief, wachte durch den Lärm auf und rief Hans. Als die Revolutionswächter merkten, dass sich eine weitere Person im Auto befand, war die Hölle los. Sie umstellten das Fahrzeug, die Gewehre im Anschlag, und zerrten Robert heraus, der sich schlaftrunken neben Hans auf den Boden legen musste. Erklärende Worte und Entschuldigungen konnten die bedrohlichen Gewehrläufe nicht beseitigen. Erst als ein Offizier erschien, der englisch sprach, entspannte sich die Situation. Sie hatten unwahrscheinliches Glück, denn man ließ sie unbehelligt wieder abfahren. In Pakistan deponierte Hans unsere Muztagh-Ata-Ausrüstung bei Hussain, einem langjährigen Bekannten, der sie so lange verwahren sollte, bis Horst, Thomas und Manfred sie abholten.

Während Robert sich in Nepal auf den Mount Everest vorbereitet, reist Hans über Land nach Lhasa hinauf. Etwas Unvorhergesehenes sei tatsächlich passiert, erzählt Hans. Auf der langen Fahrt nach Lhasa knüpfte er die zarten Bande der Liebe. Allerdings wären er und seine neue Freundin beinahe »Hauptdarsteller« einer tibetischen Himmelsbestattung geworden, als sie versuchten, eine solche, ohne eingeladen zu sein, zu beobachten. Die Tibeter jagten sie mit Steingeschossen davon. Beide wurden getroffen. Im Snow-Land-Hotel fand Hans meinen Brief und machte sich unverzüglich auf den Weg nach Gormo (Golmud) und Dunhuang. Zu allem Unglück vergaß er im Postamt von Lhasa seinen Reisepass, den er vorzeigen musste, um postlagernde Briefsendungen auszulösen. Patricia, so heißt seine neue Freundin, sollte versuchen, den Reisepass zu bekommen und ihm diesen nach Kashgar nachzusenden. Hans besaß zwar noch einen zweiten Reisepass, das gültige Visum für die Volksrepublik China befand sich jedoch im verlorenen Pass. Aber gerade auf dieses Visum bestand der Beamte am Kartenschalter der CAAC in Urumqi und weigerte sich, ihm einen Flugschein zu verkaufen. Die viertägige Überlandfahrt kam nicht in Frage, da er sonst Kashgar zu spät erreicht hätte. Schließlich wurde auch dieses bürokratische Hindernis überwunden, und nun ist er hier, bereit zu neuen Taten.

Unsere vordringlichste Aufgabe in den verbleibenden zwei Tagen besteht darin, die Verpflegung für das Basislager samt Kocher und Geschirr zu besorgen. Greg und Taishi unterstützen uns bei den Einkaufstouren nach Kräften. Falls es die Leute von der CMA erlauben, möchte ich Greg ins Muztagh-Ata-Team aufnehmen.

28. August

Den ganzen Tag über treibe ich mich im Bazar herum, um einzukaufen. Die Liste ist so lang, dass ich wohl den morgigen Tag auch noch mit Besorgungen verbringen werde. Hans und Greg sind ebenfalls unterwegs. Nur in der Mittagshitze verkrieche ich mich ins Hotelzimmer. Dann sind die Geschäfte zu, und auch im Bazar erstirbt das Leben. Die schweren Sachen besorgen wir gemeinsam und transportieren alles auf einem gecharterten Pferdefuhrwerk ins Seman-Hotel. Gregs Zimmer, das er mit den beiden Finnen teilt, ist unser Depot. Dort stehen Säcke voll Verpflegung und Ausrüstung. Wir wollen eine vollständige chinesische Garküche ins Basislager schaffen: Benzinbrenner, Druckkochtopf, chinesische Bratpfannen, Sieb, Hackbrett und Hackmesser. Säcke voll Gemüse wie Auberginen, Tomaten, Gurken, Kartoffeln, Paprika, Chinakohl..., frische Eier, Zwiebeln, Knoblauch, Sesamöl und Sojasoße, feine Gewürze, Nudeln, Reis – nichts fehlt. Rosinen aus Turfan, Lychee-Kompotte und sogar Honig findet Hans im Bazar. Zuletzt werden noch zwei Kartons Bier unserer »Hausmarke« Hami Pijiu ins Hotel geschleppt.

Am Abend veranstalten Thure und Dode ihre Abschiedsfeier im Oasis-Café. Sie werden morgen nach Pakistan abreisen. Bei frischem Apfelstrudel mit Eis und Sahne feiern wir bis spät in die Nacht hinein.

29. August

In aller Frühe verabschiede ich die beiden Finnen, mit denen ich ein Stück des Weges gemeinsam ging. Dann werden die letzten Dinge für die Expedition besorgt. Zu Mittag gibt es eine Besprechung mit dem Direktor der CMA. Es geht um die bevorstehende Fahrt zum Karakul-See und um Gregs Teilnahme. Sie fordern einen horrenden Preis. Allein für den Aufenthalt im Basislager müsste er die volle Besteigungsgebühr entrichten. Taishi überbringt ihm die traurige Nachricht. Am Nachmittag wird fleißig gepackt. Am Abend kommt der LKW der CMA, und wir laden die in Säcken gepackte Ausrüstung auf. Nur unser persönliches Gepäck wollen wir bei uns behalten. Es ist der letzte Abend in Kashgar, und wir schlemmen noch einmal durch die Garküchen im Bazar.

30. August – Sonntag
Zur vereinbarten Morgenstunde holen uns Chang, der Begleitoffizier der Expedition, und ein Fahrer mit einem Landcruiser ab. Taishi und Greg sind bereits wach, um uns zu verabschieden. Greg wird morgen nach Hotan reisen, während Taishi nach dem Sonntagsmarkt zur pakistanisch-chinesischen Grenze fährt und über Indien die Heimreise nach Japan antritt. Obwohl es noch ziemlich früh ist, herrscht auf der Ausfallstraße Hochbetrieb. Hunderte Uigurenfamilien kommen auf Eselskarren über staubige Pappelalleen in die Stadt gerollt. Denn Sonntag ist Bazartag in Kashgar. Hier findet sich noch einer der letzten großen Märkte Zentralasiens.

Nach zwei Stunden Fahrt halten wir in einem kleinen Dorf, essen frische Lamen und kaufen noch Melonen, Tomaten und Brot. Der Zustand der Straße ist unbeschreiblich, eine einzige Baustelle, sodass wir mehr oder weniger die gesamte Strecke im Gelände neben der ehemaligen Piste fahren. Allmählich lassen wir die Sandwüste hinter uns. Wir fahren den Kongur-Fluss aufwärts, die Berge treten immer näher zusammen, und bald befinden wir uns in einem System von Schluchten. Am Eingang zur Tigermaulschlucht stoßen wir auf einen chinesischen Checkpoint. Alle Fahrzeuge und Passagiere werden kontrolliert, die Personalien festgehalten. Bange Minuten der Ungewissheit brechen für uns an, denn Hans hat seinen Reisepass noch nicht bekommen, und nun hoffen wir, dass der Polizeibeamte in seinem Zweitpass nicht das Visum kontrolliert. Er tut es nicht. Er schlägt nur die Seite mit den Personaldaten auf und trägt sie in ein Buch ein.

In der Schlucht werden gerade Sprengarbeiten durchgeführt, wir müssen zwei Stunden warten. Die gesamte Straße von Kashgar bis zur pakistanisch-chinesischen Grenze auf dem Khunjerab-Pass wird neu gebaut und asphaltiert. Die Arbeiten verrichten Soldaten der Volksbefreiungsarmee. Mit primitivem Werkzeug und nacktem Oberkörper sieht man sie schuften. In regelmäßigen Abständen stehen Zeltlager am Wegesrand. Merkwürdig ist, dass die Straße nicht an einem Punkt begonnen und kontinuierlich weitergebaut wird, sondern auf der 400 km langen Strecke überall gleichzeitig gearbeitet wird. Jedem Bautrupp ist ein genau abgestecktes Teilstück zugewiesen, das je nach Arbeitsleistung und Geländebeschaffenheit früher oder später als andere fertig gestellt wird.

Am Nachmittag erreichen wir das Ende der Schlucht und betreten eine weitläufige Hochfläche in 3200 m Höhe. Hier erblicken wir erstmals den Muztagh Ata, noch in beträchtlicher Entfernung. Weit überragen seine Gletscher die grünen Steppen ringsum. Der »Vater der Eisberge«, wie ihn die Kirgisen nennen, beeindruckt mich sehr. Der Aufstieg scheint nicht schwierig, aber lang, und er führt in große Höhen hinauf. Ein idealer Skiberg!

Vor uns liegt der Karakul-See, eingebettet zwischen die Eisriesen der Kongur-Gruppe und des Muztagh Ata, umgeben von grü-

Alljährlich im Herbst packen die Kirgisen ihr Habe auf Kamelrücken und ziehen von den Hochalmen des Muztagh Ata zum Überwintern in die Täler hinab.

nen Hochalmen, auf denen weiße kirgisische Nomadenzelte – so genanne Jurten – stehen. Wir halten an einem kleinen Depot der CMA direkt am Seeufer. Chang fragt mich, ob wir hier bleiben oder lieber unser Zelt auf der Jambulak-Steppe aufschlagen wollen. Spontan entscheiden wir uns für das Jambulak-Lager. Nach einer guten Stunde trifft der Lastwagen mit unserer Ausrüstung am Karakul-See ein. Wir laden unser restliches Gepäck hinzu, nehmen im Führerhaus Platz, und weiter geht die Fahrt.

Wir bereuen unsere Entscheidung nicht: Eine Bilderbuchlandschaft tut sich uns auf. Vollkommen scheint die Harmonie zwischen Mensch und Natur. Auf den saftigen Wiesen stehen weiße Jurten, ringsum grasen Pferde, Yaks, Schafe und Kamele friedlich nebeneinander, und dazwischen bewegen sich kirgisische Nomadenfrauen in ihren auffallend bunten Trachten hin und her. Braune, sanft geschwungene Hügel steigen aus den Hochweiden auf, in die sich weiß kontrastierend die Ausläufer mächtiger Gletscher schieben. Und darüber erheben sich die eisgepanzerten Flanken und Wände der Kongurgruppe und des Muztagh Ata – die höchsten Gipfel des Kunlun-Gebirges.

Ich könnte mir keinen schöneren Lagerplatz vorstellen. Inmitten dieser Idylle setzen uns die chinesischen Begleiter samt Gepäck ab und kehren zu ihrem Stützpunkt am Karakul-See zurück. Damit hätten sie uns keine größere Freude machen können. Denn nun schlagen wir unser Zelt neben den weißen Jurten auf, können ungestört umherwandern, und vor allem ohne offizielle chinesische Begleitung ungezwungen und frei mit den Kirgisen Kontakte knüpfen. Ohne zu zögern, würde ich dieses Fleckchen Erde hier zu den schönsten Landschaften zählen, die zu sehen mir vergönnt war.

Unser plötzliches Auftauchen im Kirgisenlager der Jambulak-Steppe bleibt nicht verborgen. Bald statten uns die ersten Kirgisen den Antrittsbesuch ab. Gegenseitige Neugier prägt die ersten Kontakte. Daraus entwickelt sich ein ständiger Wechsel von Besuch und Gegenbesuch. Hans gelingt es, bei einer der Familien frische Milch zu kaufen. Zusammen mit Brot wird das unser heutiges Abendessen, denn zum Kochen sind wir zu müde. Um 22.30 Uhr Beijingzeit verlöschen die letzten Sonnenstrahlen am Gipfel des Muztagh Ata, Zeit für uns, ins Zelt zu kriechen.

31. August

Am Morgen ist es bitterkalt, sogar der Bach neben unserem Zelt ist verstummt und trägt eine dicke Eisschicht. Wir bleiben so lange in den Schlafsäcken, bis die ersten Sonnenstrahlen den Zeltplatz treffen. Unsere geplante Aufstiegsroute liegt den ganzen Vormittag über in eisigem Schatten, erst um die Mittagszeit kriecht die Sonne zum Gipfel hinauf und taucht die Flanke in goldenes Licht. Wir suchen jene Kirgisenfamilie auf, bei der Hans die Milch kaufte, und bitten darum, ihre Feuerstelle zum Kochen benutzen zu dürfen. Als Gastgeschenke haben wir etwas Gemüse mitgebracht, und wir versprechen, nach der Expedition unser Kochgeschirr, Säcke, Seile und dergleichen ihnen zu überlassen. Das Familienoberhaupt – ein alter Mann mit grauem Bart – bittet uns höflich in die Jurte.

Zwei Frauen – eine alte und eine jüngere, die Mutter und Tochter sein könnten – sitzen links vom Eingang auf ausgebreiteten Decken. Die eine spinnt, und die andere ist gerade mit Stricken beschäftigt. Sofort erhebt sich die jüngere, legt etwas getrockneten Yakdung in den Ofen und setzt Tee auf. Uns weist man einen Platz rechts vom Eingang zu. Unwillkürlich drängt sich mir der Vergleich mit den tibetischen Yaknomaden auf. Welch ein Unterschied. Verglichen mit dem harten, entbehrungsreichen Dasein der tibetischen Nomaden sind die äußeren Lebensumstände der Kirgisen geradezu komfortabel. Außer dem Brennstoff aus getrocknetem Yakmist und der Tierhaltung finde ich keine Gemeinsamkeiten. Die Jurte ist ein sehr wohnliches Bauwerk. Der hölzerne Rohbau ist mit dickem Filz umgeben, der Wind und Wetter standhält und im Inneren eine gemütliche Atmosphäre schafft. Über dem Herd befindet sich eine runde Dachöffnung, durch die der Rauchfang nach außen geführt wird und die, je nach Wetter, vergrößert oder verkleinert werden kann. Der Boden ist mit dickem Filz ausgelegt, darüber liegen schön gemusterte Teppiche. Es herrscht größte Ordnung und Sauberkeit. An der Wand sind zusammengerollte Decken gestapelt, die der Familie zum Schlafen dienen. Daneben hängen verschiedene Gebrauchsgegenstände wie Sättel, Zaumzeug, Riemen und Gurte. Die Küche ist durch einen reich bestickten Vorhang abgeschirmt, der keinen Einblick zulässt. Hin und wieder verschwindet die junge Frau hinter dem Vorhang, um Geschirr oder vorrätige Nahrungsmittel zu holen. Während die tibetischen Nomaden nur das Tsampa-Einerlei kennen, ist der Speiseplan der Kirgisen recht abwechslungsreich. Allein der Schwarztee mit Milch ist köstlich, dazu bieten sie uns wohlschmeckende Tschapatis an. Und sie verstehen es, Fladenbrot zu backen.

Der Wert des Brotes als Grundnahrungsmittel wird mir wieder einmal bewusst. Den tibetischen Nomaden fehlt es nicht, weil sie kein Brot kennen. Die Kirgisen backen das Brot im Freien vor dem Zelt. Der Teig wird in eine runde flache Blechschüssel gelegt, darüber werden Sesamkörner gestreut, und dann wird die Schüssel mit einem Deckel gut verschlossen. Das Gefäß mit dem Teig wird anschließend in ein größeres gestellt und völlig unter glühendem Yakdung begraben. Diese Technik funktioniert hervorragend. Schon nach wenigen Minuten kann das frische Fladenbrot herausgenommen werden.

Zu unserer gastfreundlichen Familie gehört auch ein halbwüchsiges Mädchen, dessen Gesichtshaut von der Höhensonne verbrannt ist. Ihre Aufgabe ist es nämlich, den ganzen Sommer über mit der Herde auf den Hochalmen umherzuziehen. In der Regel treiben die Hirten die Tiere bis an den Rand der Gletscher auf 4000 m Höhe hinauf. Auch das Sommerlager befindet sich viel weiter oben. Erst im Herbst zieht sich die Familie auf die Jambulak-Steppe zurück, um hier in 3500 m Höhe den kalten Winter zu verbringen. Dem Mädchen schenken wir eine Dose Fettcreme für den nächsten Sommer und zeigen ihm die Anwendung.

Gestärkt verlassen wir die Kirgisen und wandern die Steppe entlang, bis zum Fuß der braunen Hügel, in denen die Gletscher des Muztagh Ata in einem Gewirr bizarrer Eistürme auslaufen. Wir steigen auf die sanft geschwungenen Hügel bergauf in Richtung der Eiszunge des Jambulak-Gletschers, an dessen Fuß das Basislager liegen muss. Meine gute Höhenanpassung infolge vieler Touren in Tibet macht sich bemerkbar. Hans bleibt zurück. An einer Stelle mit grandioser Aussicht auf den Muztagh Ata lege ich mich an einer windgeschützten Stelle in die Sonne, während Hans noch bis zum Basislagerplatz aufsteigt. Den Nachmittag verbringe ich auf der Wiese vor dem Zelt, die Umgebung beobachtend. Ich kann mich nicht satt sehen an dieser harmonischen Landschaft und ihren Bewohnern, die sie mit Leben erfüllen. Das »Wüstenschiff« hat hier noch nicht ausgedient. Freilich, die Zeit der großen Karawanen ist vorbei, aber die Kirgisen benutzen das Kamel nach wie vor als Lasttier. Auf dem Rücken der Kamele wird Heu eingebracht, es wird aber auch die mobile Habe beim Wandern transportiert. Eben begegnete ich einer dreiköpfigen Familie, die vom Sommerlager herabkam. Den gesamten Besitz trug ein einziges Kamel, das der Mann führte, während die Frau mit ihrem Kleinkind auf einem Pferd ritt. Zuletzt folgte ein junges Kamel ohne Lasten.

Einmal beobachte ich eine kleine Karawane, die an mir vorüberzieht. Die Spitze bildet ein Reiter, der eine Gruppe von Kamelen hinterherzieht, die an einem Strick aneinander gebunden sind. Nebenher fährt ein Kirgise, hoch zu Fahrrad. Das Fahrrad und das Kamel nebeneinander ergeben ein symbolträchtiges Bild für das Verhältnis zwischen Chinesen und Turkvölkern. Die Turkvölker sind zwar bereit, die chinesischen Güter zu übernehmen, aber sie wollen sich allein dem Gesetz des Islam unterwerfen. Der Islam ist

Ganz in der Tradition der Seidenstraße benutzen wir das »Wüstenschiff«, um unsere Bergausrüstung zum Fuße des Muztagh Ata zu befördern.

es auch, der die Oasenwelt seit Jahrhunderten zusammenhält. Die chinesischen Kaiser haben dies erkannt und akzeptiert. Auch Mao tat dies anfangs. Als aber während der Kulturrevolution die Chinesen begannen, die kulturelle Eigenständigkeit dieser Völker zu unterdrücken und mit Gewalt Veränderungen zu erzwingen, kam es zu wirtschaftlichen Katastrophen und bitterem Hass. Ein Hass, der heute noch allerorts zu spüren ist. Erst seit 1979 wird wieder ein Mindestmaß an Toleranz geübt. Die Religionsausübung ist wieder geduldet, die Moscheen sind geöffnet, die Turksprachen werden wieder in den Schulen unterrichtet und der Kleinhandel (Bazar) floriert. Volkskommunen werden aufgelöst, die von der Stammesgemeinschaft bestimmten Führer wieder eingesetzt und den Nomaden das Wandern wie auch ein beschränktes Privateigentum erlaubt. So durfte damals beispielsweise ein Kirgise 15 Schafe, zwei Pferde und drei Yaks privat besitzen. Aber Theorie und Praxis einer ausgewogenen Minderheitenpolitik klaffen weit auseinander. Die Chinesen sind als Fremdherren unbeliebt. Daran ist auch der sprichwörtliche Han-Chauvinismus schuld, das traditionelle Selbstverständnis des Chinesen, seine Kultur als die überlegene zu betrachten. Es gibt kaum gesellschaftliche Kontakte. Die hier lebenden Chinesen betrachten Angehörige der Turkvölker nach wie vor als Barbaren, die man schon aus der Geschichte her nicht gleichwertig behandeln kann. Gegen diese Form der Rassendiskriminierung können auch Gesetze nichts ausrichten.

Am Abend kommt Hans zurück, und wir erleben gemeinsam einen herrlichen Sonnenuntergang, der die Farbkraft der Landschaft noch um ein Vielfaches steigert.

1. September

Es ist wieder eisig kalt am Morgen. Ein kleiner Vorgeschmack auf das Leben im »Eisschrank«, aber daran müssen wir uns allmählich gewöhnen. An diesem Tag beginnt offiziell die Expedition, unsere anreisenden drei Kameraden sollen heute am Khunjerab-Pass von einem Fahrzeug der CMA abgeholt werden. Wir rechnen mit ihrem Eintreffen hier auf der Jambulak-Steppe noch an diesem Tag, deshalb wollen wir uns vom Zeltplatz nicht allzu weit entfernen.

Die Stunden vergehen in beschaulicher Stille. Hans schreibt Briefe und Tagebuch, ich lese Peter Hopkirks »Foreign Devils on the Silkroad« und lasse mich dabei von Kitaros Seidenstraßenmusik aus dem Walkman berieseln. Beides zusammen löst in mir Gedanken und Visionen aus, die einander jagen. Mit den »fremden Teufeln« meint Peter Hopkirk jene europäischen Forscher und Schatzsucher, die in unserem Jahrhundert die Seidenstraße wiederentdeckten und auf der Jagd nach Ruhm und Kulturschätzen in der Wahl ihrer Mittel nicht gerade zimperlich waren. Die Chinesen betrachten diese Männer bis heute schlicht als Räuber, während sie in Europa als große Forscher gelten und wie im Falle von

Aurel Stein sogar geadelt wurden. Aber es war nicht die feine englische Art, wie Aurel Stein den Mönch und selbst ernannten Wächter von Dunhuang übertölpelte und ihm den wertvollsten Teil der Sanskritschriftrollen entlockte. Wo Albert von Le Coq grub, starrt man heute in dunkle Löcher, aus denen einst Fresken und Reliefs Geschichten erzählten. Es wird behauptet, dass die Moslems gerade dabei gewesen wären, ebendiese letzten Reste der Seidenstraßenkultur zu zerstören, und auch die Chinesen scherten sich zu diesem Zeitpunkt wenig darum. Mag sein, aber Le Coqs monumentale Fresken, an Ort und Stelle zersägt, abtransportiert und in Berlin aufgestellt, sind zum Teil verloren, sie fielen den Bomben des Zweiten Weltkrieges zum Opfer. Aurel Steins ungeheure Schätze lagen im Britischen Museum. Sven Hedin war der Pfadfinder, und mit seiner Entdeckung der alten Garnisonsstadt Loulan, die unter dem Sand der Takla Makan begraben liegt, begann der große Wettlauf unter dem Motto: »Wer zuerst kommt, gräbt zuerst!«

Aurel Stein bewies den größten Spürsinn, und seine Expeditionen waren die ertragreichsten. Le Coq grub in Turfan und Aksu, der Franzose Paul Peliot, der japanische Graf Otani und der Amerikaner Langdon Warner mussten sich damit zufrieden geben, was die Ersteren zurückließen. Dann schlugen die Chinesen die Tür zu den Schätzen der Seidenstraße zu. Neben jenen Expeditionen Aurel Steins, die so große Beute brachten, geriet eine Entdeckung in Vergessenheit. Noch als 80-Jähriger tritt Stein die beschwerliche Reise in das obere Indus-Tal an, nachdem er von der Entdeckung einer griechischen Inschrift westlich von Gilgit erfahren hatte. Noch einmal stellte er seinen einmaligen Spürsinn unter Beweis. Er fand zwischen Gor und Chilas, südlich von Gilgit, über weite Strecken entlang der Flussschleifen des Indus zahlreiche Buddha-Darstellungen und buddhistische Zeichen, eingehauen in Felswände. Damit konnte er den Beweis für die Richtigkeit einer seiner früheren Theorien erbringen: dass eine der alten Seidenstraßen von Kashgar aus über das Karakorum-Gebirge (Khunjerab-Pass) und durch das Indus-Tal nach Süden führte. Dieser wichtige Karawanenweg war auch eine der Routen, über die sich der Buddhismus von Indien nach China verbreitete, und auch unser Zeltplatz am Fuße des Muztagh Ata liegt an ihr. Und es ist dieser Karawanenweg, der mit dem Bau der Karakorum-Straße als neue Handelsroute wieder aufersteht.

Aber so sehr wir auch an diesem Nachmittag die Karakorum-Straße beobachten, es kommt kein Fahrzeug, das unsere Kameraden bringt. Auch von den chinesischen Expeditionsbegleitern ist nichts zu sehen. Stattdessen erscheint ein Kirgise mit fünf schwer beladenen Kamelen, lädt Kisten, Säcke, metallene Zeltstangen und Kartons neben unserem Zelt ohne Kommentar ab und verschwindet spurlos, während die Wüstenschiffe in der Umgebung grasen und uns als willkommene »Fotomodelle« dienen. Immer wieder suchen unsere Blicke den Muztagh Ata, der sich unmittelbar über

Am Ende der Moräne des Quadumak-Gletschers inmitten einer Steinwüste in 4200 m Höhe laden wir die Kamele ab und schlagen unser Basislager auf.

die grünen Hochalmen erhebt. Wir bestimmen die Aufstiegsroute, taxieren Distanzen und Höhenunterschiede und ziehen imaginäre Schwünge über die Firnhänge. Nur die beständigen Schneefahnen und die eisigen Nächte hier unten auf 3500 m Höhe stimmen uns nachdenklich und lassen etwas von den bevorstehenden Strapazen erahnen.

Am Abend verschlechtert sich das Wetter, und ein heftiger Sturm treibt uns bald ins Zelt hinein. Während der Nacht überquert eine Schlechtwetterfront den Muztagh Ata.

2. September

Ich genieße es, einen weiteren Tag an diesem idyllischen Ort verbringen zu können. Ungeachtet dessen, was sich in den nächsten drei Wochen ereignen wird, hat sich allein mit den Tagen auf der Jambulak-Steppe die Reise hierher für mich gelohnt. Auch Sven Hedin, der als Erster versuchte, den Muztagh Ata zu besteigen, lagerte mit seiner Karawane hier, als er von Smarkand kommend diese Gegend erreichte. Die Kirgisen erzählten ihm, der »Vater der Eisberge« sei »ein riesiges Masar, ein Heiligengrab, das auch Moses und Ali, den Schwiegersohn Mohammeds, birgt«. Ein andermal erfuhr er, dass auf dem Gipfel eine Stadt liegen soll, Dschanaidar, deren Einwohner vollkommen glücklich seien und nichts von Kälte, Leiden und Tod wüssten.

Hedin versuchte, auf Yakrücken hinaufzureiten, und so endete der erste Besteigungsversuch schon in den unteren Regionen der Flanke des Nordgipfels. Er kehrte zunächst nach Kashgar zurück und bereitete einen erneuten Versuch vor. Diesmal erkundete er vorher die Umgebung und entschied, südlich des Quadumak-Gletschers hochzusteigen. Auf 5200 m Höhe stellte man eine Jurte auf, und sie stiegen, geführt von Kirgisen, mit den Yaks aufwärts.

»Plötzlich verschwand ein Tier, als wenn sich eine Falltür unter ihm geöffnet hätte. Es hatte eine Schneebrücke über einer meterbreiten Spalte durchgetreten und unter ihm gähnte ein schwarzer

Abgrund. Das erschrockene Tier verhielt sich zum Glück still, sonst wäre es verloren gewesen. Die Kirgisen schlangen Seile um seinen Leib, und die anderen Yaks zogen den Verunglückten mit vereinten Kräften in die Höhe.« Nachdem beinahe ein weiterer Yak und ein Kirgise in die Spalte gestürzt wären und eine große Querspalte den Weiterweg blockierte, kehrten sie um. Aber Sven Hedin gab sich noch nicht geschlagen. Er wandte sich abermals dem Nordgipfel zu. In 6300 m Höhe stellten sie noch eine Jurte auf und verbrachten eine unangenehme Nacht: »Alle hatten wir Symptome der Bergkrankheit: Ohrensausen, Taubheit, rascher Puls, niedrigere Körperwärme als gewöhnlich und Schlaflosigkeit«. Am nächsten Morgen trieb sie ein heftiger Schneesturm endgültig zurück. Hedin schildert seinen ungewöhnlichen Abstieg auf dem Rücken eines Yaks folgendermaßen: »Der Yak watete, plumpste, sprang und rutschte durch den Schnee abwärts und tauchte wie ein Delfin durch die Schneewehen. Ich musste mich mit den Knien ordentlich festklemmen, sonst wäre ich bei den plötzlichen unberechenbaren Stößen aus dem Sattel geschleudert worden ... Aber schließlich ließen wir die Schneewolken hinter uns und langten in dem Lager an. So endete mein Kampf mit dem ›Vater der Eisberge‹.«

Unser »Kampf« steht unmittelbar bevor, um diesen unpassenden Begriff für Bergsteigen zu gebrauchen, denn nun fährt ein Lastwagen an unserem Zelt vor, und von der Ladefläche springen Horst, Thomas und Manfred. Unser Team ist komplett! Aber auch mit der Ruhe hier ist es vorbei. Es gibt viel zu erzählen, Neuigkeiten aus Europa prasseln über mich herein, es wird aus-, um- und eingepackt. Manfred zeigt mir sein dick bandagiertes Bein und schildert mir Details über das Missgeschick, das ihm bei der Trainingstour in der Umgebung von Gilgit passierte und seinen Muztagh-Ata-Ambitionen um ein Haar ein vorzeitiges Ende setzte. Horst und Thomas beklagten sich über Manfred, ob seiner Tollpatschigkeit und ...

Nach der ersten Aufregung kehrt wieder Ruhe ein. Hans und Thomas ersteigen einen Aussichtsberg, Manfred macht Fotojagd auf Kirgisen und Kamele, Horst legt sich aufs Ohr. Später gesellen sich noch drei Chinesen zu uns: Chang, unser Begleitoffizier, Chin, der bisherige Dolmetscher, der uns noch bis ins Basislager begleiten wird, und Wang, der dort dessen Aufgabe übernehmen wird. Chin will heute Abend für uns kochen und baut in kurzer Zeit eine richtige Garküche auf. Tatsächlich zaubert er ein mehrgängiges chinesisches Menü hervor, dem wir höchstes Lob zollen. Er meint nachher ganz bescheiden, dass Chang – unser Begleitoffizier – ein viel besserer Koch sei, der uns im Basislager kulinarisch verwöhnen werde. Noch einmal erlebe ich – die drei Neuankömmlinge erstmals – einen grandiosen Sonnenuntergang. Horst ist von der Landschaft begeistert, die so anders ist als im Karakorum, wo einem die Berge auf den Kopf fallen, wie er es ausdrückt.

3. September
Basislager: Ich sitze im Küchenzelt, den Gleitschirm als »Sessel« benutzend, und trage die Ereignisse der letzten Stunden ins Tagebuch ein. Das Basislager ist errichtet. Auf einer relativ ebenen Grasfläche, die von mehreren tonnenschweren Felsbrocken übersät ist, stehen vier Zelte. Ein riesiges Küchenzelt, das uns als Aufenthaltsraum und später sogar als »Schlafzimmer« dienen soll, und drei kleine Zelte, die wir in den nächsten Tagen auf den Hochlagerplätzen aufstellen werden. Das Basislager steht fast auf einer »Insel«, umspült von zwei Bächen, die gleich oberhalb des Zeltplatzes aus der Zunge des Quadumak-Gletschers treten. Die Stimmung ist gut. Begeisterung kommt auf, als Chang seinen Einstand als Koch feiert. Er serviert uns ein Menü, das manchem Chinarestaurant zur größten Ehre gereichen würde.

Dabei hat es am Morgen alles andere als gut ausgesehen. Ein kalter ungemütlicher Tag brach auf der Jambulak-Steppe an. Der Muztagh Ata lag hinter dichten Wolkenbänken verborgen, und in

Intervallen prasselten Graupelschauer gegen die Zeltwände. Es kostete Überwindung, aus dem warmen Schlafsack zu kriechen, um das Tagwerk zu beginnen. Chin war bereits aufgestanden und bemühte sich, den Kocher in Gang zu bringen. Die Kameltreiber standen mit ihren Tieren da, bereit, sie zu beladen. Ich hatte keine Eile, denn ich hoffte, dass sich das Wetter im Laufe des Tages doch noch bessern würde. Das exotische Filmmotiv von Kamelen auf »Skitour« hätte eine bessere Kulisse verdient. Kamele als Lasttiere bei einer Expedition zu einem Siebentausender sind für uns alle ein Novum. Die mit Skiern und bunten Rucksäcken beladenen Wüstenschiffe geben ein einmaliges Bild ab. Das hat jedoch hier durchaus Tradition. Denn zur Blütezeit der Seidenstraßen überwanden Kamelkarawanen sogar den berüchtigten, über 5000 m hohen Karakorum-Pass.

Das Wetter besserte sich zusehends, und bald schien wieder die Sonne. Ein Hauch von Vergangenheit berührte mich, als sich die Karawane bedächtig in Bewegung setzte. Thomas und ich hetzten hin und her, um die Kamera günstig zu postieren und die interessantesten Szenen einzufangen. Ein ständiges Ärgernis für die Kameltreiber, weil sie immer wieder anhalten und oft dieselbe Stelle mehrmals begehen mussten. Wir zogen an der festen Siedlung Subashi und ihrem nahe gelegenen Friedhof vorbei, wo die Toten auf moslemische Art bestattet werden. Rechteckige Bauten mit Kuppeln zieren die Grabstätten. Die Karawane glich einem langen Wurm, der langsam über die Hügel kroch, in den Mulden verschwand, um am nächsten Rücken wieder aufzutauchen. Die Chinesen und kirgisischen Kameltreiber hätten uns lieber zum Jambulak-Basislager geführt, aber wir haben uns für den Aufstieg über die Quadumak-Flanke entschieden, die uns interessanter erschien. Deshalb eilte ich voraus, um einen geeigneten Platz für das neue Basislager ausfindig zu machen. Auf 4200 m Höhe entdeckte ich jene Stelle, wo ich nun sitze und das Tagebuch schreibe. Unter den neugierigen Blicken zahlreicher Murmeltiere haben wir uns hier für einen längeren Aufenthalt eingerichtet. Die Kirgisen sind mit ihren Kamelen längst wieder auf die Jambulak-Steppe zurückgekehrt. Wir sind gut gelaunt, denn der Himmel ist wolkenlos; kein Lüftchen regt sich. Wenn es so bleibt, können wir morgen mit dem Aufstieg beginnen.

4. September
In aller Frühe verlässt uns Chin. Er kehrt nach Kashgar zurück, wo er den Reisepass von Hans im Postamt abholen und Manfreds Visum verlängern soll.

Wir vereinbaren, gegen 13.00 Uhr loszumarschieren, aber bis wir gekocht, gegessen und gepackt haben, wird es 15.00 Uhr. Damit liegen wir goldrichtig, denn dies entpuppt sich später als ideale Zeit zum Aufbruch. Vor dem Abmarsch gibt es heftige Diskussionen zum leidigen Problem der Lastenverteilung. Jeder ist der Meinung, den schwersten Rucksack zu haben und mehr als alle anderen schleppen zu müssen. Die Rucksäcke drücken schwer, sodass wir uns selbst wie Kamele vorkommen, als wir rechts der Moräne des Quadmak-Gletschers hochsteigen. Wir haben Skiausrüstung, Seile, Zelt und vor allem Verpflegung dabei. Der Weg führt über ein kleines Feuchtbiotop, das eine Vielzahl an Blumen hervorbringt, zum Fuße eines ausgeprägten Rückens, auf dem wir über kraftraubendes Geröll höher steigen. Außer Murmeltieren begegnen wir keinen größeren Lebewesen. Weder Spuren von Wölfen, die Sven Hedin und Eric Shipton hier in großer Zahl antrafen, noch Spuren vom berühmten Marco-Polo-Schaf können wir entdecken.

Nach rund zwei Stunden quere ich aus der steilen Geröllhalde nach rechts hinaus und stehe am Rand des aufgefirnten Quadumak-Gletschers. Der eisfreie Rücken zieht sich zwar noch ein Stück nach oben, aber wir bevorzugen den Weg über den Gletscher, weil wir hier die Skier einsetzen können, was den Aufstieg erleichtert. Unmittelbar am Rande des Gletschers finde ich den

Der Muztagh Ata ist ein idealer Skiberg. Die nur mäßig steile Aufstiegsroute verläuft über einen Gletscher, der im oberen Teil ein paar Spaltenzonen aufweist.

Platz für das Skidepot. Der Blick auf den Höhenmesser zeigt 4900 m an – die Höhe des Montblanc. Noch in beträchtlicher Entfernung sehe ich Hans und Horst den Rücken heraufkommen. Sie zeichnen sich scharf von der Zunge des bizarren Gletschers ab, der in einem Gewirr von Eistürmen ausläuft. Ein herrliches Motiv, das ich mir nicht entgehen lasse. Nach einer halben Stunde haben sie das Skidepot erreicht. Wir warten auf Manfred, der noch weit zurück ist. Er hat sichtlich Probleme mit seinem verletzten Knie und mit der Höhenanpassung. Als er eintrifft, wird alle Ausrüstung in Trosssäcken verstaut, und wir machen uns sogleich an den Abstieg. Für mich ist es eine Freude, die Geröllhalde hinunterzulaufen, aber für Manfred wird es zur Tortur, er benötigt fast so lange wie für den Aufstieg. In einer Dreiviertelstunde bin ich im Basislager unten und habe meinen Durst schon durch eine Flasche Hami-Bier gelöscht, als Horst und Thomas eintreffen. Chang spendiert eine Hami-Melone aus seinen Vorräten, die wir in kurzer

Zeit verzehren. Zur harten Prüfung wird das anschließende Bad im eiskalten Wasser des Baches, es kostet Überwindung, aber danach fühlt man sich wie neu geboren.

5. September
Expeditionsroutine steht auf dem Programm: Weitere Ausrüstung muss zum Skidepot hinaufgeschleppt werden. Dazu gehört vor allem die schwere 16-mm-Filmausrüstung samt Stativ, Filmrollen und Tonausrüstung. Am Skidepot angekommen, wird umgepackt, die Schuhe werden gewechselt, und wir beginnen unverzüglich mit dem Aufstieg ins Lager 1. Am Seil gesichert, steige ich mit Horst die mäßig geneigte, aufgefirnte Gletscherflanke hoch. Wir spuren abwechselnd, umgehen ein paar Spalten und entdecken in ca. 5200 m Höhe – am Ende des schneefreien Rückens – den Platz für das Lager 1. Auf dem Geröll liegen der Schädel und das mächtige Gehörn eines Marco-Polo-Schafes. Erstaunlich, auf welche Höhe diese Tiere hinaufgehen. Wir beginnen gleich mit dem Einebnen des Zeltplatzes, und als die anderen drei keuchend ankommen, sind die Zeltplätze beinahe hergerichtet. Der Rest des Tages vergeht mit Routinearbeiten; mit Schnee schmelzen und Kochen. Nach Sonnenuntergang wird es so kalt, dass es unmöglich ist, sich auch nur für Minuten außerhalb des Zeltes aufzuhalten.

6. September
Ein langer und anstrengender Tag liegt hinter mir, ich sitze wieder im Basislager und trage die Ereignisse ins Tagebuch ein. Es war der bisherige Höhepunkt:

Erst gegen 14.00 Uhr trafen die ersten Sonnenstrahlen den Zeltplatz, und wir wagten uns hinaus, um die Vorbereitungen für den Abmarsch zu treffen. Diesmal gingen wir in zwei Gruppen: Horst und ich hatten die Aufgabe übernommen, weiter aufzusteigen, um den Platz für Lager 2 zu erkunden, während Hans, Thomas und Manfred zum Skidepot abfahren sollten, um von dort

Ausrüstung für das Lager 3 heraufzuschaffen. Während die drei im herrlichen Firnschnee ihre Schwünge zogen, stiegen wir am Seil über kupiertes Gelände hoch. Das nun folgende Stück war das interessanteste des bisherigen Aufstiegs und das Wetter so mild, dass wir mit kurzärmeligen Hemden gehen konnten. Kein Lüftchen regte sich, und keine Wolke trübte den Himmel. Die Stille und Einsamkeit, die uns umgab, war absolut. Bei zunehmender Höhe wurde die Luft immer klarer und gewährte Fernblicke, die uns Rufe der Begeisterung entlockten. Vor unseren Augen lag eine traumhafte Landschaft. Wie die Zacken einer Krone reckten sich die eisfunkelnden Gipfel des Karakorum im Westen gegen den tiefblauen Himmel, daran schlossen sich – fast übergangslos – gleich einem Meer weißer Wolken die Bergketten Afghanistans an, östlich davon zeigten sich die höchsten Erhebungen des Großen Pamir über dem Braun der Hügelketten, und vor uns im Osten – zum Greifen nahe – stand die Kongur-Gruppe. Immer wieder folgten unsere Blicke dem Weg zurück hinunter ins Tal, wo sich die bizarren Eistürme auslaufender Gletscherströme auf den Hochalmen verloren. Wir bemühten uns, einzelne Gipfel zu identifizieren: Horst erkannte den Malupiting, den er vor vielen Jahren erstiegen hatte, gleichzeitig keimten Erinnerungen daran auf. Ich glaubte den Noshaq im Hindukusch und den Pik Kommunismus des Großen Pamir auszumachen. Mechanisch wechselten wir uns in der Führungsarbeit ab, suchten den besten Weg durch ein Gewirr von Spalten. An einem steilen Seracabbruch, der den Weg versperrte, entschieden wir uns, diesen links zu umgehen, stiegen im Zickzackkurs – großen Querspalten ausweichend – bis an die 6000-m-Grenze hinauf. Hier fanden wir in einer mächtigen Querspalte den Platz für Lager 2. Unter den Strahlen der Sonne dieses ungewöhnlich schönen Tages hatte sich fast bis 6000 m Höhe hinauf Firn gebildet. Spielerisch leicht zogen wir mit den Skiern unsere Schwünge hinunter, dass es eine wahre Freude war.

P. S. Hätten wir nur geahnt, dass diese Abfahrt das einzige Skivergnügen der gesamten Expedition bleiben würde, wir hätten Schwung für Schwung ausgekostet.

Im Lager 1 warteten die drei Kameraden bereits auf unser Eintreffen. Gemeinsam fuhren wir weiter ab. Im letzten Stück hinunter zum Skidepot machte das federleichte Schwingen im Firn die Mühen des Aufstiegs vergessen. Mit den fast leeren Rucksäcken liefen wir dann in 45 Minuten zum Basislager hinunter.

7. bis 9. September
Die drei folgenden Tage will ich in wenigen Worten schildern: Am 7. September ist unser geplanter Ruhetag. Am 8. September versuchen wir zwar den Aufstieg, aber ein eisiger Sturm setzt unserem Vorwärtskommen bereits am Skidepot ein Ende und treibt uns ins Basislager zurück. Auch am folgenden Tag – es ist der 9. September – herrscht stürmisches Wetter, das uns zu einem weiteren Rasttag im Basislager zwingt.

10. September
Abermaliger Aufbruch vom Basislager in Richtung Lager 1. Heute ist es sonnig und vor allem windstill. Hans geht voraus, ich folge seinem Rhythmus. Er ist gut in Form, gerät nie außer Atem, ich könnte nicht schneller gehen. Wieder haben wir viel Gewicht zu tragen, welches sich im Skidepot noch vergrößert. Bis zum Depot legen wir nur eine kleine Verschnaufpause ein und sind in neuer Rekordzeit oben. Dort steigen wir auf die Ski um, und nach einer weiteren Stunde stehen wir vor dem kleinen Zelt im Lager 1. Wir stellen sofort unser Zweimannzelt hinzu und schmelzen bereits Wasser, als die anderen eintreffen. In der Nacht zieht eine Wolkenfront über den Berg hinweg, und der Sturm singt uns ein Lied.

11. September
Wir haben weiterhin Glück mit dem Wetter; es bleibt schön. Aber wir registrieren, dass es nun von Tag zu Tag kälter wird.

Ein Haufen von Ausrüstung soll ins Lager 2 transportiert werden. Wir würden damit keine 100 Meter weit kommen, ganz abgesehen davon, dass er das Volumen der Rucksäcke übersteigt. Allein wegen der Filmausrüstung und der Aufnahmen müssen wir zweimal gehen. Da die Sonne nur sporadisch durchkommt – es kalt und eisig bleibt –, entscheiden wir uns, über die dicke, hart gefrorene Gletscherflanke ohne Ski aufzusteigen. Hans führt, und mit den Steigeisen an den Schuhen folgen wir ihm am Seil. Die Kälte macht mir bald zu schaffen, ich binde mich aus dem Seil, um ein schnelleres Tempo zu gehen, damit Finger und Zehen wieder warm werden. Ich steige so schnell ich kann, aber die Füße bleiben gefühllos. Im Lager 2 angekommen, ziehe ich rasch Schuhe und Socken aus und beginne, die Füße fest zu massieren. Als die anderen später eintreffen, ist mir wieder warm. Auch Hans klagt über kalte Füße, aber er bekommt sie auch durch Massagen nicht warm. Nachdem die Ausrüstung deponiert ist, steigen wir rasch wieder ins Lager 1 ab, wo wir gerade rechtzeitig ankommen, um vor der Kälte der Nacht im warmen Schlafsack Schutz zu finden. Als ich noch routinemäßig einen Blick durch den Zelteingang auf den Berg und den Nachthimmel darüber werfe, wo Sterne und Mond leuchten, kommen mir die Worte Sven Hedins in den Sinn, der eine Nacht auf dem »Vater der Eisberge« als eines der großartigsten Schauspiele seiner nicht wenig ereignisreichen Asienreisen bewunderte: »Die ewigen Schneefelder auf der höchsten Kuppe des Berges, das Firnbecken, das den Gletscher speist, und seine höchsten Regionen, badeten im Silberschein des Mondes, aber wo der Eisstrom in seiner tiefen Felsrinne lag, herrschte nachtschwarzer unergründlicher Schatten. Über die gewölbten Schneefelder zogen weiße dünne Wolken, und man glaubte, die Geister des Berges zu sehen, die im Freien ihre Tänze aufführten.«

12. September
Endgültiger Aufstieg ins Lager 2. Diesmal gehen wir mit Skiern und folgen den Spuren, die Horst und ich vor sechs Tagen gelegt haben und die noch erstaunlich gut zu erkennen sind. Das Wetter ist zwar schön, aber es ist so kalt, dass die Schneeoberfläche nicht mehr weich wird. Die interessantesten Passagen versuchen wir im Film festzuhalten. Was für eine Schinderei! Thomas und ich schleppen Kamera und Stativ, hetzen vor und zurück, um gute Kamerapositionen zu finden. Alle paar Minuten muss die Filmrolle gewechselt werden. Stativ aufstellen, einrichten, Belichtung messen, fokussieren, den Auslöser betätigen. Die Finger sind bald steif vor Kälte. Wäre nicht unsere Begeisterung so groß gewesen, wir hätten diese zusätzliche Strapaze nie und nimmer auf uns genommen. Auch für die anderen ist die Filmerei eine Mehrbelastung. Es ist kaum möglich, einen Gehrhythmus zu finden. Der Aufstieg besteht aus fortgesetzten Unterbrechungen: Anhalten, Warten, Gehen, retour und dasselbe noch einmal! Horst und Hans nehmen sogar die Mühe auf sich, für den Film ein Stück abzufahren und den eben begangenen Weg noch einmal aufzusteigen. Fazit: Wir benötigen doppelt so viel Zeit wie beim Aufstieg ohne Filmaufnahmen. Als wir endlich im Lager ankommen, geht die Sonne unter, und eisige Kälte macht sich breit. Wir flüchten in die Zelte. Hans hat leicht angefrorene Zehen und bemüht sich, sie warm zu massieren. Außerdem sind seine Fingerkuppen aufgesprungen, und sein Gesicht ist seltsam aufgedunsen. Er sei zwar sehr müde, erklärt er mir, aber er habe keine Kopfschmerzen und wolle deshalb morgen weiter aufsteigen.

13. September
Um 15.00 Uhr – zu unserer gewohnten Zeit – stehen wir zum Abmarsch bereit. Wir haben zwei Zelte, einen Gaskocher, die Filmausrüstung und Verpflegung für das Lager 3 sowie für den Gipfelaufstieg dabei. Die Lasten drücken schwer in dieser Höhe. Hans

fühlt sich nicht gut und bindet sich als Letzter ins Seil, während ich die Führung übernehme. Wir steigen über mittelsteile Hänge auf festgefrorenem Schnee bergauf. Immer wieder blockieren breite Spalten und kleine Seraczonen den Weg. So weit das Auge reicht, nur Schnee und Eis, darüber der dunkelblaue Himmel, über den bisweilen weiße Wolken gleiten. Vor uns versperrt ein Steilaufschwung mit einer ausgeprägten Seraczone den Blick auf die Gipfelregionen. Dahinter vermuten wir bereits die lange flache Gipfelkalotte. Dort müssten wir auf alle Fälle die Zelte eingraben, um gegen den Sturm geschützt zu sein. Deshalb entscheiden wir uns, das letzte Lager an einer geschützten Stelle inmitten haushoher Eistürme aufzustellen. Auf ca. 6500 m befindet sich der Platz für Lager 3. In aller Eile werden zwei Zelte errichtet und gut verankert, denn der Platz entpuppt sich als nicht so ideal, wie wir anfänglich dachten, sondern eher als ein natürlicher Windkanal, der zur Falle werden kann.

Hans zieht sich sofort ins Zelt zurück und rührt sich nicht mehr. Er fühlt sich schlapp und müde, wie er sagt. Aber er fühlt sich nicht krank oder gar gefährdet. Sein Gesicht ist merkwürdig fahl, und bei jeder kleinen Bewegung gerät er außer Atem. Selbstverständlich übernehme ich die Routinearbeiten wie Schnee schmelzen und Kochen. »Wir müssen mehr trinken«, sage ich zu Hans. Aber wir verfügen hier nur über einen Gaskocher, dessen Leistung mit zunehmender Höhe nachlässt, und deshalb bin ich stundenlang beschäftigt, Schnee zu schmelzen. Kaum genug, um unsere Bedürfnisse zu befriedigen oder gar die Thermosflaschen zu füllen. Erst in den ersten Morgenstunden falle ich für ein paar Stunden in einen Dämmerschlaf.

14. September

Am Morgen beginne ich gleich wieder mit dem Schnee schmelzen. Es ist so kalt im Zelt, dass ich nur mit Handschuhen hantieren kann. Das Gewinnen der lebensnotwendigen Flüssigkeit

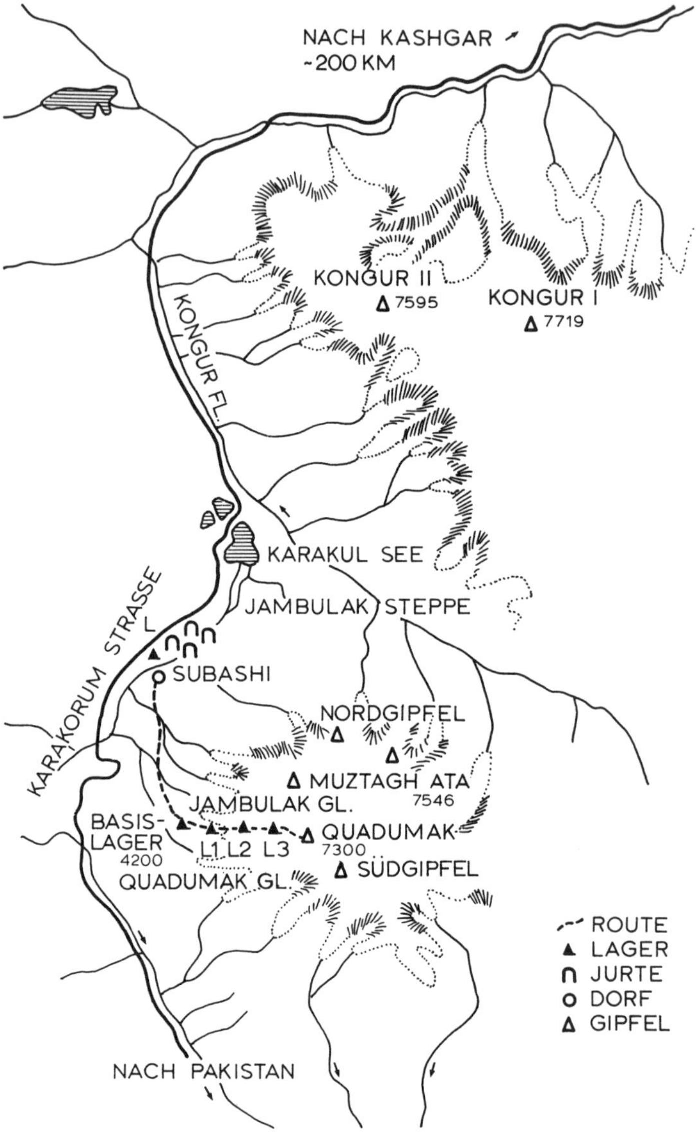
NACH KASHGAR
~200 KM
KONGUR II
7595
KONGUR I
7719
KONGUR FL.
KARAKUL SEE
JAMBULAK STEPPE
KARAKORUM STRASSE
L
SUBASHI
NORDGIPFEL
MUZTAGH ATA
7546
JAMBULAK GL.
BASIS-
LAGER
4200
L1 L2 L3
QUADUMAK
7300
SÜDGIPFEL
QUADUMAK GL.
ROUTE
LAGER
JURTE
DORF
GIPFEL
NACH PAKISTAN

nimmt so viel Zeit in Anspruch, dass wir erst gegen 15.00 Uhr abmarschbereit sind. Wir steigen über die Steilstufe hinaus. Aber anstatt der erwarteten Gipfelkalotte baut sich eine weitere, von Spalten zerklüftete Flanke auf. Wir befinden uns erst an jenem Punkt, wo sich der Quadumak- mit dem Jambulak-Gletscher vereinigt. Bald kann Hans unser Tempo nicht mehr halten. Er bindet sich aus dem Seil und folgt in langsamen Schritten unserer Spur. Auch wir müssen immer häufiger Rastpausen einlegen. Schwer atmend auf die Skistöcke gestützt, verbringen wir ein paar Minuten, dann geht es wieder weiter. Jede Stunde wechsle ich mich mit Horst bei der Spurarbeit ab. Aber von Stunde zu Stunde wird es kälter. Meine Zehen sind längst gefühllos. Ein eisiger Wind setzt ein und lässt den Willen erlahmen. Zuletzt versperrt uns eine breite Querspalte, die sich scheinbar über den gesamten Hang zieht, den Weiterweg. Für mich der auslösende Moment, umzukehren. Ich sehe keine Chance, ohne Erfrierungen den Gipfel zu erreichen.

In wenigen Minuten bin ich zur Abfahrt bereit. Auch die anderen haben sich zur Umkehr entschlossen. Der Höhenmesser zeigt knapp 7000 m an. Die Schneebedingungen sind wechselhaft: Es gibt Bruchharsch, festgefrorenen Schnee und Pulverschnee. Die Abfahrt kostet viel Kraft. Zwei, drei Schwünge, dann muss ich halten, atemlos, mit zitternden Knien. Hans hat längst aufgegeben. Ich folge seiner Abfahrtsspur. Knapp oberhalb des Lagerplatzes sehe ich ihn. Seine Fahrt sieht gut aus, stelle ich bewundernd fest. Wo nimmt er bloß die Kraft her?

Als ich im Lager 3 antreffe, liegt er bereits im Zelt, völlig erschöpft, mit blauen Lippen und blasser Gesichtsfarbe. Eine Viertelstunde später kommt der Rest des Teams. Thomas und Manfred wollen gleich ins Lager 2 abfahren, wo sie hoffen, besseren Schlaf zu finden. Hinunter müssen wir ohnehin, um Verpflegung für einen weiteren Gipfelversuch heraufzuschaffen. Es wird vereinbart, dass auch wir morgen früh ins Lager 2 abfahren und alle gemeinsam noch am selben Tag mit neuer Ausrüstung zum Lager 3 hochsteigen. Dann bricht eine eisige und schlaflose Nacht über uns herein.

16. September
Basislager! Es ist 23.00 Uhr abends und anstatt in Gipfelnähe zu sein, sitze ich hier im Basislager. Die Expedition scheint vorbei, der Gipfel nicht erreicht. Was ist in diesen zwei Tagen geschehen? Am 15. September wollten wir wie geplant zum Lager 2 abfahren, aber Hans ging es so schlecht, dass er sich nur mit Mühe auf den Beinen halten konnte. Wir vermuteten zunächst einen vorübergehenden Schwächeanfall, der im Lager 2 bestimmt wieder vergehen würde. Er selbst sagte nur, dass es ihm nicht gut gehe. Wir sollten bei der Abfahrt auf ihn aufpassen und gegebenenfalls warten. Das war ohnehin eine Selbstverständlichkeit. Aber seine Kraft und vor allem sein Balancevermögen schienen vollkommen geschwunden. Ich lotste ihn im Pflugbogen unendlich langsam die Hänge hinunter. Alle zwei bis drei Bögen fiel er erschöpft in den Schnee, unfähig, sich selbst wieder aufzurichten. Erst am Abend erreichten wir das Lager 2. Hans konnte sich nicht mehr auf den Beinen halten. Er atmete schwer, nein, er röchelte, und nun erst erkannten wir in voller Konsequenz die kritische Situation. Er litt unter einem lebensbedrohenden Höhenödem, und nur ein schneller Abtransport in niedrigere Höhen konnte ihn retten. Horst entschied, dass wir alle gemeinsam Hans und seine Ausrüstung hinuntertragen müssten. Und so geschah es auch. Wie ernst die Situation wirklich war, geht aus seinem Tagebuch hervor, dem ich die folgenden Passagen entnommen habe: »Dienstag, der 15. September ist der Tag, an dem mir mein Erinnerungsvermögen verloren ging. Ich weiß weder, warum, noch wie mich Bruno und Horst ins Lager 2 brachten. Ich kann mich nur daran erinnern, dass ich am Morgen schrecklich müde war. Aber es ist eine Tatsache, dass sie mit mir um ca. 19.00 Uhr im Lager 2 ankamen, und ich weiß nicht, warum.

Alles, an was ich mich erinnere, ist, dass sie mich beinah tragen mussten, ich konnte kaum auf meinen Skiern stehen und hatte jegliches Gefühl für Balance verloren. Für die Nacht verabreichte mir Thomas Lasix-Tabletten, die mich vom Husten und von der angestauten Flüssigkeit befreiten.

Am nächsten Morgen konnte ich mich nicht ohne Hilfe aufrecht halten, es mit Skiern zu versuchen, stand außer Frage. Die Schwellungen rund um die Augen waren verschwunden, auch der Husten war weg, aber ich war schwächer als je zuvor. Ich war nicht einmal im Stande, meinen leeren Rucksack zu tragen. Abwechselnd auf Horst und Bruno gestützt, kam ich nur so langsam vorwärts, dass Horst mich ein Stück auf dem Rücken trug. Später änderten wir die Technik, und ich schlug einen Arm um seine Schultern, während ich im anderen einen Skistock hielt, damit ich mich abstützen konnte. Ich erkannte den Ernst meiner Lage erst, als wir auf dem steilen Geröllstück abwärts stiegen. Meine Knie waren wie Gummi, weich, verdrehten sich, ich hatte keinerlei Kontrolle darüber. Als wir endlich gegen 22.00 Uhr abends im Basislager ankamen, fiel ich wie tot ins Zelt und schlief 11 Stunden lang wie ein Murmeltier.«

Für mich ist es eine unruhige Nacht. Hans ist nun gerettet, aber meine Motivation für einen letzten Gipfelversuch ist dahin, zumal nurmehr vier Tage bis zum Ende der Expedition bleiben und rein rechnerisch für Auf- und Abstieg bei idealen Bedingungen – sprich gutem Wetter – mindestens fünf Tage notwendig sind. Es sei denn, ich bin schneller als je zuvor. Das ist die einzige Chance, die bleibt. Ich hatte mich geärgert, dass ich den ersten Gipfelversuch nicht genutzt hatte, aber auch dass wir den Zustand von Hans nicht früher erkannt hatten, er selbst hätte es doch auch merken müssen, lange vor diesem kritischen Stadium. Doch nun waren diese Gedanken wie weggeblasen. Ich schöpfe wieder neue Hoffnung und beschließe, die allerletzte Chance wahrzunehmen.

17. September

Als ich am Morgen aus dem Zelt krieche, sehe ich Horst, der bereits wach ist und unruhig hin- und hergeht. Es bedarf nicht vieler Worte, wir haben während der Nacht das Gleiche gedacht und die gleiche Entscheidung getroffen. Aufstieg! Das bedeutet: Ohne Ruhetag heute sofort wieder aufzubrechen, und vor allem den Weg von Lager 1 zu Lager 3 in einer Tagesetappe zu bewältigen. Die Rechnung ist einfach: Um den Gipfel zu erreichen, müssen wir in drei Tagen über 3000 Höhenmeter auf- und 1000 Höhenmeter wieder absteigen und am verbleibenden vierten Tag die restlichen 2000 Höhenmeter ins Basislager zurücklegen. Thomas hat keine Motivation mehr, aber er wird noch einmal ins Lager 2 hinaufkommen, um beim Abbau der Lager mitzuhelfen. Manfred dagegen sprüht vor Ehrgeiz. Er will seine Gipfelchance nutzen, und wir nehmen ihn mit, auch wenn er nicht im Stande ist, Führungsarbeit zu leisten. Mühelos erreichen wir Lager 1. Genau vor einem Monat vollendete ich meine zweite Runde um den Kailash und Gedanken an diese einmaligen Erlebnisse keimen auf. Ich schöpfe neue Kraft. Am Abend im Zelt sprechen mich Horst und Manfred darauf an, und zum ersten Mal erzähle ich vom Kailash.

18. September

Da unsere Skier im Lager 2 liegen, müssen wir mit Steigeisen aufsteigen. Außerdem müssen Manfred und ich uns ein Paar teilen. Wie immer gehe ich mein eigenes Tempo, weit voraus. Der Weg ist mir gut bekannt, und ich nutze den monotonen Aufstieg für »Reisen des Geistes«. Der Zustand, in dem die Gedanken hochfliegen, das geistige Auge sich öffnet, mag nur Minuten oder gar nur Sekunden – mit dem Maß der Zeit gesehen – währen, aber er macht für mich die Qualität einer derartigen Tour aus und nicht die Vielzahl an Stunden, die man für das physische Überleben im »Eisschrank« aufwenden muss.

Ich habe bereits heißen Tee zubereitet, als Horst und Manfred im Lager 2 ankommen. Nach einer kurzen Rast geht es weiter, nun allerdings mit Skiern. Ich laufe voraus und filme die beiden, als sie nach weiteren zwei Stunden den steilen Hang zum Lager 3 hinüberqueren und in der Spalte, worin das Zelt steht, verschwinden. Die halbe Nacht verbringe ich mit Schnee schmelzen, immer wieder gilt der Blick dem Wetter. Es bleibt gut!

19. September
Ein wolkenloser – windstiller Tag bricht an. Das Tor zum Gipfel ist offen. Diesmal schaffen wir es, bereits gegen 13.00 Uhr loszumarschieren. Wir folgen anfangs jener Route, die wir beim ersten Versuch gelegt haben. Dann spure ich nach links in eine Mulde hinunter, um die große Querspalte zu umgehen. Als wir im nächsten Rücken stehen, breitet sich vor uns ein Gletschertal aus. In einiger Entfernung zeigen sich zwei, durch einen tiefen Einschnitt voneinander getrennte Gipfel. Der linke der beiden muss der Muztagh-Ata-Hauptgipfel sein, der schneefrei ist. Aber was für ein Gipfel ist der rechte denn? Er ist auf keiner Karte, die ich kenne, eingezeichnet und auch bei keinem unserer Vorgänge genannt. Spontan entschließen wir uns, anstatt des mehrfach erstiegenen Muztagh-Ata-Hauptgipfels den uns unbekannten anzugehen. Wir bezeichnen ihn als Quadumak-Gipfel, da er die Verlängerung des gleichnamigen Gletschers bzw. dessen höchster Punkt ist. Nach insgesamt sechs Stunden Aufstieg stehen wir auf dem flachen, ca. 7300 m hohen Schneegipfel, der in Form einer Wächte über die Südwestwand hinausragt. Ich tue das, was man gewöhnlich auf solchen Gipfeln tut: Ich filme und fotografiere, und im Übrigen beeile ich mich, so schnell als möglich, das schützende Lager zu erreichen. Erst viel später werden sich die Eindrücke zu jenen unauslöschlichen Erfahrungen verdichten, die den großen persönlichen Wert einer solchen Expedition ausmachen.

Die Abfahrt hat nichts Spielerisches oder gar Ästhetisches mehr an sich, sie dient nur dem einen Zweck, nämlich möglichst rasch und sicher das Zelt zu erreichen. Dort angekommen, entscheide ich mich, sogleich ins Lager 2 abzufahren, und stopfe in meinen Rucksack, was darin Platz hat. Horst blickt mir noch nach, bis ich hinter der nächsten Seraczone verschwunden bin. Gerade als es dunkel wird, gegen 22.00 Uhr, taucht das Zelt von Lager 2 auf. Ich halte und rufe nach Thomas, aber es kommt keine Antwort. Niemand tritt aus dem Zelt heraus. Ich fahre näher heran, wieder verschallen meine Rufe in der Nacht. Was ist passiert? Verzweiflung packt mich. Wäre ich doch im Lager 3 geblieben. Mit letzter Kraft steige ich die kleine Gegensteigung hoch, ein paar Meter vor dem Zelt rufe ich noch einmal, und jetzt erscheint Thomas. Es ist wie ein Wunder. Im nächsten Augenblick falle ich erschöpft in den Schnee. Er nimmt mir den Rucksack ab, hält Tee bereit und beginnt, eine Suppe zuzubereiten. Den Tee, die Pilzsuppe und vor allem die menschliche Wärme und Fürsorge von Thomas werde ich nie vergessen.

20. September
Eisige Temperaturen und ein aufkommender Sturm holen uns bald aus dem Schlaf. Wir warten wie immer auf die wärmenden Sonnenstrahlen. Doch an diesem Tag ist es vergebens. Am Nachmittag beginnen wir mit dem Abbau des Lagers. Bald darauf sehen wir Horst und Manfred, die sich langsam dem Lager nähern. Sie sehen aus wie zwei überdimensionale Rucksäcke, die wie durch Zauberhand auf dem Schnee hin- und hergleiten. Sie kommen schnaufend an und klagen über die schweren Lasten. Aber nun geht es erst richtig los. Das gesamte Lager 2 kommt hinzu. Die Abfahrt ist grauenvoll. Das Wort Fahrt eine freundliche Untertreibung; denn wir kämpfen uns durchwegs über Büßerschnee hinunter, das ist so ähnlich, als würde man auf Schienen fahren. Aber ohne Schienenfahrzeug. Dabei besteht die Schneeoberfläche aus zentimeterlangen scharfkantigen Rillen, die ein Schwingen unmöglich machen. Die ungeheuren Lasten auf dem Rücken schie-

ben, drücken und bringen uns aus dem Gleichgewicht. Dichter Nebel fällt ein, es beginnt zu schneien. Es dauert Stunden, bis wir den Platz von Lager 1 erreichen. Es kann nur eine schreckliche Vision sein, als ich erkenne, dass das Zelt noch dasteht. Wir hatten inbrünstig gehofft, Hans wäre im Stande gewesen, hochzusteigen, um das Lager 1 zu räumen. Diesmal bleibt uns nichts erspart. Während wir das Dreimannzelt abbauen, bricht ein Schneegestöber los. In dichten Flocken fällt der Schnee vom Himmel. Jeder versucht, bei seinem Rucksack den letzten Rest des Volumens auszuschöpfen. Was nicht mehr hineinpasst, wird einfach irgendwo außen drangehängt. Ich muss sogar zwei Rucksäcke tragen. Einen vollen und einen fast leeren schuppenartig darüber. Der Anblick dieser ungeheuren Lasten ist so komisch, dass wir alle in schallendes Gelächter ausbrechen. Das ist wie Medizin. Denn wir ärgern uns nicht mehr darüber. Es ist für den Einzelnen nicht möglich, seinen Rucksack zu schultern. Es geht nur zu dritt. Das Lachen vergeht mir aber schnell, als ich die steile Geröllhalde hinuntertaumle. Nur nicht stehen bleiben, hämmere ich mir unentwegt ein. Mit weichen Knien und schmerzendem Rücken schleppe ich mich von einem größeren Stein zum Nächsten, wo ich mich jedes Mal niedersetzen kann, ohne den Rucksack herunternehmen zu müssen. Im Lager angekommen, muss ich mich für Minuten niederlegen und bin nicht in der Lage, Fragen zu beantworten, die Hans und Wang an mich richten. Später verschlinge ich den ersten Topf mit Nudeln und Gemüse und leere die vorletzte Flasche Bier. Gegen 23.00 Uhr – es ist stockdunkel draußen – höre ich meinen Namen rufen. Horst, Thomas und Manfred tasten sich über den Moränenrücken hinab. Ich ergreife die Stirnlampe und eile ihnen entgegen, um sie sicher ins Basislager zu führen. Unvorstellbar, welche Lasten sie schleppen. Sogar die Skier von Hans wurden aus dem Depot noch mitgenommen.

In dieser Nacht schlafe auch ich wie ein Murmeltier.

21. September
Gestern noch waren wir die Kamele, nun werden die Lasten wieder auf zweihöckrige Trampeltiere verteilt. Welche Freude, als wir unter den Kameltreibern den gastfreundlichen Kirgisen von der Jambulak-Steppe wiedererkennen. Er wird reich beschenkt, für ihn hat sich der Ausflug ins Basislager auf alle Fälle gelohnt. Federleicht, als ob ich über den Boden schweben würde, wandere ich der Karawane hinterher, hinunter ins Tal. Am Karakul-See trennen sich wieder unsere Wege, die wir hier zusammen gefunden haben, um dieses Stück Weges gemeinsam zu gehen. Für mich beginnt ein neuer Abschnitt: die Reise entlang der Seidenstraße. Denn Leben heißt für mich unterwegs sein, und Reisen ist besser als Ankommen!

Kashgar
Kreuzungspunkt der Seidenstraßen

Mitten in der Wüste zwischen Jarkent-darja und dem Chotan-darja sollte es ehemals eine große Stadt gegeben haben, die aber schon lange im Sand begraben liege; sie führe den Namen Takla Makan, der von ihr auf das ganze Wüstengebiet übergegangen sei. Im Inneren der Wüste herrsche »Talesmat« (Zauberei). In Türmen, Mauern und Häusern dort sei Gold und Silber in Barren aufgestapelt; aber komme jemand mit einer Karawane dorthin und belade seine Kamele mit diesen Schätzen, so könne er nie wieder fort, sondern werde von den Geistern der Wüste festgehalten. Nur durch Fortwerfen des Goldes könne er sich retten.

Sven Hedin

Kashgar, die westlichste Stadt der Volksrepublik China, gleicht einer einzigen Baustelle. Das moderne China hält Einzug. Alte Viertel wie auch die Reste der Stadtmauer verschwinden unter Planierraupen. Schachtelförmige Betonklötze treten an ihre Stelle, breite Straßen werden angelegt und die Esels- und Pferdetaxis daraus verbannt. Nurmehr im Bazar und im Viertel rund um die Id-Kah-Moschee ist der Orient vergangener Zeiten noch lebendig. Und jeden Sonntag nehmen die Turkvölker ihre Stadt wieder in Besitz. Dann überflutet eine Armada an Eselskarren und Pferdefuhrwerken die Oase. Denn Sonntag ist Bazartag. Schon in aller Frühe kommen hunderte Familien. Männer mit langen Bärten, bunten Kappen und Schaftstiefeln sitzen lässig auf dem Wagen, in einer Hand die Zügel, in der anderen die Peitsche. Zwei-, dreispurig fahren sie nebeneinanderher. Die sandigen, pappelgesäumten

Wege quellen förmlich über, und im Umkreis des Bazars erlahmt der motorisierte Verkehr. Posch, Posch! Platz, Platz!, heißt es immer wieder. Die Luft ist mit erstickendem Staub geschwängert, der von Mensch und Tier ständig aufgewirbelt wird. Dazwischen sieht man Frauen mit bunt gemusterten Röcken und langen Hosen darunter, die jüngeren mit farbigen Kopftüchern, ältere sind manchmal mit braunen Tüchern vermummt. Schon die kleinsten Kinder tragen Kopfbedeckungen, so schreibt es das Gesetz des Islam vor. Für einen Tag erscheint das alte Kashgar wieder zu erstehen. Vertreter aller Völkerschaften, die sich in diesem Schmelztiegel trafen und der Stadt ihr einmaliges Gepräge verliehen, geben sich ihr Stelldichein. Hutform und Kleidung verraten die Stammeszugehörigkeit. Kirgisen tragen zylinderförmige pelzgesäumte Kappen. Halbnomadische Tadschiken aus den Hochtälern des Pamir treiben ihre Tiere vor sich her. Stolze Kasachen, die im Sattel zu Hause sind, findet man am Pferdemarkt. Usbeken mit prächtigen Pelzmützen tragen den schwarz-weiß gestreiften Poschtien, den knöchellangen Mantel der Turkvölker Zentralasiens.

Alles strebt dem Bazar zu. Das Angebot ist unüberschaubar, das Gedränge und Geschiebe atemberaubend. Neben Waren aller Art für den täglichen Gebrauch gibt es einen Obst-, einen Gemüse- und einen Fleischmarkt. Die Waren werden auf sandigen Flächen oder auf kleinen Marktständen ausgebreitet; zusammengerollte Stoffe, jede Variation islamischer Kopfbedeckung, Pelze, Messer und kunstvolle Kashgar-Dolche. Die Vielfalt an Sinneseindrücken ist verwirrend und erregend zugleich. Der Sonntagsmarkt von Kashgar ist einer der letzen großen Bazare Zentralasiens.

Durch einen Lattenzaun abgegrenzt ist der Tiermarkt. Auf einer Rennbahn reiten Kasachen Pferde vor. Esel und Maultiere werden von Kaufinteressierten getestet wie bei uns die Autos. Im Vorbeigehen trifft mich ein Pferdehuf an empfindlicher Stelle; schallendes Gelächter ertönt. In den Geruch von Eselsdung mischt sich der Duft dampfender Garküchen. Lämmer, Kühe und breitfüßige Kamele wechseln nach erhitztem Feilschen die Besitzer. Am Straßenrand rasieren Friseure neben blutigem Hammelfleisch. Ein Messerschleifer übt sein Handwerk auf einem umgebauten chinesischen Fahrrad aus. Daneben schreiben Schriftgelehrte lange Briefe, die ihnen von Analphabeten diktiert werden. In der Abteilung »20. Jahrhundert« werden gebrauchte Fahrräder und Mopeds feilgeboten.

Seit jenen in Beijing beschlossenen und auch für die »Autonome Provinz Xinjiang« durchgeführten wirtschaftlichen Reformen beherrscht wieder der Handel das Leben der Stadt. Händler aus Pakistan und sogar aus Afghanistan gehen in Kashgar aus und ein. Man trifft sie in den Geschäften, im Seaman-Hotel oder im feudalen »Chini Bagh«, der ehemaligen Residenz des britischen Botschafters. Das händlerische Element liegt den Turkvölkern im Blut, ist ihr großes gemeinsames Erbe aus der Blütezeit der Seidenstraßen. Der Islam ist der Mörtel, der sie zusammenhält, und

Vor der Altstadt von Kashgar entfaltet sich ein letzter Hauch orientalischen Lebens, besonders wenn der sonntägliche Bazar stattfindet.

gemeinsam ist ihnen der Hass auf die Chinesen. Ein Hass, der einem nicht verborgen bleibt. Ich erinnere mich noch genau an jene Begebenheit auf der Rückfahrt vom Karukul-See nach Kashgar. Wir hielten in einem kleinen Dorf, um in einer der Garküchen, die sich entlang der Straße reihten, einen Imbiss einzunehmen. Bei einem bärtigen Uiguren mit offenem Hemd, der vor einem dampfenden Kupferkessel stand, bestellte ich für Wang, unseren chinesischen Dolmetscher, und für mich zwei Portionen gefüllte Teigtaschen. Im Augenblick, als der Chinese dem Uiguren den Rücken zukehrte, streckte dieser den Zeigefinger nach ihm aus und machte deutlich die Geste des Erschießens.

»Die Einheimischen mögen uns Chinesen nicht«, klagt eine Studentin aus Kanton, die während ihrer Ferien hier umherreist. Die gesellschaftlichen Kontakte halten sich in Grenzen. Kaum heiratet ein Chinese eine Uigurin oder umgekehrt. Ich unterhalte mich mit »John«, einem jungen Chinesen, den die Stadtverwaltung eingestellt hat, um Touristen mit Rat und Tat zur Seite zu stehen. Ein »Selfmademan« amerikanischen Vorbildes. Sein Englisch hat er nicht in der Schule, sondern mittels englischsprachiger Popmusik gelernt. Die Wände seines Zimmers sind mit Showstars tapeziert. Auf dem Tisch steht ein großer Kassettenrekorder und davor das Bild seiner Freundin, einer Chinesin. Sie arbeitet in einem Hotel in Urumqi, 1000 km entfernt, und nur im Winter, wenn alle Touristen Kashgar verlassen haben, kann er sie besuchen. Ich befrage ihn über das Verhältnis der Chinesen zu den Uiguren. »Da gibt es einige Probleme«, gesteht er nur zögernd. »Gefällt dir ein Uigurenmädchen in Kashgar?«, provoziere ich ihn. »Doch, einige sind sehr hübsch, aber ihre Familien würden es nie erlauben, dass sie einen Chinesen heiraten. Einige der Mädchen, die auf der Straße herumlaufen, sind Prostituierte«, fügte er hinzu. Ob er schon einmal etwas von Aids gehört habe, will ich am Schluss noch wissen. Nein, diese Popgruppe kenne er nicht!

Ich versuche, in Kashgar eine Genehmigung für die Fahrt nach

Hotan zu bekommen. Der Ort sei momentan für Fremde gesperrt, heißt es im Büro für öffentliche Sicherheit, weil dort eine Epidemie ausgebrochen sei. In Wirklichkeit aber gibt es wieder einmal Unruhen. Die Einheimischen protestieren gegen die chinesischen Atomversuche beim ausgetrockneten See Lop Nor und gegen die Politik, chinesische Kriminelle, politisch Verfolgte und ausgemusterte Soldaten nach Xinjiang zu schicken. Für China ist die »Neumark«, wie Xinjiang wörtlich heißt, ein zukunftsträchtiger und vor allem ein strategisch ungemein wichtiger Landstrich an der Hintertür zur Sowjetunion. Der Tarim bewässert große Staatsfarmen, in Kelamayi liegen Ölfelder, und in der öden Wüste Takla Makan testeten die Chinesen damals noch ihre Nuklearwaffen. Nicht zuletzt gilt der Tourismus als zukunftsträchtiger Wirtschaftszweig hier im »Wilden Westen Chinas«. Die Fremden sind aber weniger an Rauchfängen, Herzeigebetrieben und anderen Errungenschaften des modernen China interessiert, als vielmehr an der alten Kultur und den Kunstschätzen.

Xinjiang besitzt ein Reizwort, das garantiert weiterhin »Dukatenkamele« aller Herren Länder, wie die Chinesen bisweilen die Touristen bezeichnen, anlocken wird. Das Zauberwort heißt »Seidenstraße«. Ein Begriff, der, gemessen am Alter dieser Karawanenwege, sehr jung ist. Ferdinand Freiherr von Richthofen hat den Namen »Seidenstraße« im letzten Jahrhundert in die Geografie eingeführt als Bezeichnung für »das bedeutendste Band zwischen Völkern und Kontinenten, das es je auf Erden gegeben hat«, wie Sven Hedin schrieb. Doch als Ferdinand von Richthofen die alten Karawanenwege, die Europa mit China verbanden, »Seidenstraße« taufte, war diese längst untergegangen. Auch als Marco Polo vor 700 Jahren diesen berühmtesten aller Karawanenwege entlangzog, hatte die Seidenstraße schon lange ihre Glanzzeit hinter sich, und die bedeutendsten Stationen lagen bereits in Trümmern oder unter dem Wüstensand begraben. Es wird für immer im Dunkeln bleiben, wann und von wo in China die erste Karawane nach Westen aufgebrochen ist. Gewiss gab es überall, wo Menschen lebten, und vor allem entlang der Oasen des Rarim-Beckens – dem Herzstück der Seidenstraße, wo seit alters her Nomadenvölker hin- und herzogen – gewachsene Handelsstraßen, gewissermaßen Völkerwanderungswege der Nomaden. Die Routen folgten nicht immer dem kürzesten, aber dem sichersten Weg, vorbei an Wasserstellen, von Oase zu Oase und durch Gelände, das am gefahrlosesten begehbar war. Überall entlang dieser Routen entstanden Stützpunkte, Märkte und später blühende Städte. Das Angebot der Handelsgüter, der Umfang und die Frequenz der Karawanen richteten sich nach der Nachfrage in bestimmten Märkten. Einen entscheidenden Impuls erhielt der Fernhandel durch die chinesische Seide.

Die Seide, im Osten Chinas hergestellt, wo man die Seidenraupenzucht zuallererst kannte und als Monopol hütete, wurde zum wertvollsten Gut. Aber die Seide blieb nicht allein Ware und Exportartikel, sie avancierte zum Zahlungsmittel schlechthin, zur international anerkannten Währung in einem großen Teil der damaligen Welt. In Rom wurde die Seide mit Gold aufgewogen und leerte die römischen Staatskassen. Die Chinesen dagegen verdienten sich damit eine goldene Nase und setzten alles daran, das Geheimnis der Herstellung zu hüten. Seide war eine Währung, die nicht wie Gold und andere Metalle von Fundstätten abhängig war, auch konnte man sie nicht horten, da sich der Wert jeden Tag der Alterung und des Verschleißes wegen minderte. Ein »Geld«, das dem Verschleiß unterlag, das von den Chinesen allein hergestellt wurde und dessen Produktionsmenge nach Belieben gesteigert werden konnte. Eine geradezu ideale Konstellation für Chinas Wirtschaft. China hatte deshalb größtes Interesse, die Handelswege mit all seiner militärischen Macht zu schützen. Die Chinesen errichteten Festungen, Signal- und Wachtürme und unterhielten Garnisonen entlang der Seidenstraßen. Obwohl die chinesische Seide in Rom zu den begehrtesten Luxusgütern gehörte, wussten die Römer nie, wo die Seide herkam. Rom, die Hauptstadt des römischen Imperiums, und Changan, die heutige Stadt Xian im Osten Chinas, waren Ausgangs- und Endpunkt eines ganzen Systems von Routen und Wegen, die sich über tausende Kilometer durch so unwirtliche Gebiete wie die Wüste Takla Makan, über den Hohen Pamir, durch Afghanistan, Persien, die Türkei bis nach Europa erstreckten. Seide war nur das wertvollste Gut, aber auf diesen Karawanenwegen wurden auch Tee, Gewürze, Weihrauchkörner, Papier, Porzellan und Weintrauben transportiert. Niemals gab es einen direkten Kontakt zwischen den Römern und den Chinesen. Die Waren wurden stets ausgetauscht, umgeschlagen und weitergehandelt, von Völkern, die zwischen den Römern und den Chinesen lebten. Das waren insbesondere die Turkvölker: Uiguren, Kirgisen, Kasachen, Usbeken, Tungusen, Mongolen …

Entlang der Karawanenwege entstanden blühende Oasenorte, die zu den reichsten der damaligen Zeit gehörten. Hier gab es Händler, die unermesslichen Reichtum erwarben, das »Geld« aber auch mit vollen Händen wieder ausgaben. Das Leben in diesen Oasenorten der Seidenstraßen war prunkvoll und ausgelassen und stand in riesigem Gegensatz zu den tödlichen Gefahren, die für die Händler außerhalb der schützenden Mauern überall lauerten. Es gibt keine Statistiken und Bilanzen über die Verluste an Mensch und Tier, keine Aufzeichnungen darüber, wie viele Karawanen während eines der berüchtigten Sandstürme der Takla Makan ausgelöscht wurden, wie viele von Räubern überfallen, ausgeraubt und ermordet worden sind, wie viele auf den eisigen Gebirgspässen umkamen. Darüber schweigen die Annalen zumeist.

Die Seidenstraßen führten von Changan bzw. Luoyang aus, den damaligen Kaiserresidenzen im Osten Chinas, nach Westen. Bei Lanhou überquerten die Karawanen den Gelben Fluss und zogen entlang des Gansu-Korridors nach Westen. Ein schmaler Durchschlupf zwischen der Wüste Gobi im Norden und dem 5000 m hohen Qilian-Gebirge im Süden, ein Durchschlupf, der anfangs eine

Steppe ist und später in Wüste übergeht. Hier war die Seidenstraße durch die Große Mauer geschützt. Am Ende des Gansu-Korridors steht das Westtor, eine viereckige Festung namens Jiayuguan. Hier endet die geschlossene Mauer und setzt sich nurmehr in Form einzelner Wachtürme fort. Dann gelangten die Karawanen nach Dunhuang.

Westlich von Dunhuang – am so genannten Jadetor – teilte sich der Weg in zwei Routen, die nördlich und südlich die Wüste Takla Makan umgingen. Der südliche Weg über Cherchen, Niya Khotan ist die ältere der beiden Routen und wurde allein des Handels wegen geschaffen. Die Südroute war auch die sicherere der beiden Wege, denn sie führte durch so unwirtliche Gebiete, dass dort nicht einmal mehr Nomadenvölker leben konnten. Die Nordroute dagegen folgte einem alten Völkerwanderungsweg der Nomaden über Hami, Turfan, Korla, Kucha und Aksu. Beide Routen vereinigten sich wieder hier in Kashgar. Von Kashgar aus führten dann Karawanenwege in mehrere Richtungen weiter; über das Pamir-Gebirge nach Europa und über das Karakorum in die heutigen Staaten Pakistan und Indien. Aber es gab noch einen dritten Weg, der von Dunhuang zunächst direkt in die Wüste Takla Makan hineinführte, zur Garnisonsstadt Loulan und zum See Lop Nor, dann entlang des Tarim-Flusses nach Nordwesten, um an die Nordroute wieder anzuknüpfen. Dieser mittlere Weg war der gefährlichste: Alle Reisenden berichten einhellig, die einzigen Wegweiser seien die Überreste früherer Reisender und toter Tiere gewesen. Dieser mittlere Weg musste schon früh aufgegeben werden, weil der Tarim-Fluss, der den See Lop Nor speiste, sein Bett verlagerte, weshalb der See austrocknete, um an einer neuen Stelle zu entstehen. Loulan, das am See lag, versandete und musste von den Menschen aufgelassen werden. Sven Hedin hat das Rätsel dieses wandernden Sees geklärt, er hat Loulan wiederentdeckt. Außer ein paar geschnitzten Holzbalken, die senkrecht in den Himmel ragten, war freilich von Loulan nichts mehr zu sehen. Der

Sand hatte den Grabdeckel über der Stadt geschlossen. Rundherum nichts als grauenvolle Wüste. Und doch sollte es Sven Hedin beschieden sein, in das Antlitz einer Repräsentantin der Glanzzeit Loulans zu blicken. Er ließ ein Grab, das seine Aufmerksamkeit erregt hatte, öffnen: »Voller Spannung erwarteten wir, jetzt den unbekannten Toten, der so lange in ungestörter Ruhe geschlummert hatte, zu sehen. Stattdessen fanden wir jedoch nur eine graue Decke, in die der Tote eingewickelt war und die die Leiche ganz und gar vom Scheitel bis zur Sohle verbarg. Diese Umhüllung war so spröde, dass sie bei Berührung im Staub zerfiel. Wir entfernten den Teil, der das Haupt bedeckte – und nun sahen wir sie, die Herrscherin der Wüste, die Königin von Loulan und Lop Nor in all ihrer Schönheit.

In jungen Jahren war sie vom Tode überrascht und von liebevollen Händen eingehüllt und zu dem geweihten Hügel getragen worden, in dessen Innerem sie an die zwei Jahrtausende schlummern sollte, bis sie die Kinder einer späteren Zeit aus ihrer langen Ruhe weckten. Ihre Gesichtshaut war hart wie Pergament, aber die Form und Zeichnung des Antlitzes war von der Zeit nicht verändert. Sie lag mit geschlossenen Augenlidern, die die nur wenig eingesunkenen Augenäpfel deckten. Um ihre Lippen spielte noch immer ein Lächeln, das Jahrtausende nicht ausgelöscht hatten und das dieses rätselhafte Wesen noch anziehender und sympathischer machte.

Ihre Geheimnisse von den Abenteuern des Lebens verriet sie jedoch nicht, und die Erinnerung an bunte Bilder in Loulan, an das Erwachen des Frühlings in der Seenlandschaft, an Flussfahrten in Kanu und Fähre hatte sie mit sich ins Grab genommen.«

Auf den Seidenstraßen wurden nicht nur Waren aller Art transportiert, sondern vor allem auch Ideen, Kunststile und Religionen verbreitet. Zwei der größten Religionen der Welt, der Buddhismus und später der Islam verbreiteten sich entlang der Karawansereien der Seidenstraße. Die Lehre des Buddha dürfte schon sehr früh, wohl schon im letzten vorchristlichen Jahrhundert, nach der

Machtausdehnung des indischen Herrschers Asoka mittels indischer Kaufleute in Zentralasien und auch in chinesischen Randgebieten verbreitet worden sein. Die kaiserlichen Hofannalen bringen die Ankunft der neuen Religion des Buddhismus, die sich vor allem beim einfachen Volk großen Zuspruchs erfreute, natürlich mit dem »Sohn des Himmels«, also dem Kaiser selbst, in Verbindung. In den Annalen der Han-Zeit des Jahres 64 n. Chr. heißt es, dass dem Kaiser im Traum ein golden leuchtendes männliches Wesen erschienen sei. Die Traumdeuter des Hofes erkannten in diesem Wesen Gautama, den historischen Buddha. Die Lehre des Erhabenen verbreitete sich rasch entlang der Seidenstraßen. Überall in den Oasenorten und Karawansereien entstanden Klöster und Kultstätten mit buddhistischen Sanghas, der Gemeinschaft der Mönche. Reiche Kaufleute profilierten sich als Mäzene und förderten die Kunst, die sich zu großer Blüte entwickelte. Die berühmten Mogao-Grotten von Dunhuang, die Höhlen der »Hunderttausend Bilder Buddhas«, sind das bedeutendste Beispiel dafür. In dieser Zeit lagen die buddhistischen Schriften in China nur in Sanskrit vor. Ihre unterschiedlichen, oft widersprüchlichen Interpretationen führten zu verschiedenen Lehrauslegungen und Schulen, die sich oft kontrovers gegenüberstanden, da jede den Anspruch erhob, die »wahre« Lehre zu verbreiten. Vor diesem Hintergrund muss man die Reisen jener chinesischen Pilgermönche sehen, die für damalige Verhältnisse äußerst gefahrvolle und strapaziöse Reisen auf sich nahmen, um in Indien an den Orten, wo einst Buddha wandelte, die ältesten Schriften zu studieren, sie abzuschreiben, nach China zu bringen und sie ins Chinesische zu übersetzen.

Von Changan (heute Xian), der Residenz der Tang-Kaiser, brach im Jahre 400 der Mönch Faxian zu einer Reise auf, die das Asien seiner Zeit verändern sollte. Sein Ziel waren die »Westländer«, die heutigen Staaten Indien und Pakistan, wo Buddha einst jene Schriften hinterlassen hatte, die dem Menschen den Weg zur Er-

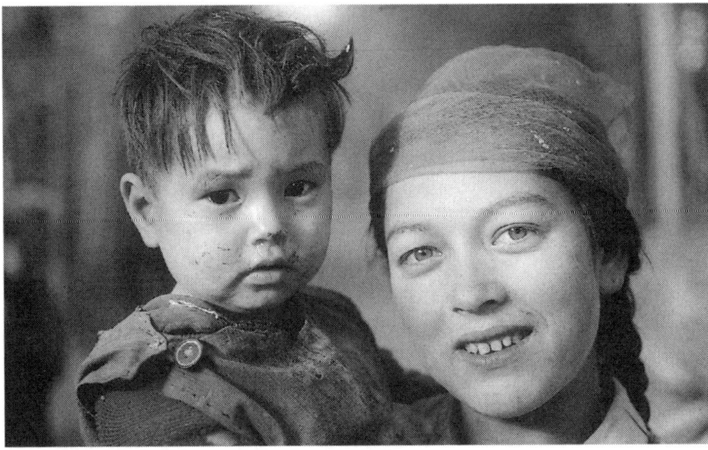

Zum Bazar kum, dem großen Sonntagsmarkt in Kashgar, kommen die Menschen auch aus den umliegenden Oasen – so wie diese Uigurenfrau mit ihrem Kind.

leuchtung weisen sollten. Faxian nahm unermessliche Strapazen auf sich. Er durchquerte allein die Wüste Takla Makan von Nord nach Süd entlang des Khotan-Flusses, überwand das Karakorum-Gebirge und folgte dem Indus hinaus nach Westen. Beflügelt von dem Ziel, die wahren, die »heiligen Schriften« in seine Heimat China zu holen, konnten weder kriegerische Nomaden noch die Sandstürme der Gobi oder Takla Makan den beharrlichen Pilger aufhalten. Später folgten seinem Beispiel andere – Sung Yan und vor allem Xuan Zang.

Xuan Zang unternahm im Jahre 629 trotz kaiserlichen Verbotes seine »Reise in den Westen«. Als er nach fast 17 Jahren mit 675 Sanskritrollen in der Tragekiepe in seine Heimat zurückkehrte, war er in China bereits als »der Schriftholer« bekannt. In weiteren 19 Jahren, die der Entzifferung der Schriften, der Übersetzung und der Lehre gewidmet waren, erlangte er unter seinem Ehrennamen San Zang – »die drei Körbe des buddhistischen Kanons« –

großen Ruhm. Damit war ein einzigartiger Religionstransfer gelungen – mit Auswirkungen bis nach Japan und Korea.

Im neunten Jahrhundert veränderte der Einbruch des Islam in die Welt der Seidenstraßen die politische Struktur. Der Buddhismus erlosch. Viele der buddhistischen Klöster, Monumente und Kulturstätten wurden von islamischen Eiferern zerstört. Aber erst, als die Portugiesen im 15. Jahrundert den Seeweg nach China entdeckten, hatte die letzte Stunde der Seidenstraße als Handelsweg geschlagen. Die Oasenorte verfielen, gingen unter und waren über Jahrhunderte hinweg im wahrsten Sinne des Wortes von der Wüste verweht. Erst im 20. Jahrhundert wurden die übrig gebliebenen Reste und Ruinen wiederentdeckt, von Europäern wie Sven Hedin, Aurel Stein, Albert Grünwedel, Albert von Le Coq und Paul Pelliot. Und seit 1980 ist es der Tourismus, der hier neue Impulse setzt.

Unterwegs auf der Seidenstraße

Die Seidenstraße ist das bedeutendste Band zwischen Völkern und Kontinenten, das es je auf Erden gegeben hat.

Sven Hedin

In aller Frühe verlässt der Bus Kashgar in Richtung Osten. Das Gefährt ist bis auf den letzten Platz voll gestopft mit einer bunten Gesellschaft aus turkstämmigen Xinjian-Bewohnern und vornehmlich Chinesen, die eine mehr als 3000 km lange und siebentägige Reise in Kauf nehmen, um ihre Familienangehörigen im Osten Chinas zu besuchen. Der Bus fährt von Kashgar nach Turfan und stellt damit die Verbindung zur Eisenbahnstrecke her, die die »Neumark« mit Shanghai, der größten Stadt Chinas, verbindet. Die Fahrt führt entlang der Wüste Takla Makan durch die Kette von Oasen, die einst Stationen auf der Nordroute der Seidenstraße waren. Drei Tage nichts als flache Stein- und Sandwüste, nur gelegentlich bringen ein paar zerfließende Hügelketten etwas Abwechslung. Die Luft ist staubtrocken, trotzdem spuckt alle Augenblicke ein Chinese verächtlich aus dem Fenster. Nun, Anfang des Monats Oktober, sind die Temperaturen erträglich. Vom Busfenster aus betrachtet, verliert die Wüste ihren Schrecken. Auch der Buran, der berüchtigte schwarze Sturm, der früher ganze Karawanen verschlang, kann dem Gefährt nichts anhaben. Am ersten Tag erreichen wir Aksu und nächtigen in einem neuen, recht guten Hotel. Am nächsten Tag bewegen wir uns weiterhin durch eine öde, monotone Wüste. Nur das staubige Band der

Straße und die dazugehörigen Stromleitungen durchschneiden die menschenleere Landschaft. Von Zeit zu Zeit kommen wir durch kleine Oasen. Zuerst tauchen Pappelreihen aus der dunstigen Luft auf, die die Oasen wie ein Gürtel umschlingen, um der Versandung Einhalt zu gebieten. Dahinter liegen grüne Felder, kleine Bewässerungskanäle, braune flache Lehmbauten, abermals Pappeln; und wieder lauert die Wüste Takla Makan.

Kurz vor Sonnenuntergang sehe ich einen bärtigen Mann mit langem Mantel. Er kniet auf einer Decke, die er im Sand ausgebreitet hat, daneben ist sein Pferd festgebunden an einem Strommast. Er verrichtet sein Abendgebet, das Gesicht nach Westen – der untergehenden Sonne zu – in der Richtung nach Mekka. Dann taucht die Oase Kucha aus dem Nichts auf – unser Nachtquartier. In der Oase selbst erinnert heute nicht mehr viel daran, dass Kucha zu den bedeutendsten Kultur- und Handelszentren in den ersten nachchristlichen Jahrhunderten entlang der Seidenstraßen gehörte. Ein Volk westlicher Herkunft mit indogermanischer Sprache – die Tocharer – hatte sich hier niedergelassen. Lange konnte Kucha sich als unabhängiges Königreich zwischen den Hiung-nu und den Chinesen behaupten und eine herausragende Rolle an den Seidenstraßen spielen. Geblieben sind die Höhlen von Kyzil, von Berliner Expeditionen noch vor dem Ersten Weltkrieg entdeckt und erforscht. Die Höhlen befinden sich nur ein paar Kilometer außerhalb der Oase. Sie sind für Fremde offen, aber mir bleibt für den Besuch keine Zeit. Ich will die Fahrt nicht unterbrechen und bin deshalb am nächsten Morgen schon in aller Frühe wieder mit dem Bus unterwegs. Wir überqueren einige Flüsse, die vom nördlich gelegenen Tien Shan, dem Himmelsgebirge, herabströmen und allesamt in den Tarim-Fluss fließen, der einst den wandernden See Lop Nor speiste. Aber große chinesische Staatsfarmen entziehen dem Tarim-Fluss so viel seiner Wassermenge, dass der See inzwischen gänzlich ausgetrocknet sein dürfte.

Am späten Nachmittag erreichen wir Korla. Schon aus der Ferne erkennt man den Schienenstrang, der sich in die Oase hineinzieht und auf dem rauchende Kolosse chinesischer Dampfloks fahren. Es ist das vorläufige Ende des Schienenstranges, der einmal entlang der eben bewältigten Strecke – also der Nordroute der Seidenstraße – bis nach Kashgar führen soll. Obgleich wir nun die Eisenbahnstrecke erreicht haben, fahren die meisten Passagiere mit dem Bus weiter; sie wollen lieber in Daheyon, in der Nähe von Turfan, zusteigen. In Bohu, einem schäbigen Nest, wo eine Straße nach Urumqi abzweigt, finden wir ein Nachtquartier. Am nächsten Tag überqueren wir das Qoltag-Gebirge und fahren dann hinunter in die Turfan-Senke. Noch am Vormittag liegt wieder die Eisenbahnlinie und damit auch Daheyon, unser Fahrziel, vor uns. Erst am Nachmittag bringt mich ein Bus nach einstündiger Fahrt in die Oase Turfan.

Den Unterschied zwischen der unbarmherzigen Wüste und den grünen Feldern dieser Oase, den Häusern mit den schattigen Rastplätzen, den Weingärten, von denen riesige Trauben herabhängen, kann man sich kaum größer vorstellen, als wenn man nach dieser langen Wüstenfahrt in Turfan ankommt. Turfan ist der Inbegriff einer Oase. Ich kenne keinen Platz, auf den dieses Wort genauer zutreffen würde. Ich habe den Eindruck, in ein Paradies, in die Fülle des Lebens, zu kommen, alles scheint es im Überfluss zu geben. Obwohl das Klima extrem trocken ist: Kaum 16 mm Regen pro Jahr fallen hier. Aber dieser Trockenheit begegnen die Menschen mit einem Bewässerungssystem, das genial ist und das man bis nach Persien hin unter dem Namen Karez kennt. Karez, das sind unterirdische Kanäle, die das Schmelzwasser, das von den nördlich gelegenen Gletschern des Tien Shan kommt, in die Oase leiten. Das Wasser ist glasklar und eiskalt. 1200 solche Kanäle schaffen das Wunder Turfan. Ohne sie gäbe es keine Oase hier, nichts als grauenvolle Öde. Unter unsäglichen Mühen wurden diese Bewässerungssysteme gebaut, mit Löchern nach oben, damit man nicht erstickte, und sie müssen in Stand gehalten werden. Der Vorteil des unterirdisch geführten Wassers ist klar; die Verdunstung wird ausgeschaltet. Das Wasser würde sonst irgendwo in der Wüste versiegen. Erst in der Oase selbst fließt das Wasser an der Oberfläche und bringt eine Fruchtbarkeit ohnegleichen.

Das Turfan-Hotel ist in der traditionellen und an das Klima angepassten Architektur errichtet, mit großem, von Weinreben überdachtem Innenhof, und gehört damit zu den wenigen Hotelbauten, die ich als gemütlich empfand. Jeden Abend gibt es Tanzvorführungen von festlich gekleideten Uiguren. Hier entsprechen sie dem Klischee, das die Chinesen für die Minderheiten entworfen haben – sie tanzen und singen gerne, heißt es immer wieder – und das auch die Touristen ansprechen soll.

Clevere Uiguren haben längst den Tourismus als neue Erwerbsquelle entdeckt. Sie sind Reiseführer, Taxifahrer, Schwarzwechsler, bieten Haschisch und manchmal sogar schöne Mädchen an. Ihre Geschäftstüchtigkeit ist wirklich erstaunlich. Ich habe am Vorabend für eine kleine Gruppe ein Gefährt bestellt, womit wir zu den Relikten der Seidenstraßenvergangenheit fahren wollen, die sich in der näheren Umgebung von Turfan befinden. Aber im Laufe des Abends wird die Gruppe immer größer, und deshalb ist das Fahrzeug viel zu klein, das uns am Morgen vor dem Hotel erwartet. Selbst auf einem Kleintransporter finden wir nicht alle Platz. Daraufhin erscheinen die Uiguren mit einem Linienbus, der uns alle aufnimmt und uns den ganzen Tag über zur Verfügung steht. Wir fragen uns alle, wo sie den wohl abgezweigt, genauer gesagt, aus dem Verkehr gezogen haben.

Wir fahren aus dem schützenden Pappelring der Oase hinaus. Messerscharf verläuft die Grenze zwischen Fruchtbarkeit und Unfruchtbarkeit. Dort, wo künstliche Bewässerung aufhört, beginnt die Wüste. Die flammenden Berge gleiten linker Hand vorbei. Sie beeindrucken wenig, wenn man sie um die Mittagszeit sieht. Dann geht es hinein in die Berge. Wir folgen einem Fluss, der sich eine tiefe Schlucht gegraben hat. Am Eingang zur Schlucht liegen einige kleinere Höhlen. Wir bleiben jedoch auf der linken Seite des Flusses und stehen nach ein paar Kilometern unvermittelt oberhalb der Höhlen von Bäzäklik. Das buddhistische Heiligtum liegt ganz versteckt hoch oben in der steilen Wand an einer Biegung des Flusses. Von unten, vom schmalen Saumpfad aus, der zum Flusstal folgt, müssen die Höhlen erst im allerletzten Augenblick zu erkennen gewesen sein. Trotzdem wurden sie gefunden und zum Teil zerstört. Man zeigt uns einige Höhlen, wo Le Coq Fresken und Figuren herausgesägt und abtransportiert hat. Der chinesische Führer deutet vorwurfsvoll auf die betreffenden Stellen. Das Klagen der Chinesen über die außer Landes gebrachten Schätze kann ich verstehen und ich bin fast geneigt, das Tun der Europäer zu verurteilen, aber der Besuch von Gaochang, dem alten Chocho stimmt mich um. Seit den Berliner Ostturkestanexpeditionen der Jahre 1902 und 1914 ist nicht nur der natürliche Verfall weiter fortgeschritten, sondern auch durch menschliches Zerstörungswerk weiteres Kulturgut vernichtet worden. Es sind keine Fresken mehr übrig geblieben, und hätten nicht Grünwedel und Le Coq einige in letzter Minute gerettet, sie wären dem Untergang geweiht gewesen. Einige der nun verschwundenen Fresken existieren nurmehr in Handzeichnungen, die Gründwedel angefertigt hat.

Chocho war einst wie Kucha eine mächtige Stadt und ein Zentrum der Religiosität. Persische Manichäer, christliche Nestorianer und Buddhisten existierten hier friedlich nebeneinander. Ein Schlüssel zum Verständnis dieser synkretischen Stadt und dem Leben darin ist verloren gegangen. Als Grünwedel hier ankam, hatten Uiguren Bewässerungskanäle hineingeführt und Felder angelegt. Die Fresken wurden heruntergeschlagen und der feine Farbschutt zum Düngen der Felder verwendet, Schriftrollen in den Fluss geworfen. Einst sollen hier 30 000 Menschen gelebt haben, Chocho war einst Hauptstadt eines uigurischen Reiches. Die mächtigen Ruinen sind beeindruckend, und sie spenden Schatten, den wir mit Dank aufsuchen, um der mörderischen Hitze zu entrinnen. Von den Moslems einmal zerstört, wurde die Stadt nie wieder aufgebaut. Das friedliche Leben so verschiedener Glaubenszugehöriger endete mit Tod und Schrecken, wie die Entdeckungen der deutschen Expedition nahe legen: »In einem der südlichen Kuppelräume, den wir die ›Leichenhalle‹ nannten, machten wir eine grauenhafte Entdeckung. Wir brachen, nachdem wir alles durchsucht hatten, den Fußboden auf, fanden die Reste der alten Wölbung und stießen dann auf die in wirrem Durcheinander aufgetürmten Leichen jedenfalls einiger hundert Erschlagener. Es waren der Kleidung nach zu urteilen buddhistische Mönche; die oberste Schicht war vollkommen erhalten, die Haut, die Haare, die eingetrockneten Augen und die furchtbaren Wunden, denen sie erlegen waren, waren in vielen Fällen noch erhalten und kenntlich. Ein Schädel besonders war durch die Stirn bis auf die Zähne mit einem furchtbaren Säbelhieb gespalten.«

Große Toleranz und friedvolle Idylle in den Oasen auf der einen Seite, Tod und Verderben durch die unberechenbaren Nomadenvölker auf der anderen prägten das Leben an den Seidenstraßen. Vielleicht lag hierin der Grund für die große Popularität der Lehre Buddhas und anderen Heilsreligionen, als Ausgleich für das vom Handel, dem Streben nach materiellen Reichtümern geprägte Leben an den Warenumschlagplätzen. Hier konnte jeder angesichts der lauernden Gefahren Buddhas Worte über die Vergänglichkeit der Dinge verstehen und das Leiden, das das Festhaltenwollen mit sich bringt. Viele der reichen Kaufleute wurden zu Stiftern, indem sie einen Teil ihres Vermögens für die Klöster und die Gestaltung religiöser Kultstätten verwendeten.

Wir verlassen die mächtigen Ruinen von Chocho und fahren

in ein Tal, das vollkommen mit Weingärten ausgefüllt ist. Von hier kommen die berühmten großen, kernlosen Trauben, von denen schon Marco Polo schwärmte und die ebenfalls auf den Seidenstraßen gehandelt wurden. Von grünen Weinreben überwuchert, liegen kleine weiße Lehmbauten vor uns. Man hat das Gefühl, in ein Schlaraffenland geraten zu sein: Die Trauben wachsen einem fast in den Mund hinein. Es ist angenehm kühl darunter, und durch einen gigantischen Sonnenschirm aus Weinreben behütet, sprudeln Kanäle mit eiskaltem Wasser. Überall unter den Weinlauben stehen Betten mit bunten Decken. Die Uiguren ziehen es vor, im Sommer im Freien zu schlafen. Es fällt schwer, sich von dieser Idylle zu lösen. Aber welche Überwindung muss es damals gewesen sein, mit einer Karawane in die Wüste hinauszuziehen, von der man wusste, dass sie Takla Makan – »Wer in sie hineingeht, wird nie mehr zurückkehren« – heißt.

Am nächsten Morgen fahre ich auf einem der ortsüblichen Eseltaxis zur alten Stadt auf dem Yar, Yarkhoto oder Jiahoe, wie sie heute genannt wird. Ein weites, aber gut überschaubares Trümmerfeld bietet sich dem Auge von einem Aussichtsturm dar. Der Aussichtsturm ist nichts anderes als ein gut erhaltener Terrassenstupa am Beginn der Ruinen eines ehemaligen Tempelkomplexes. Der Ausblick ist großartig. Bis zur Oase Turfan und darüber hinaus auf den schneebedeckten Gipfel des Bogdashan.

Ein Erlebnis ganz besonderer Art erwartet mich in Daheyon: Bahn fahren in China, die landnahe Variante des Reisens. Der Zug kommt aus Urumqi und fährt nach Shanghai. Meine Karte berechtigt mich, in die Klasse »ying zuoche«, das heißt »Hart sitzen«, einzusteigen, nummerierte Sitzplätze werden hier keine vergeben. Vor dem Bahnhofsgebäude steht eine 30 m lange Schlange an einem Schild, das den betreffenden Zug ausweist. Ein Aufgebot an blau uniformierten weiblichen Bahnbediensteten hält die Menge mit strengen Befehlen im Zaum. Die Meute setzt sich langsam in Bewegung, in Reih und Glied geht es durch die

Absperrung, die Fahrausweise werden kontrolliert, aber dann hetzt jeder los, als ginge es ums nackte Leben. Ich renne so schnell ich mit meinem Gepäck kann. Der Zug steht schon da, die Türen von Menschenleibern verstopft. Ich suche den Speisewagen und steige in dessen nächster Nähe ein. Alle Gänge sind verstopft, die Leute sitzen und liegen überall in den unglaublichsten Positionen. Mit einem Hürdenlauf rette ich mich in den Speisewagen. Hier harre ich aus, bis ich kurz nach Mitternacht hinausgeworfen werde. Köche und Bedienungspersonal legen sich dort zum Schlafen nieder. Ich beneide sie, weil sie sich wenigstens ausstrecken können. Draußen herrscht Chaos. Jeder versucht, für die Nacht ein paar zusätzliche Quadratzentimeter zu erobern. Die Essenszeit ist schon vorbei. Man sieht es: Der Boden ist bedeckt mit zertretenen Eier- und Erdnussschalen, faulem Obst, abgenagten Knochen, dazu kommt der ständig herausgerotzte Nasenschleim und der abgesonderte Speichel. Ich stelle meinen Rucksack ab und setze mich darauf. Einige haben Säcke und Plastikhüllen ausgebreitet und sich darauf ausgestreckt. An Schlaf ist nicht zu denken. Alle paar Minuten muss ich mich erheben. Am Ende des Wagons befindet sich der Heißwasserkessel. Der Menschenstrom dorthin bricht niemals ab. Die Blechbüchsen oder Marmeladengläser in der Hand, zwängen sich die Reisenden durch den total verstopften Mittelgang, die Behälter randvoll mit kochend heißem Wasser. Bisweilen schreit ein Verbrühter auf. Später kommen sie mit Zahnputzzeug und Waschlappen, beim dritten Mal müssen sie aufs Klo. In den erstickenden Zigarettenqualm mischt sich der Geruch von Kinderurin. Die Kinderhosen sind nämlich im Schritt offen, sehr pflegeleicht für die Mütter, denn Windeln entfallen. Jedes Mal, wenn der Zug in einer Station hält, kommen mobile Verkäufer. Ein Junge mit einem Packen gebrauchter Zeitungen. Wieder muss ich aufstehen. Hinsetzen. Der Nächste ist der Zigarettenmann, dann hält mir eine Frau eine gebratene Ente unter die Nase. Ich reagiere nicht mehr. Mit geschlossenen Augen lausche ich der Musik aus meinem Walkman und versuche, an etwas Schönes zu denken.

Die Schaffnerin steht vor mir und will meine Fahrkarte sehen. Wieder versuche ich abzuschalten. Dann reißt mich ein Polizist an der Schulter und will meinen Reisepass kontrollieren. Ich habe die Nase voll. Laut und aggressiv schleudere ich ihm das »Meio« (Nein) hin. Im nächsten Augenblick tut es mir schon Leid. Ein Raunen geht durch die Menge, die Neugierigen scharen sich um mich. Was wird geschehen? Der Polizist zieht von dannen, und ich falle in einen Halbschlaf. Plötzlich klopft mir jemand auf die Schulter. Abermals steht der Uniformierte vor mir. Er zieht ein kleines Büchlein aus der Tasche, blättert es auf und hält mir den Satz »Willkommen in unserem Zug« vor die Nase. Daraufhin blättert er weiter und deutet auf den Satz: »Zeigen Sie mir bitte Ihren Ausweis.« Mit gespielt ernster Miene reiche ich ihm meinen Reisepass. Er studiert ihn gründlich von der ersten bis zur letzten Seite, eingekeilt von einer Schar Neugieriger. Dann gibt er ihn mir wieder zurück, blättert noch einmal in seinem Büchlein und zeigt mir den Satz: »Wir wünschen Ihnen eine angenehme Reise.«

Für ein paar Stunden wird es ruhiger im Zug. In allen möglichen und unmöglichen Stellungen wird geschlafen. Im Morgengrauen meldet sich die Stimme des weiblichen Zugdiscjockeys. Nachrichten, Wetterbericht und Informationen tönen aus den Lautsprechern. Dazwischen gibt es Musik. Eine Putzschwadron ist ausgeschwärmt. Mit lauten Befehlen scheuchen die mit Besen und Kübeln »bewaffneten« Matronen die Schlafenden auf. Der ganze Dreck wird aus dem fahrenden Zug gekippt. Die Schaffnerin kommt und erklärt mir, dass ich an der nächsten Station aussteigen müsse. Liuyuan ist erreicht.

Nach vier Stunden Fahrt in einem berstend vollen Bus bin ich in Dunhuang. Der Ort liegt inmitten einer weitläufigen Oase. Auch hier erinnert nicht mehr viel daran, dass diese Stadt in den ersten nachchristlichen Jahrhunderten zu den reichsten der Welt gehörte. Doch Dunhuang ging unter, als die Chinesen die Große Mauer, die Westgrenze des Reiches, um 200 Kilometer nach Osten zurückversetzten und damit die Stadt schutzlos preisgaben. Sie wurde geplündert und zerstört. Trotzdem ist Dunhuang heute weltberühmt und Anziehungspunkt für Touristen aus aller Herren Länder. Diese Berühmtheit verdankt Dunhuang den 20 km von der Oase entfernten Mogao-Grotten, dem größten buddhistischen Höhlenheiligtum der Welt. Was sich hier dem staunenden Auge des Betrachters enthüllt, ist ein Weltwunder, ein Höhlenkosmos von 692 Höhlen, die wie in einem Bienenstock über-, unter- und nebeneinander in eine Felswand oberhalb eines ausgetrockneten Flussbettes hineingegraben wurden; in den so genannten Mingsha Shan, den »Berg des singenden Sandes«. In einer der Höhlen steht eine 33 m hohe Buddhafigur, die gegen die Felswand gelehnt und durch einen neunstöckigen Pavillon geschützt ist. Aber die Wunderwelt zeigt sich erst im Inneren, in den unzähligen Fresken und Figuren. Alles bestens erhalten, selbst die Farben, in Folge des trockenen Wüstenklimas. Die Fresken spannen einen bunten Bilderbogen durch das damalige Leben in einer Oase. Nicht nur religiöse Motive finden sich in den Darstellungen, sondern alle Lebensbereiche sind eingeschlossen. Nichts ist ausgespart. Da begegnen einem einfache Bauern, Handwerker und Kaufleute und ihre Karawanen, von Räubern bedroht. Das Bilderbuch in den Höhlen zeigt das Leben der unterschiedlichsten Menschentypen, die sich in diesem Oasenort begegneten. Reiche Kaufleute waren die Mäzene, aber es ging ihnen nicht darum, die Künstler zu fördern, sondern in erster Linie darum, religiöse Verdienste für die nächste Wiedergeburt anzuhäufen. In einer der Höhlen befand sich eine ganze Bibliothek alter Sanskritschriftrollen, die der Brite Aurel Stein sichtete und zum Teil abtransportierte.

Bei diesen Sehenswürdigkeiten ist es verständlich, dass es viele

Fremde nach Dunhuang zieht. Der Tourismus ist zu einer neuen Lebensgrundlage der Stadt geworden. Ein Flugplatz wurde errichtet, ein modernes Hotel gebaut, das allen Komfort bietet und den Fremden das mörderische Klima ertragen lässt. Eine Flotte von japanischen Bussen pendelt zwischen der Stadt und den Höhlen hin und her. Aber der Tourismus hinterlässt seine Spuren, er trägt zur Landschaftsverschandelung bei. Beispiel dafür ist der Mondsichelsee. Das ist ein winziger See inmitten riesiger Sanddünen am Südrand der Oase. Bislang war es nur möglich, zu Fuß dorthin zu wandern oder sich auf dem Rücken eines Kamels hinbefördern zu lassen. Das soll sich ändern. Eine gepflasterte Straße ist im Bau, ein großer Parkplatz bereits eingeebnet. Dort werden Autos parken, Souvenirbuden stehen, vielleicht einmal sogar ein Hotel. Bloß vom See wird dann nicht mehr viel zu sehen sein.

Ich leihe mir ein Fahrrad, nehme etwas Nahrung und vor allem Trinkwasser mit und radle ein Stück nach Westen. Ein Hauch von Vergangenheit berührt mich. Im flimmernden Dunst ziehen Kamele über die Wüste. Wie an einer Kette aufgefädelt stehen merkwürdige Türme mutterseelenallein in der Landschaft. Es sind chinesische Signaltürme, die in regelmäßigen Abständen errichtet wurden, auf ihnen saßen Soldaten, die mittels Rauchzeichen Signale an den nächsten Turm weitergeben konnten, um Garnisonen und Festungen beim Herannahen von Feinden frühzeitig zu warnen. Am Yumen-Pass steht das Jadetor, der westlichste Eckpfeiler des chinesischen Reiches. Ein hartes Los für die chinesischen Soldaten, die hier ausharren mussten, um die Westgrenze Chinas zu bewachen. Der Dichter Lu chu Yung aus dem neunten Jahrhundert mag im folgenden Gedicht wohl die Gefühle und Stimmungen vieler Chinesen getroffen haben, die hierher abkommandiert waren.

Jahr für Jahr, sei's am goldenen Fluss
oder am Pass des Jadetores.
Morgen für Morgen greifen wir unsere Peitschen
und gürten unsere Schwerter.
Im weißen Schnee dreier Frühlinge
haben wir unsere Kameraden in grünen Gräbern
der Verbannung begraben,
wo über zehntausend Li der Gelbe Fluss
sich durch die schwarzen Berge windet.

Hier am Jadetor teilte sich die Seidenstraße in zwei Routen, die am nördlichen und südlichen Rand der Takla Makan herumführten bzw. bis zum Untergang von Loulan sogar ein Stück ins Innere dieser Wüste eindrangen. Wir wissen nicht, was eine Karawane, die hier am Jadetor stand, bewogen hat, den einen oder anderen Weg einzuschlagen, genauso wenig ist uns die Frequenz bekannt. Nur den Weg kennen wir, den sie nahmen.

Die Straße führt von Dunhuang nach Osten. Sie folgt im Wesentlichen der Kette von Signaltürmen und Festungen, die den Karawanenweg hier schützen. Nach einer Tagesetappe mit dem Bus ist das östlichste Ende der Großen Mauer erreicht, eine Festung namens Jiayuguan, in der Überlieferung als Westtor bezeichnet. Hier saßen 400 Soldaten und bewachten nach der Aufgabe von Dunhuang und des Jadetores den Eingang Chinas. Hier kam auch Marco Polo auf seiner Reise von Venedig nach Beijing durch. Jiayuguan ist eine quadratische Festung, von zwei Reihen 10 m hoher Mauern umgeben und mit zwei Toren, eines im Osten und eines im Westen, die den Zugang ermöglichen. Schnurgerade zieht sich die Große Mauer nach Osten. Die gut erhaltene Festung liegt unmittelbar an der Eisenbahnlinie, ich setzte daher die Reise mit dem Zug fort. Es geht durch den Gansu-Korridor, jenen schmalen Durchschlupf zwischen der Wüste Gobi und dem eisbedeckten Qilian-Gebirge, durch den die Karawanen einst zogen.

Hier war die Seidenstraße durch die Große Mauer geschützt. Heute sind die Chinesen abermals dabei, eine Mauer zu errichten. Allerdings aus Stein und keine, die gegen Menschen gerichtet ist, sondern eine »Grüne Mauer«, die das Vordringen der Wüste aufhalten soll. Über weite Strecken versucht man, ein Schutzwallsystem aus Pflanzen anzulegen. Aber zuerst müssen Bewässerungsmöglichkeiten geschaffen werden, Kanäle vom Gelben Fluss hierher geführt, dann werden Baumreihen gepflanzt. Und dahinter versucht man, Ackerland zurückzugewinnen.

Am östlichen Eingang zum Gansu-Korridor liegt Lanzhou, eine Industriestadt, ein Verkehrsknotenpunkt zu beiden Seiten des Gelben Flusses. Durch weite Lösslandschaften, von den Bauern intensiv landwirtschaftlich genutzt und mit Höhlenwohnungen durchlöchert, führt die Fahrt schließlich nach Xian. Der alte Ausgangspunkt der Seidenstraße ist der Endpunkt meiner langen Reise. Xian, oder Changan, wie es früher hieß, erlebte die Blüte in der Tang-Zeit (618 bis 907). Es war wahrscheinlich die erste Millionenstadt der Welt, eine kosmopolitische Stadt, in der sich Vertreter unterschiedlichster Völker trafen, frei ihre kulturellen Eigenarten entfalten konnten. Eine Toleranz herrschte wie nie zuvor und nie mehr danach. Der große Pilgermönch Xuan Zang ist von hier zu seiner »Reise in den Westen« aufgebrochen und nach vielen Jahren mit Sanskritrollen aus Indien zurückgekehrt, die er in einem Vorgängermodell der Großen-Wildgans-Pagode übersetzte.

China befindet sich heute in einem gewaltigen Umformungsprozess. Das Land ist aus seiner langen, selbst gewählten Isolation herausgetreten und sucht Kontakt zur übrigen Welt. Vielleicht ist es gerade hier in Xian angemessen, den Wunsch zu äußern, es möge wieder Toleranz gegenüber allen Fremden und Andersdenkenden Platz greifen, sodass unterschiedlichste Völkerfreundschaften mit verschiedenen Glaubensbekenntnissen, wie es sie heute in China gibt, ohne Unterdrückung und Angst miteinander leben können. Die Blütezeit der Seidenstraßen ist ein leuchtendes Beispiel dafür. Was in der Vergangenheit möglich war, müsste auch für die Zukunft zu verwirklichen sein.

Literaturverzeichnis

Aschoff, Jürgen C.: Tsaparang. Tibets großes Geheimnis, Freiburg i. Br. 1987.
Baumann, Bruno: Die Götter werden siegen. Das verborgene Tibet, 2. Aufl., München 2001.
Baumer, Christoph: Bön. Die lebendige Ur-Religion Tibets, Graz 1999.
Chan, Viktor: Tibet Handbook. A Pilgrimage Guide, California 1994.
Dalai-Lama: Mein Leben und mein Volk, München 1962.
ders.: Das Auge der Weisheit, Bern 1994.
ders.: Der Friede beginnt in dir, Bern 1997.
ders.: Die Botschaft des Friedens, München 1998.
David Neél, Alexandra: Mein Weg durch Himmel und Höllen, München 1995.
dies.: Mein Leben auf dem Dach der Welt, München 1999.
Demeter, Ursula: Kailas, Zürich 1986.
Govinda Lama, Anagarika: Der Weg der weißen Wolken, München 2000.
Grueber, Johann: Als Kundschafter des Papstes nach China, Stuttgart 1985.
Filchner, Wilhelm: Kumbum, Lamaismus in Lehre und Leben, Zürich 1954.
ders.: Om mani padme hum, Leipzig 1930.
GEO-Spezial: Himalaja, Hamburg 1998.
Harrer, Heinrich: Sieben Jahre in Tibet, Berlin 1998.

Hedin, Sven: Transhimalaja, 2 Bde. Stuttgart 2000.
ders.: Abenteuer in Tibet, Stuttgart 2001.
Hilton, James: Der verlorene Horizont, Frankfurt am Main 2000.
Huc, Regis Evariste: Reise durch die Mongolei nach China und Tibet, Frankfurt am Main 1986.
Kunst- und Ausstellungshalle der Bundesrepublik Deutschland GmbH: Mythos Tibet. Wahrnehmungen, Projektionen, Phantasien, Köln 1997.
Landor, S. Henry: Das verbotene Tibet, Stuttgart 1999.
Lehmann, Hannes/Ullal, Jay: Tibet. Das stille Drama auf dem Dach der Erde, Hamburg 1981 (vergriffen).
Ludwig, Klemens: Tibet, München 2000.
Nomachi, Kazuyoshi: Tibet, München 1994.
Rock, Joseph: The Amnye Machen Range and Adjacent Regions, Rom 1956.
Tichy, Herbert: Mein Weg zum heiligsten Berg der Welt, Wien 1937.
Tucci, Guiseppe: Das Geheimnis des Mandala, Weilheim 1972.